AF561244

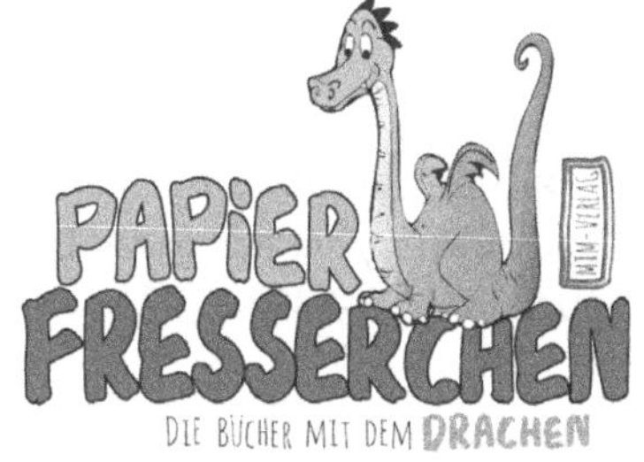
PAPIER
FRESSERCHEN
DIE BÜCHER MIT DEM DRACHEN

Impressum:

Besuchen Sie uns im Internet:
www.papierfresserchen.de

Mühlstr. 10, 88085 Langenargen
info@papierfresserchen.de
 Erstauflage 2016

Lektorat: Melanie Wittmann
In der vorliegenden Ausgabe wird zwecks sprachlicher Vereinfachung vor allem die männliche Sprachform verwendet.
Bilder, Zeichnungen und Skizzen: Walter Bühler-Schilling
Herstellung: CAT creativ -www.cat-creativ.at
Gedruckt in der EU
ISBN: 978-3-86196-588-6 – Taschenbuch

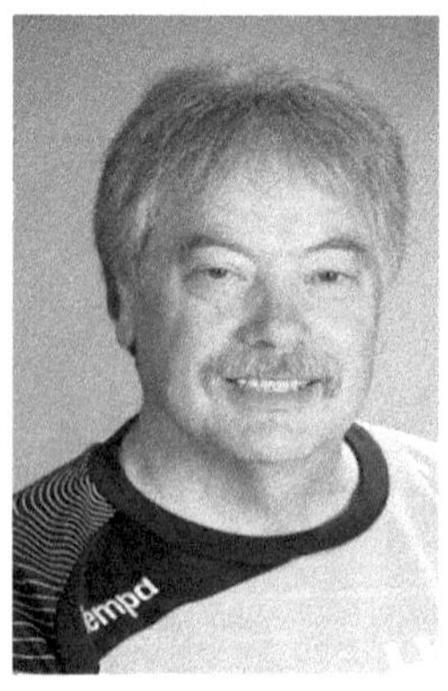

Walter Bühler-Schilling wurde 1949 geboren. Er absolvierte ein Studium der Politikwissenschaften und Soziologie MA. Und war danach beruflich in der Politikberatung. Später war er Hausmann und in der Erwachsenenbildung (EDV, Informatik) tätig. Er ist verheiratet und hat vier erwachsene Kinder. Walter Bühler-Schilling lebt in Konstanz am Bodensee und ist Vorsitzender eines Handballclubs. Sportliche Erfolge: zahlreiche Meisterschaften im Kinderhandball auf Kreis- und Bezirksebene im Bodenseeraum, 3., 4. und 5. Platz bei den U-13 Schweizer Meisterschaften.

Auch erschienen:

Walter Bühler-Schilling:
Handballtraining für Kinder – Teil 1
ISBN 978-3-86196-587-9

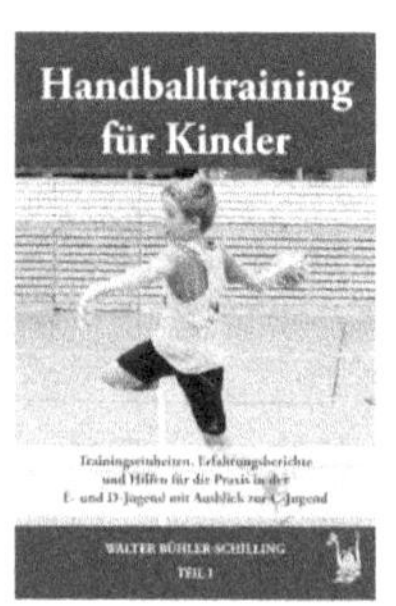

Handballtraining für Kinder

Band 2

Trainingseinheiten, Erfahrungsberichte und Hilfen für die Praxis in der E- und D-Jugend mit Ausblick zur C-Jugend

Walter Bühler-Schilling

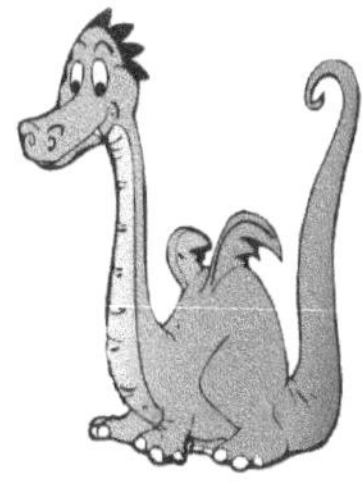

Inhaltsverzeichnis

Notwendige Vorbemerkungen zu den Trainingseinheiten

1. Jedes Training verläuft anders. Schwankt die Zahl der Spieler oder die Stimmung, wirst du schneller oder langsamer durch dein Programm kommen. Als ich die Einheiten wiederholt habe, konnte ich sie nicht immer so durchziehen wie aufgeführt.

2. Die Einheiten sind dicht strukturiert. Es kann durchaus sein, dass du nicht alle aufgeführten Teile in einer Trainingseinheit schaffst, sondern sie auf zwei Übungsstunden verteilen musst.

3. Die Reihenfolge der Einheiten folgt keiner Systematik, sondern ist willkürlich gewählt. Du musst selbst entscheiden, welches Thema für dich jetzt wichtig ist (vgl. die Trainingspläne in TEIL 1). Die Überschriften geben den Schwerpunkt wieder.

4. Unterhalb der Überschrift der jeweiligen Trainingseinheit findet sich ein hoffentlich motivierender Hinweis. Dort findest du auch eine Liste mit den benötigten Materialien.

5. Darunter stehen noch drei wichtige Angaben: Mit wie viel Teilnehmern die Einheit durchgeführt wurde, wie viel Zeit zur Verfügung stand (meist 90 Minuten) und ob das Training in einer ganzen Halle, halben Halle bzw. kleinen Halle stattfand. Allerdings lassen sich viele Einheiten auf die räumlichen Gegebenheiten hin leicht anpassen.

6. Aus Platzgründen gibt es nicht immer zu jeder Übung ein Bildchen, manche sind sehr einfach und benötigen deswegen keine Grafik. Unterhalb der Übungen findest Du in kursiver Schrift oft noch spezielle pädagogische Hinweise.

7. Bei jeder Übung wird die benötigte Zeit in Minuten angegeben. Das sind ungefähre Richtzeiten. Du kannst davon ausgehen, dass du öfter mal länger brauchen wirst.

8. Ich habe manchmal auf die Angabe der Übungswiederholungen verzichtet. Je nach Spielerzahl, Entwicklungsstand oder aktueller Stimmung musst du selbst entscheiden, ob beispielsweise eine Übung dreimal oder sechsmal durchgeführt werden soll.

9. Zahlreiche Übungen stammen von Schulungen und den Referenten abgeschwatzten Handzetteln oder mitgeschriebenen Protokollen aus drei Jahrzehnten Trainerfortbildung. Es sei darauf hingewiesen, dass die Quellenlage absolut unübersichtlich ist und ich nicht den Ursprung jeder Übung feststellen konnte. Meist existieren unzählige Varianten oder Bruchstücke von ihnen.

Empfehlungen für optimales Training

Bereite dich auf jedes Training vor.
Trainiere so viel wie möglich.
Arbeite nach Plan bzw. Liste.
Übertrage möglichst viel Organisatorisches an die Betreuer.
Nütze die Trainingszeit voll aus.
Verlege Besprechungen in die Trinkpausen.

Sind die Belastungen (Sprints usw.) hoch, achte auf keuchendes Atmen, rote / weiße Gesichter und verspannte Körperhaltung. Benutze die notwendige Erholungspause für Erklärungen.

Damit manche Dinge gut gekonnt werden, muss man sie wiederholen.

Baue mit jedem Spieler in jedem Training einen guten Kontakt auf.

Erkläre im Grundlagentraining alles, was anliegt – immer wieder.

Kritisiere konstruktiv.

Lobe jeden, wenn ihm etwas gelingt.

Denke immer daran:
Ein einziges falsches Wort –
im Zorn, Unverstand oder sogar berechtigt geäußert –
zerstört die Aufbauarbeit von Jahren.

Als Trainer muss ich immer
alles sehen, aber nicht
immer zu allem etwas sagen.

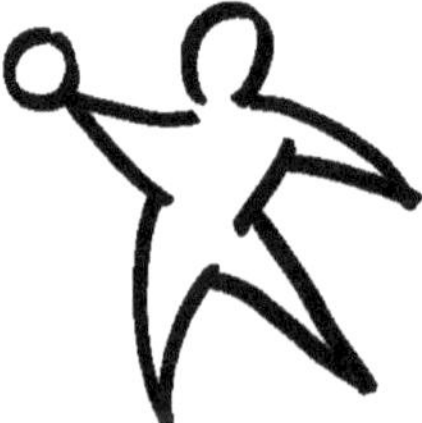

Zeichenerklärungen

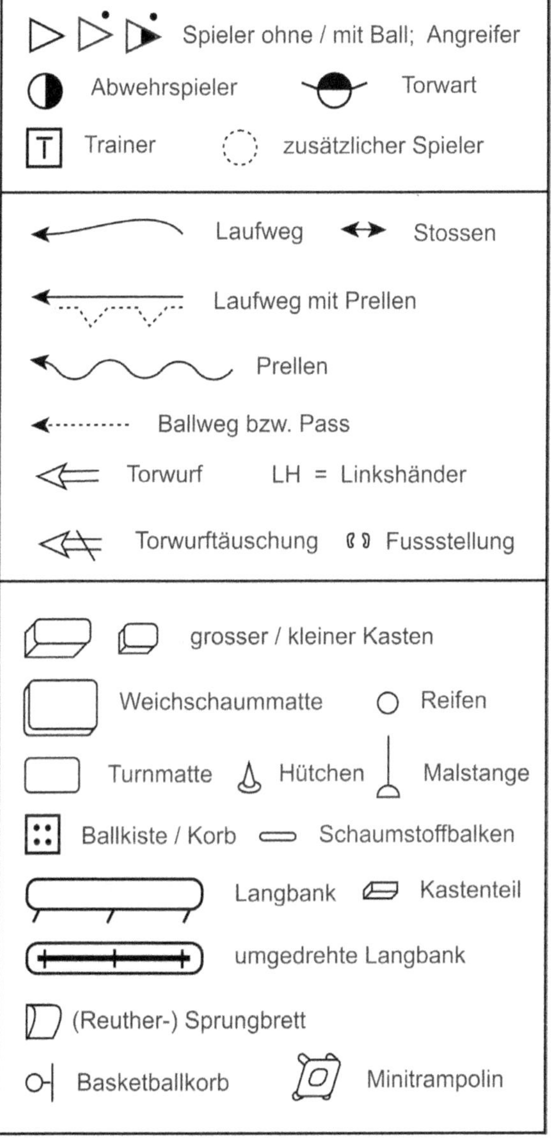

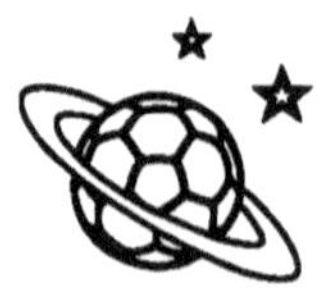

Trainingseinheit Nr. E 1: Passen I

Trainingseinheit E 1, Passen I: getestet mit 15 Teilnehmern / 90 Min. / E 2 / kl. Halle

Manche junge Spieler bevorzugen aus Egoismus oder Unsicherheit das Prellen und spielen nicht ab. Damit alle mitspielen können, muss das sichere Passen in der E-Jugend ein Schwerpunkt sein.

Achtung, die kleine Halle stand nur eine Stunde zur Verfügung, dann musste sie mit der E-Jugend weiblich geteilt werden.

Benötigte Materialien: Handbälle für jeden Spieler, Überziehhemdchen, drei Hütchen, eine Ballkiste.

I. Auftakt:

1) ORGANISATORISCHES: 5 Min.
Treff ist um 14 Uhr usw.

2) PRELLEN: 8 Min.
Jeder einen Ball. Den Anführer bestimmen und eine Schlange (mit Abstand zueinander) bilden. Prellen und dem Anführer alles nachmachen. Öfter den Anführer wechseln.
⇨ Später einige Hindernisse (Hütchen, Ballkiste, evtl. Stangen) aufstellen, welche umlaufen oder sogar überlaufen werden können.

PRELLEN:
Abstand halten wegen Ballverlusten! Als Anführer: Mal einen guten, dann wieder schlechteren Spieler bestimmen, dann den Letzten der Schlange usw. Nicht zu schnell laufen! Keine verrückten Laufwege (Endlosspirale).

3) TIGERBALL: 15 Min.
Zwei Gruppen bilden (mit Hemdchen). Eine Gruppe ist immer mit zwei Spielern in Überzahl (z.B. 6:4 oder 5:3 oder 4:2). Spielfeld der Gruppen-

größe anpassen (Torraum oder bis Freiwurflinie oder Hallenhälfte). Ab zwölf Spielern teilen! Spielziel: Ball in der Gruppe passen. Abgefangene Bälle, technischer Fehler oder Seitenaus werden laut als Minuspunkte gezählt. Die Verteidiger werden Angreifer.
➪ Nach einiger Zeit ohne Prellen spielen
➪ Fortgeschrittene können auch 5:4 oder 4:3 spielen.

TIGERBALL:
Den Co-Trainer die andere Spielfeldhälfte beaufsichtigen lassen (oder auch zuschauende Eltern).
Das „ohne Prellen spielen" als große Erschwernis verkaufen ...
Bei 4:3 vier starke gegen 3 schwache Spieler antreten lassen.

4) TRINKPAUSE: 2 Min.

II. Hauptteil:

1) PASSEN: 8 Min.

In Dreiergruppen auf den Positionen LA - RM - RA (in kleiner Halle, sonst anpassen) an der Torauslinie aufstellen. Jede Gruppe mit einem Ball. Passen, aber ohne Prellen. Am Schluss Torwurf. Die Spieler laufen außen am Spielfeldrand wieder zurück. Ein Torwart.
➪ Der Ball ist beim Start auf LA, dann RA.
➪ Die Spieler wechseln die Positionen durch.
➪ Aufsetzerpässe, dann Schlagwurfpässe.

2) PASSEN: 12 Min.

Wie bei der vorigen Übung aufstellen, aber mit einem Verteidiger (anfangs der Trainer). Dieser greift hinter der Mittellinie einen Spieler (mit Ball) an. Wieder mit Torwurf abschließen.
➪ Der Ball ist beim Start auf LA, dann RA, dann RM.
➪ Abspieltempo erhöhen.
➪ Der Verteidiger deckt jetzt einen Spieler ab, der nicht in Ballbesitz ist, sodass er nicht angespielt werden kann.

PASSEN:
Geht die Spielerzahl nicht auf, dann die Dreiergruppen laufend auffüllen mit den am schnellsten zurücklaufenden Spielern. Bei Prellen abpfeifen, Spieler müssen umdrehen. Beim Torwurf soll der Verteidiger nicht mehr eingreifen.

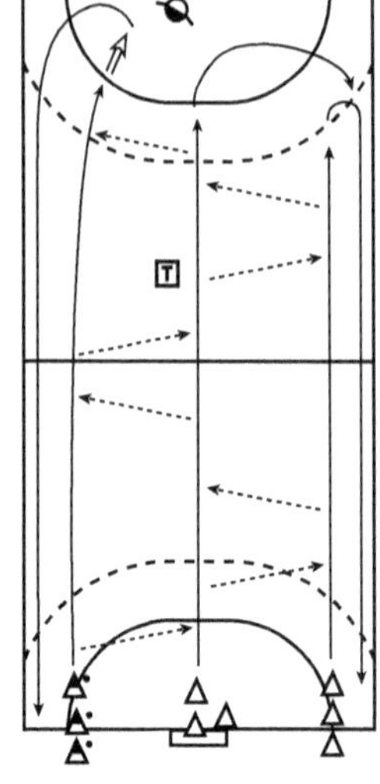

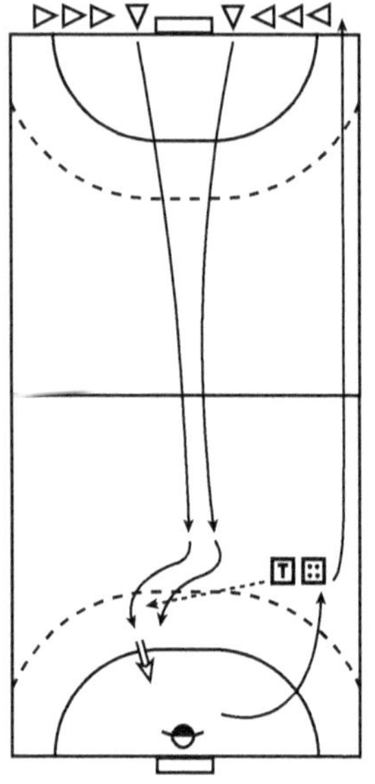

WETTKAMPF:
Vorsicht, durch Übereifer Verletzungsgefahr. Der zweite Spieler muss nur verteidigen, wenn der Ball nicht direkt aufgenommen werden konnte. Auch mal dem Langsameren den Ball zuspielen.

3) WETTKAMPF: <u>10 Min.</u>

Spieler in zwei Reihen links und rechts neben dem Tor aufstellen. Die ersten zwei Spieler (sollten möglichst gleich schnell sein) legen sich auf den Bauch neben dem Pfosten auf den Boden. Der Trainer steht mit einer Ballkiste an der Seitenlinie (vor der Freiwurflinie in der anderen Hälfte). Ein Torwart. Auf Pfiff gleichzeitig starten und lossprinten. Der Trainer legt den Ball so weit vor, dass möglichst ohne Prellen sofort auf das Tor geworfen wird. Ansonsten muss natürlich korrekt geprellt werden. Nach dem Torwurf den Ball holen und in die Ballkiste legen.
⇨ Zuspielarten: kräftig aufprellen, direkt zuspielen, rollen, Bogenlampe.

4) WURFTRAINING: <u>10 Min.</u>

Es wird an der Mittellinie paarweise (pro Paar ein Ball) auf RA und RR gestartet. Die Spieler sollen zwei- bis dreimal, ohne zu prellen, passen, dann greift der Trainer (als Verteidiger) deutlich einen Spieler an. Es muss die Entscheidung getroffen werden, ob ich selber durchgehen kann oder schnell abspiele. Dies sollte durch den Trainer erklärt werden. Abschluss mit Torwurf. Ein Torwart. Den Raum mit Hütchen begrenzen. Außen zurücklaufen.
⇨ Positionen verändern (LA und RL; RL und RR usw.)

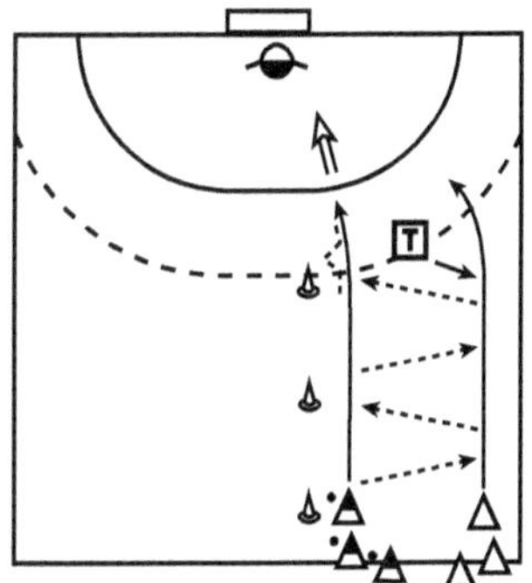

WURFTRAINING:
Der Verteidiger (Trainer) macht den angegriffenen Spieler so zu, dass er nicht selbst durchgehen bzw. nicht angespielt werden kann.

III. Schlussteil:

1) ZIELSPIEL: <u>20 Min.</u>

Handballspiel mit zwei Mannschaften.
Es kann auch bei entsprechenden (sich überschneidenden) Trainingszeiten gegen die E-Mädchen gespielt werden, welche sich inzwischen in der anderen Hallenhälfte zehn Minuten lang aufgewärmt haben. Möglichst offensiv spielen, sofort angreifen.

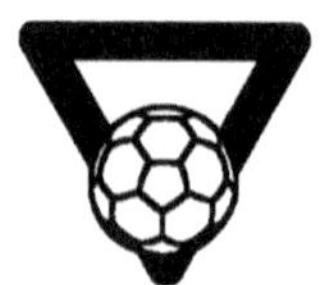

Trainingseinheit Nr. E 2: Passen II

Trainingseinheit E 2, Passen II: getestet mit 15 Teilnehmern / 90 Min. / E 2 / kl. Halle

Wird der ballführende Spieler von zwei oder drei Verteidigern angegriffen, müssen irgendwo anders Mitspieler frei sein. Nur der Ball muss noch dorthin gelangen!

Benötigte Materialien: Handbälle für jeden Spieler, Überziehhemdchen, drei Hütchen, ein großer Kasten, vier Langbänke.

I. Auftakt:

1) ORGANISATORISCHES: 4 Min.

⇨ Viel Lob verteilen: „Ihr habt gestern prima gespielt!"

⇨ Infos. Beispielsweise: „Das nächste Training ist erst nach Fasnacht!"

2) BALL FANGEN (THEORIE): 5 Min.

Grundsätze:

⇨ Beim Fangen in Brusthöhe (und höher) sind die Spitzen von Daumen und Zeigefinger beider Hände dreiecksförmig aneinandergelegt. Die Hände bilden eine Schale.

⇨ Beim Fangen in Bauchhöhe (und tiefer) klappen die Hände nach unten um. Die kleinen Finger sind jetzt beieinander.

⇨ Bei jedem Pass (und besonders bei den starken Würfen) streckt man die Arme aus und die Hände dem Ball entgegen, dann zieht man den Ball zur Brust zurück.

⇨ Jeder Pass wird mit zwei Händen gefangen. Immer!

BALL FANGEN (THEORIE):
Der Trainer lässt sich einen Ball zuspielen und macht alles vor.
Die Kinder sollen ohne Ball die Bewegungen nachmachen.
Die vier Hinweise am Schluss nochmals wiederholen.

3) PASSEN: 8 Min.

Paare mit je einem Ball bilden. Im Torraum (oder bis zur Freiwurflinie, je nach Spielerzahl) soll der Ball einander mit einem Schlagwurfpass zugespielt werden. Prellen ist verboten! Nach einiger Zeit laufen die Paare nach einem Pfiff vom Trainer zum anderen Torraum und passen weiter.

➪ Als Variante Bodenpässe (Aufsetzer) spielen.

PASSEN:
Den Abstand der Pfiffe variieren.

4) PASSEN: 12 Min.

Jedes Paar (mit einem Ball) sucht sich einen Platz an der freien Wand, wo keine Turngeräte angebracht sind. Die Partner stellen sich etwa vier Meter auseinander und mit vier Metern Abstand zu der Wand auf.

➪ Den Ball schräg mit Schlagwurf an die Wand spielen, sodass er als Aufsetzer beim Partner ankommt. Der Partner spielt den Ball genauso zurück.

➪ Jetzt als Aufsetzer-Schlagwurf so stark auf den Boden und an die Wand werfen, dass der Ball hoch zurückkommt.

➪ Dito, als Sprungwurf probieren.

➪ Wieder den Aufsetzer-Schlagwurf werfen, aber nach jedem Wurf kurz hinsetzen und wieder aufstehen.

➪ Jetzt stehen die Partner hintereinander, etwa zwei Meter von der Wand entfernt. Der vordere wirft den Ball als Schlagwurf an die Wand und weicht seitlich aus, geht zurück, der andere fängt den Ball, macht zwei Schritte nach vorne und wirft, weicht seitlich aus usw.

➪ Zur anderen Seite ausweichen. Oder einer geht nach links, der andere nach rechts zurück.

➪ Auch einmal als Aufsetzer-Schlagwurf probieren.

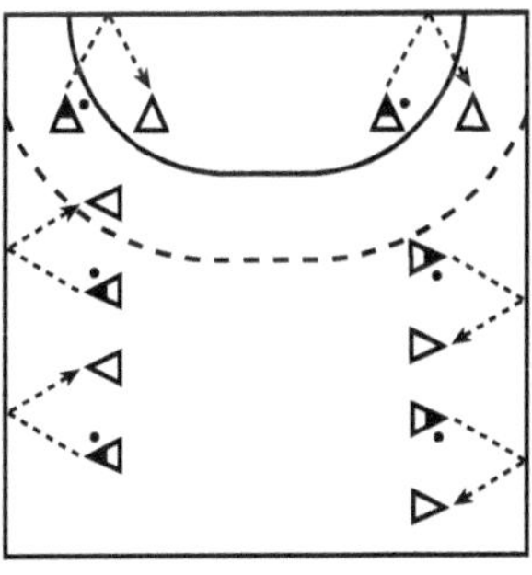

PASSEN:
Die Wände müssen frei von Hindernissen sein. Der Abstand von der Wand darf nicht zu groß sein, sonst kommen die Bälle zu tief zurück. Wer schwach wirft, sollte weiter oben hinzielen. Die Übungen unbedingt vormachen.

5) TRINKPAUSE: 1 Min.

II Hauptteil:

1) PASSEN: 15 Min.

Paare, ein Ball. Start bei zwei Hütchen in der Ecke, fortlaufend über die vier Langbänke hinweg sich Schlagwürfe zupassen. Am Hütchen kreuzen (auch hier ohne Prellen weiterpassen), der Innenspieler läuft auf der Außenbahn weiter.

➪ Die Paare zuerst einzeln vormachen lassen, ohne Fang- und Tippfehler bitte!

➪ Standort der Langbänke verändern: Die erste Langbank parallel (siehe Grafik) zur Seitenlinie stellen. Den Startplatz der Spieler entsprechend verschieben.

➪ Dito, jetzt auch die vierte Langbank parallel stellen. Die Spieler sollen dem Knick folgen.

➪ Auch mal mit Tempo laufen lassen.

➪ Immer wieder die Seite tauschen.

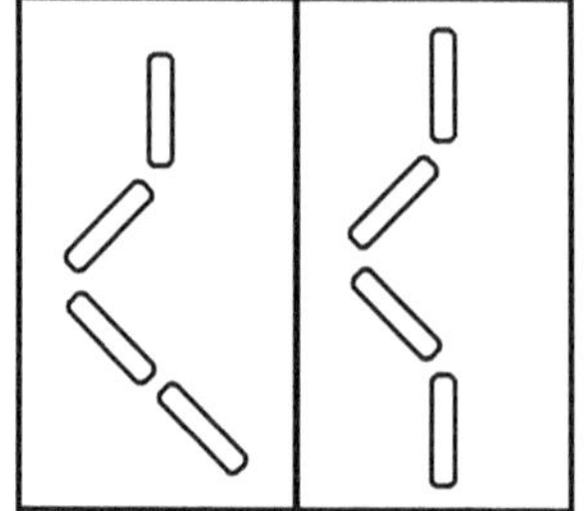

Noch einmal erklären: das Fangen:

Ohne Blickkontakt kein Zuspiel, wer den Ball nicht kommen sieht, kann ihn nicht fangen. Notfalls Namen rufen! Zeigefinger und Daumen beider Hände bilden ein Dreieck, ab dem Bauch nach unten klappen die Hände um. Die Arme nicht ganz ausstrecken, sondern etwas anwinkeln und den Ball immer zur Brust heranziehen. Immer mit beiden Händen fangen.

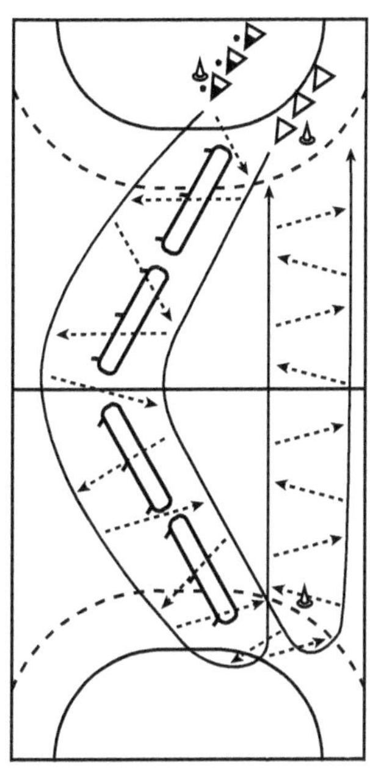

PASSEN:
Es sollte so viel Abstand vorhanden sein, dass bei Ballverlusten trotzdem nicht überholt werden kann. Das Kreuzen ist schwierig, dort langsamer laufen. Falls ein Paar durch Undiszipliniertheit auffällt, einmal alleine laufen lassen.

2) JÄGERBALL MIT HINDERNIS: 15 Min.

In einer Spielfeldhälfte mittendrin einen großen Kasten, außerdem zwei bis drei Langbänke an der Mittellinie aufstellen. Zwei Jäger mit Hemdchen kennzeichnen. Sie sollen mit einem Weichschaumball (oder weichem Volleyball) die anderen Spieler abwerfen. Für sie gelten die Handballregeln. Kein Prellen! Getroffene setzen sich auf die Langbänke. Nachdem alle abgeworfen wurden, neue Jäger bestimmen. So lange spielen, bis alle einmal Jäger waren.

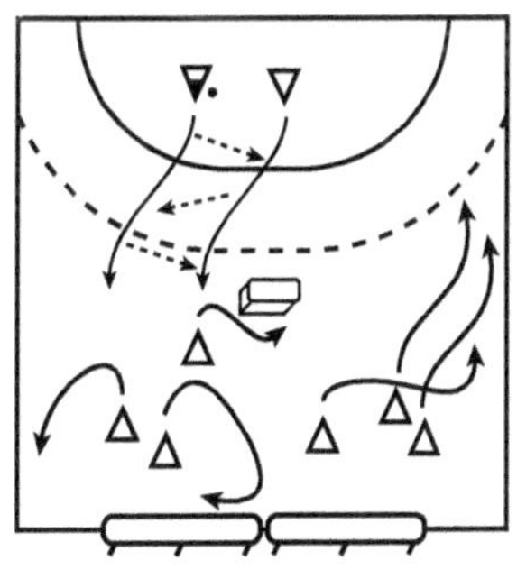

JÄGERBALL:
Bei vielen Spielern (z.B. ab zehn) kann aufgeteilt werden.Den Jägern einen Tipp geben: Nicht gleich werfen, sondern sich erst mal mit Passen an das Opfer herantasten.
Auch drei Jäger sind möglich.

III. Schlussteil:

1) SPIELFORM: 30 Min.

Es wird miteinander vier gegen vier (+ zwei Torhüter) Handball gespielt, wobei viel Platz zum Durchbrechen und Passen bleibt. Hemdchen nicht vergessen. Der Schiedsrichter vergibt auch Zeitstrafen bei entsprechenden Fouls und erklärt, was nicht gemacht werden darf. Wenn Bedarf besteht, öfter die Torhüter wechseln. Auf ausgewogene Mannschaften achten. Es können auch fünf schwächere gegen vier stärkere Spieler auflaufen. Immer nach zehn Minuten eine Mannschaft auswechseln.

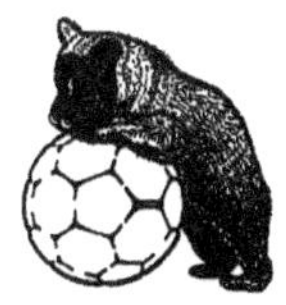

Trainingseinheit Nr. E 3: Passen III

Trainingseinheit E 3, Passen III: getestet mit 18 Teilnehmern / 90 Min. / E 2 / kl. Halle

Das Passen kann nach allen Seiten, also auch zur Seite, geübt werden, dann kommt allmählich die Stoßbewegung hinzu und schon ist eine Grundlage für das Positionsspiel gelegt.

Benötigte Materialien: Handbälle für jeden Spieler, Überziehhemdchen, vier Langbänke, vier Schaumstoffbalken, eine Pfeife.

I. Auftakt:

1) LINIENPRELLEN: 10 Min.

Jeder hat einen Ball, auf den Hallenlinien entlanglaufen. Evtl. auf eine Hallenhälfte beschränken. Wenn einer entgegenkommt, umdrehen oder abbiegen bzw. auf andere Linie hinüberspringen.

⇨ Mit der rechten Hand prellen – links prellen – Ball ca. einen Meter hochwerfen – abwechselnd links / rechts prellen.

⇨ Dreier-/Vierer-/Fünfergruppen bilden lassen, welche hinter einem Anführer auf den Linien prellen. Wechseln: Es wird der Erste zum Letzten (geht ganz nach hinten) und der Zweite Anführer. Oder auf Pfiff drehen sich alle um und prellen in die andere Richtung.

LINIENPRELLEN:
Funktioniert nur, wenn ruhig und konzentriert an die Aufgaben herangegangen wird. Daher vorher vielleicht eine Besprechung ansetzen, bei der alle auf dem Boden sitzen. Nicht zu schnell laufen und immer mit beiden Füßen auf der Linie bleiben.

2) FANGSPIEL: 15 Min.

Alle legen sich (ohne Ball) im Torraum verteilt auf den Bauch. Bei einem Pfiff halbe Körperdrehung (auf den Rücken, nochmaliger Pfiff: wieder auf den Bauch), bei zwei Pfiffen Sprint in den anderen Torraum und wieder hinlegen. Trainer ist Fänger hinter der Mittellinie und schlägt ab.

Abgeschlagene werden ebenfalls zu Fängern. Weiterhin hinlegen lassen und Pfiffe!
⇨Variante: kann auch mit Ball und Prellen gespielt werden.

FANGSPIEL:
Am Anfang nicht abschlagen, sondern nur jagen. Wer allerdings zögernd oder provozierend stehen bleibt, wird abgeschlagen! Pfiffreihenfolge variieren (z.B. 3 x 2 Pfiffe, dann 5 x 1 Pfiff). Deutliche zwei Pfiffe zum Losrennen!

3) TRINKPAUSE: 2 Min.

II. Hauptteil:

1) PASSEN: 18 Min.

Dreiergruppen bilden mit einem Ball. Mit genügend Abstand nebeneinander aufstellen.

⇨ (a) Der Außen passt frontal zum Mittelspieler, dieser dreht sich linksherum und passt mit dem richtigen Bein vorne zum anderen Außen, er bekommt den Ball zurück, dreht sich wieder linksherum und passt usw. Nach 20 – 25 Pässen die Positionen wechseln. Zuerst Aufsetzer, dann Schlagwurfpässe.

⇨ Dito, aber rechtsherum drehen in der Mitte.

⇨ (b) Jetzt drehen um 90 Grad: Alle schauen zu einem Tor. Schlagwurfpässe, Grundstellung immer einhalten. Positionen tauschen nicht vergessen!

⇨ (c) Dito, aber sich jetzt mit zwei bis drei Schritten vorwärts / rückwärts bewegen (Stoßbewegung). Zuerst Aufsetzer, dann Schlagwurfpässe. Positionen tauschen.

⇨ Dito, aber umdrehen und zum anderen Tor schauen. Mehrmals die Positionen tauschen.

⇨ Eventuell nochmals umdrehen und Übung wiederholen.

⇨ (d) Jetzt stellt sich der eine Außen (RA) hinter den Mittelmann. Alle schauen zu einem Tor. Der erste Mittelmann passt nach außen (LA), weicht zur ballfernen Seite aus (nach rechts) und stößt rückwärts zurück, der zweite Mittelmann erhält den Pass, stößt nach vorne und passt nach außen, weicht seitwärts aus usw.

➪ Dito, aber jetzt mit zwei Spielern auf der linken Seite, die nach links ausweichen.

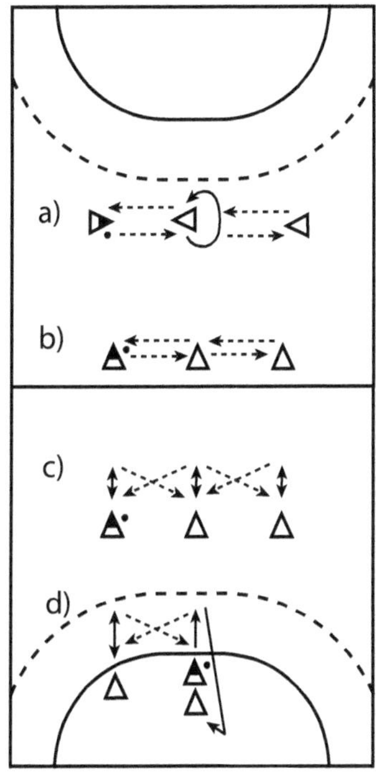

PASSEN:
Geht die Spielerzahl nicht in Dreiergruppen auf, muss der Trainer mitmachen. Notfalls kann eine Gruppe die Übungen zu viert absolvieren.

2) TRINKPAUSE: 2 Min.

In der Pause den Parcours aufbauen.

3) PASSEN UND SPRUNGWURF: 15 Min.

In zwei diagonal entgegengesetzten Spielfeldecken je eine Reihe Spieler aufstellen, jeder mit einem Ball. Zwei Torhüter. Dann je zwei Langbänke auf jeder Spielfeldseite aufstellen. Hinter diesen Langbänken steht je ein Spieler als Anspielstation (also insgesamt vier). Am Torraum je zwei Schaumstoffbalken o.ä. als Sprungwurfmarkierung hinlegen. Der erste Spieler passt zur Anspielstation hinter der ersten Langbank, rennt los und überspringt die Langbank, bekommt dann den Ball zurück, wirft zur zweiten Anspielstation, überspringt die zweite Langbank, bekommt

den Ball zurückgepasst, prellt je nach Hallengröße einmal oder zweimal (oder am besten gar nicht) und schließt mit Sprungwurf ab. Ball holen und sich bei der anderen Reihe hinten anstellen.
⇨Bei vielen Spielern können auch sechs Langbänke mit sechs Anspielstationen aufgestellt werden.

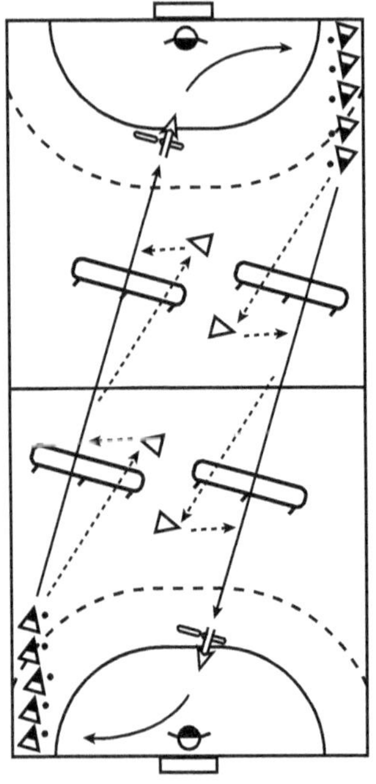

PASSEN UND SPRUNGWURF: Schwächere Spieler springen nicht über die Langbänke, sondern stellen einen Fuß darauf. Das ist erlaubt! Der Rückpass darf erst nach dem Überspringen zugespielt werden.

III. Schlussteil:

1) ZIELSPIEL: 28 Min.

Handballspiel mit zwei Mannschaften. Es wird mit der taktischen Vorgabe gespielt, dass ein Spieler Manndeckung bekommt. Der Rest spielt z.B. eine 1:4-Deckung. Dazu muss der Manndecker (alle horchen erst mal zu) eingewiesen werden. Den Gegenspieler nicht festhalten, aber mit den Fingerspitzen mindestens einer Hand immer am Mann sein. Möglichst nicht hinterherrennen. Verliert die eigene Mannschaft den Ball, sofort den Spieler suchen und Manndeckung beginnen. Die Manndecker und die gedeckten Spieler öfter wechseln.

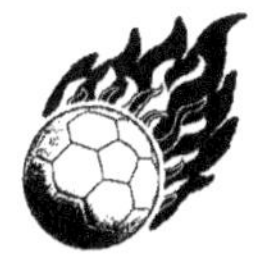

Trainingseinheit Nr. E 4: Wettkampf gegeneinander

Trainingseinheit E 4, Wettkampf gegeneinander: getestet mit 8 Teiln. / 90 Min. / E 2 / kl. Halle

Der Drang zum Ball ist groß, aber manche trauen sich trotzdem nicht so richtig. Also muss dies in Wettkämpfen trainiert werden.

Benötigte Materialien: Handbälle für jeden Spieler, Überziehhemdchen, vier Langbänke, fünf Hütchen.

I. Auftakt:

1) ORGANISATORISCHES: 5 Min.

Nächstes Spiel besprechen, Fahrer und Abfahrtszeiten ansprechen. Wer fehlt? Mut machen!

2) AUFWÄRMEN LAUFEN: 6 Min.

Jeder soll seinen Ball an der Torauslinie bereitlegen. Dann nebeneinander an der Torauslinie aufstellen und sich links und rechts an den Händen fassen. Bahnen laufen (zwei- bis dreimal). Beim Umkehren kurz loslassen und wieder Hände fassen.

⇨ Arme hochheben und wieder senken.

⇨ Nach vorne strecken und halten.

⇨ Nach vorne boxen (mal nicht an den Händen fassen).

⇨ Hände über den Kopf hochhalten.

⇨ Sich im Laufen bücken und wieder hoch (Kapitän gibt Kommando). Oder wie La-Ola-Welle durchführen.

3) AUFWÄRMEN TECHNIK: 3 Min.

Nebeneinander an der Torauslinie mit je einem Ball aufstellen. Niemand prellt! Den Ball mit einer Hand (Wurfarm) festhalten. Evtl. mit der anderen Hand von unten gegenhalten. Hand muss oben auf dem Ball sein.

⇨ Hand mit Ball nach vorne, hinten, oben, unten, links, rechts bewegen. Mehrmals wiederholen.

⇨ Vorsichtig vorwärts kreisen, evtl. rückwärts.

⇨ Erste Übung wiederholen.

AUFWÄRMEN TECHNIK:
Das Festhalten des Balles mit einer Hand bekommt in diesem Alter nicht jeder hin. Daher nicht zu viel fordern. Erklären: Der Ball wird vor allem mit dem Daumen und dem kleinen Finger gehalten. Den Ball richtig festkrallen.

4) AUFWÄRMEN BALLGEFÜHL: 6 Min.

Wieder an der Torauslinie mit etwas Abstand aufstellen, Bälle hinter der Linie ablegen. Nur der LA hat einen Ball.

➪ Auf Kommando nun den Ball im Stehen an den Nebenspieler (hüfthoch, mit beiden Händen fangen) und wieder zurück bis LA weiterpassen (Ein-Meter-Pässe, ohne Fallenlassen).

➪ Nun haben LA und RA je einen Ball. Auf Kommando wandern beide Bälle bis zur Mitte und überkreuzen sich dort. Ein Spieler muss seinen Ball per Aufsetzer dem übernächsten zuspielen. Die Bälle wandern zurück bis zum Ausgangspunkt.

➪ Nach jedem Durchgang den Linksaußen nach Rechtsaußen schicken, sodass immer neue LA und RA entstehen.

AUFWÄRMEN BALLGEFÜHL:
Falls viele Spieler vorhanden sind, kann auch ums Eck herum die Reihe verlängert werden, sodass ein Mindestabstand garantiert ist. Mal ein schnelleres Spiel fordern, aber nicht zu sehr anheizen, sonst fällt der Ball zu oft zu Boden.

5) TRINKPAUSE: 3 Min.

6) SPIEL LAUFENDER KORB: 15 Min.

Zwei Mannschaften mit Überziehhemdchen bilden. Der Trainer bildet in Brusthöhe mit beiden Armen einen „Wurfring“, in den der Ball hineingeworfen werden soll. Gespielt wird nach Handballregeln. Pfeife bereithalten für eventuelle Fouls (Trainer ist gleichzeitig Schiedsrichter, Anspiel durch starkes Aufprellen des Balles).

➪ Am Anfang bleibt der „Korb“ meistens stehen.

➪ Nach einer Weile rennt der „Korb“ auf einmal weg oder dreht dem Ballbesitzer überraschend den Rücken zu.

SPIEL LAUFENDER KORB:
Vorsicht, der „Korb“ wird am Anfang mit Würfen beschossen! Bei vielen Spielern können auch zwei Kinder einen laufenden „Korb“ bilden. Die Arme dürfen nie geschlossen sein, sodass der Ball immer von oben durchgeworfen werden kann.

II. Hauptteil:

1) PASSEN ZU ZWEIT: 12 Min.

Mit vier Langbänken und vier Hütchen einen Passparcours aufbauen. Paare mit je einem Ball, den sie sich zupassen. Die Langbänke zwingen zum Auseinanderlaufen und weiten Pässen. Am Wendepunkt beim Hütchen soll geprellt werden.

⇨ Nach jedem Durchgang die Seiten wechseln.

⇨ Passarten variieren: Schlagwurf, Aufsetzer, Ballonpass.

⇨ Dann die Paare neu zusammenstellen.

⇨ Evtl. Hütchen versetzen.

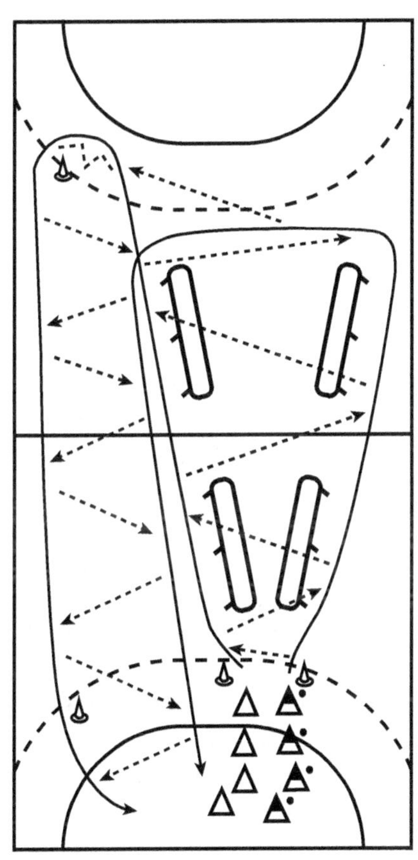

PASSEN ZU ZWEIT:
Die Pässe müssen immer mit beiden Händen gefangen werden. Auch auf dem Rückweg soll bis zum Schluss gepasst werden.

2) WETTKAMPF PAARE: <u>8 Min.</u>

Ein Torwart ins Tor. Der Trainer steht mit einer Ballkiste halb links an der Freiwurflinie. Die Spieler legen ihre Bälle in die Ballkiste und stellen sich in zwei Reihen an zwei Hütchen links und rechts außen auf. Nach Signal sprinten die ersten beiden um je ein Hütchen nahe der Mittellinie herum und dann zum Tor.

Der Trainer wirft den Ball auf verschiedene Art und Weise in die Mitte, der schnellere kann mit Torwurf abschließen. Er legt dann den Ball wieder in die Ballkiste. Zuspiel variieren: Den Ball zurollen, aufprellen, andrehen, fallenlassen, nach hinten durch die Beine spielen, über die Schulter, mit Antäuschen usw.

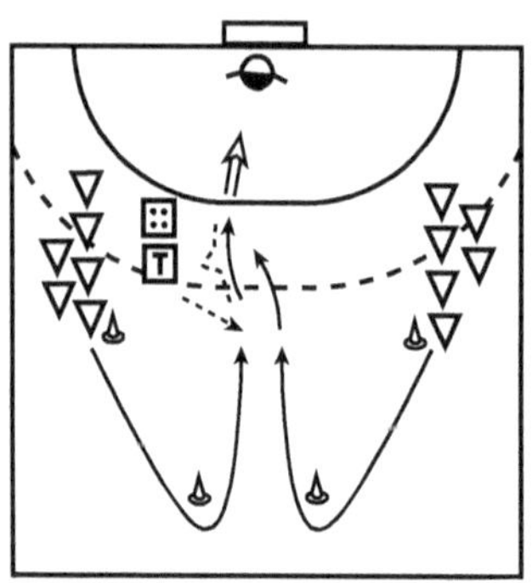

⇨ Nicht zu spät zuspielen, sonst wird abgestoppt.

⇨ Die Spieler können ihren Partner selbst aussuchen. Nach einigen Läufen Partner wechseln.

3) WETTKAMPF PAARE 2: <u>12 Min.</u>

Der Trainer verlagert seinen Standort Richtung Siebenmeter. Die Spieler stellen sich wieder in zwei Reihen an zwei Hütchen auf der rechten Seite auf. Nach Signal sprinten sie schräg um je ein weiteres Hütchen herum und dann auf der linken Seite Richtung Tor. Der Trainer legt den Ball vor und beide versuchen, ihn zu erkämpfen.

Der Ballbesitzer prellt zum Tor und wirft, der andere Spieler versucht zu verteidigen. Nach jedem Lauf soll die Position in den Paaren getauscht werden. Durch den veränderten Laufweg haben die Spieler nicht sofort den Vergleich, wer schneller ist.

Der Abschluss ist jetzt (besonders für Rechtshänder) schwieriger, da der Ballbesitzer im Abschluss gestört oder abgedrängt werden kann. Nicht vom Eckball aus werfen!

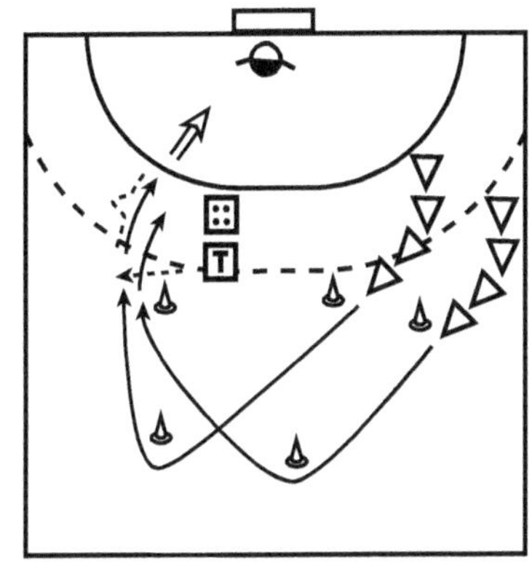

➪ Die Positionen der Hütchen korrigieren, bis beide Laufwege gleich lang sind.

➪ Möglich ist auch, dass der Trainer ein Wendehütchen durch sich selbst ersetzt und durch Veränderung des Standorts den Laufweg bei jedem Paar individuell festlegen kann.

➪ Die Übung kann spiegelgleich mit Abschluss auf der rechten Seite durchgeführt werden, falls noch zu viel Angst vor dem Verteidiger herrscht (ist besser für Rechtshänder).

III. Schlussteil:

1) ZIELSPIEL: <u>20 Min.</u>

Freies Spiel ohne Vorgaben.

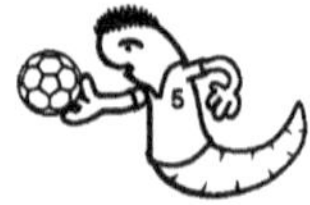

Trainingseinheit Nr. E 5: Manndeckung

Trainingseinheit E 5, Manndeckung: getestet mit 13 Teilnehmern / 90 Min. / E 2 / kl. Halle

In der E-Jugend ist offensives Abwehrverhalten Pflicht, entspricht es doch dem Drang der Kinder, den Ball erobern zu wollen. Es muss aber auch das Verfolgen eines Gegenspielers gelernt werden.

Benötigte Materialien: ein Handball, Überziehhemdchen, Hütchen je nach Spielerzahl.

I. Auftakt:

1) ORGANISATORISCHES: 7 Min.

Besprechung im Sitzen durchführen. Bälle bleiben vorerst im Ballnetz oder auf der Seite liegen.

2) WARMLAUFEN: 5 Min.

Ohne Ball in der ganzen Halle frei herumlaufen: Traben, einige Sidesteps, einbeinig hüpfen (z.B. dreimal links, dann dreimal rechts), rückwärtslaufen, ab und zu hochspringen (Pfiff oder Händeklatschen vom Trainer), im Zickzack laufen u. ä.

3) BÄRENTANZ: 10 Min.

Die Spieler in zwei bis vier Linien ziemlich kompakt (ein Meter Abstand seitlich) in der Mitte vom Spielfeld aufstellen. Der Trainer steht mit dem Rücken zu den Spielern vor den Linien. Alle machen reaktionsschnell und ohne Verzögerung die Bewegungen des Trainers nach. Noch keine 180-Grad-Drehungen einbauen!

➪ Sich vorwärts, rückwärts und diagonal mit Sprintschritten bewegen. Geschwindigkeit variieren, auch langsamer gehen.
➪ Seitlich mit Sidesteps bewegen, Hopserlauf.
➪ Zusätzlich die Arme einsetzen (Hände hochhalten, Arme schwenken und kreisen, boxen, klatschen usw.).
➪ Überraschungen einbauen: plötzlich stehen bleiben und warten, hinsetzen, Sprung, Liegestütze, Drehung …

BÄRENTANZ:

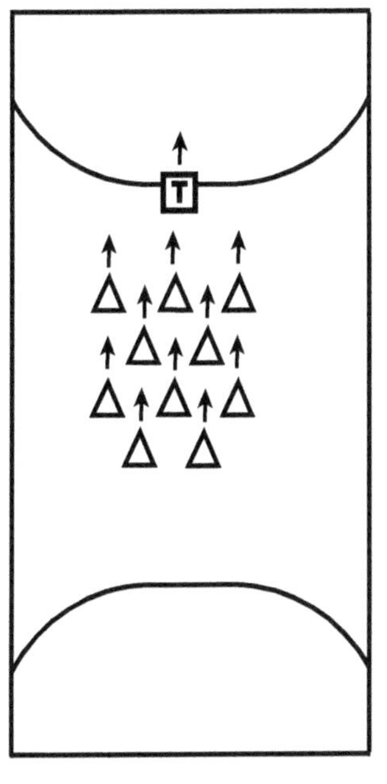

GASSENABSCHLAGEN:

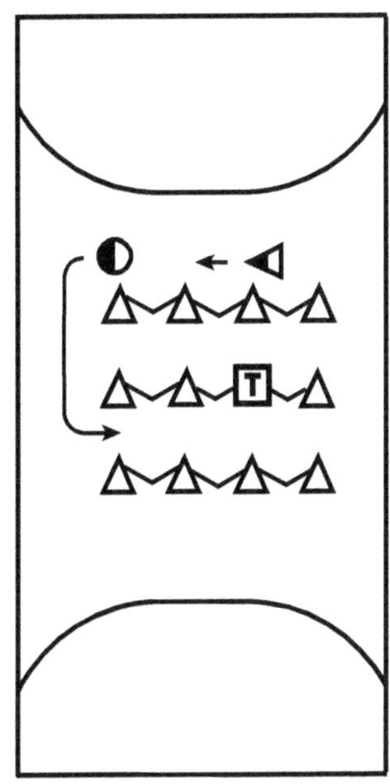

4) GASSENABSCHLAGEN: 15 Min.

Die Spieler inklusive Trainer stellen sich je nach Anzahl in drei bis fünf Linien auf und fassen sich an den Händen. Außerdem einen Fänger und einen „Hasen" bestimmen.

Auf Pfiff des Trainers (kann auch ein Spieler übernehmen) drehen sich alle um 90 Grad (immer linksherum, dann rechtsherum zurück) und fassen sich wieder an den Händen. Dadurch entstehen die Gassen quer zur vorherigen Richtung.

Hat der Fänger den Hasen abgeschlagen, bestimmt er einen neuen Hasen, der bisherige wird Fänger.

Achtung: Versuche, unter den Armen durchzukriechen, oder Durchbrüche sind verboten und dürfen unterbunden werden.

⇨ Langsame Fänger nicht zu lange erfolglos herumrennen lassen. Möglichst dann die Gassen neu bilden, wenn der Fänger den Hasen fast erreicht hat.

5) TRINKPAUSE: 3 Min.

II. Hauptteil:

1) MANNDECKUNG THEORIE: 5 Min.

Der Trainer erklärt die Manndeckung mithilfe eines Spielers, der Rest sitzt auf der Bank oder auf dem Boden. Alles genau vormachen. Es darf auch gefragt werden!

➪ Ziele sind: Mit den Fingerspitzen den Gegenspieler immer irgendwo am Oberkörper berühren. Und immer an ihm dranbleiben! Vormachen mit einem Spieler.

➪ Fehler: an der Schulter oder am Arm reißen, am Trikot ziehen. Demonstrieren!

➪ Wenn der Gegenspieler mit einem schnellen Antritt weggelaufen ist, sofort einholen und wieder eng decken!

➪ Fehler: Ein Abstand von 50 Zentimetern ist schon zu viel, der Gegner kann angespielt werden und den Abstand für Tricks (Täuschungen) ausnutzen.

➪ Jeder muss zweierlei können: Erstens seinen Gegner beobachten und aufpassen, dass er nicht wegrennt. Zweitens auf den Ball achten, der zum Gegenspieler gepasst werden kann und den man bitte schön abfangen sollte!

2) SCHATTENLAUFEN: 8 Min.

Paare (ohne Ball) mit gleicher Schnelligkeit bilden, der erste Spieler läuft mit mittlerer Geschwindigkeit durch die ganze Halle, der zweite muss mit den Fingerspitzen dranbleiben.

➪ Richtungsänderungen vorschreiben: Nur nach links abbiegen (zuerst mit Pfiffen vom Trainer, dann selbständig), dann nur nach rechts. Rollenwechsel. Auch Partner tauschen.

➪ Außerdem Tricks und doppelte Richtungsänderungen ausprobieren lassen.

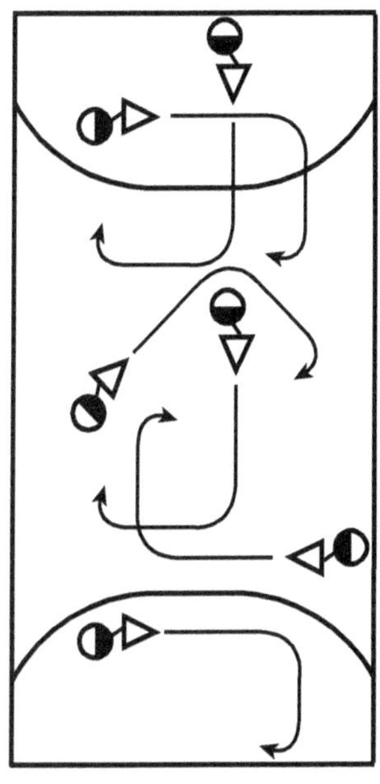

SCHATTENLAUFEN:
Nicht sprinten! Das ist eine Abwehrübung und es geht nicht darum, den Partner abzuschütteln.

SCHATTENLAUFEN IN BAHNEN:

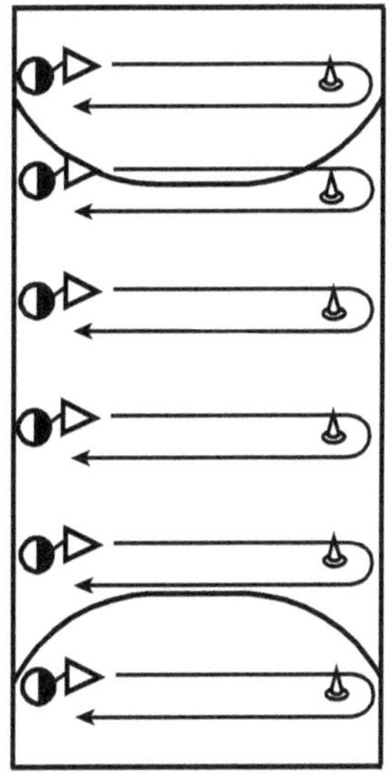

3) SCHATTENLAUFEN IN BAHNEN: 12 Min.

Paarweise an der Seitenlinie aufstellen, immer zur anderen Seitenlinie hinüberlaufen, beide bewegen sich um das Hütchen herum und wieder zurück. Der zweite Spieler soll am führenden immer dranbleiben. Nach jeder Bahn Rollenwechsel. Mehrmals laufen.

- ⇨ An der Wand abschlagen (beide), den Mitspieler neu annehmen.
- ⇨ Partner austauschen.
- ⇨ Mit kurzem Antritt des Vordermannes (zweimal pro Bahn).
- ⇨ Mit Richtungsänderungen und Täuschungen (einmal pro Bahn).

4) TRINKPAUSE: 3 Min.

III. Schlussteil:

1) ZIELSPIEL HANDBALL: 22 Min.

Handballspiel mit zwei Mannschaften (Hemdchen) in einer Hälfte quer oder in kleiner Halle längs. Mit Manndeckung.

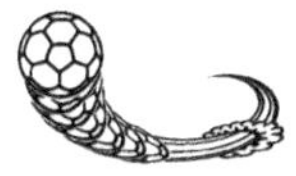

Trainingseinheit Nr. E 6: Rückwärtslaufen

Trainingseinheit E 6, Rückwärtslaufen: getestet mit 10 Teilnehmern / 90 Min. / E 1 / kl. Halle

Dies ist eine Trainingseinheit nach KLAUS FELDMANN („So trainieren die kleinen Balljäger Teil 3", handballtraining 9/2000, S. 17 ff.), welche ausprobiert und angepasst wurde. Besonderheit: die letzten 30 Minuten nur in der halben Halle.

Benötigte Materialien: Handbälle für jeden Spieler, Überziehhemdchen, je ein kleiner Reifen für jeden Spieler, eine Turnmatte, vier Weichschaummatten.

I. Aufwärmen:

1) LAUFEN UND GYMNASTIK: 5 Min.

Ohne Ball drei bis vier Runden durch die Halle laufen. Dann im Stehen mit genügend Abstand und versetzt gestaffelt Hampelmann-Variationen durchführen. Zuerst Arme und Beine synchron spreizen und schließen, dann asynchron (ca. 20-25-mal). Nochmals zwei Runden drehen lassen, derweil in der Hallenmitte fünf oder sieben kleine Reifen (je nach Hallengröße) auslegen. Abstand der Reifen beträgt etwa 2,5 Meter.

2) ALLGEMEINE KOORDINATION: 8 Min.

Die Spieler starten (ohne Ball) einzeln vom Torraum aus durch den Parcours und laufen an der Seitenlinie wieder zurück. Jeder läuft zwei- bis viermal.

⇨ Slalomlauf um die Reifen, erster Reifen rechtsherum. Dann Slalom erster Reifen links herum.

⇨ Über die Reifen laufen, kurz beidbeinig in jeden Reifen einspringen.

⇨ Einbeinig mit dem linken Bein in jeden Reifen einspringen. Dasselbe mit dem rechten Bein.

⇨ Die Reifen überspringen (schnelleres Tempo).

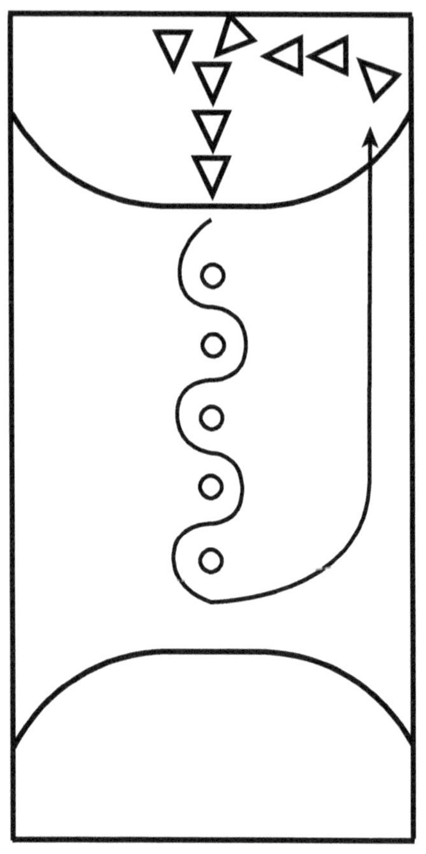

ALLGEMEINE KOORDINATION:
Abstand der Reifen testen, notfalls korrigieren.
Nicht auf die Reifen treten!
Verschobene Reifen sofort wieder richtig platzieren.

3) GYMNASTIK FORTSETZUNG: 15 Min.

Jeder Spieler erhält einen kleinen Reifen und alle verteilen sich in der Halle. Der Trainer macht die Übungen kurz vor. Die Reifen am Schluss wieder beim Trainer abgeben.

➪ Der Reifen liegt auf dem Boden. Auf ihm balancieren, die Fersen abheben. Von einer Stelle starten.

➪ Im Ausfallschritt in Reifen springen, dann nach vorne heraus Ausfallschritt, wieder zurück, sich dabei immer ca. 30 Grad nach links drehen. Auch eine Runde nach rechts drehen.

⇨ Die Beine sind geschlossen. Mit kleinen Sprüngen in den Reifen hinein- und wieder zurückspringen, zwei Runden.
⇨ Ausprobieren: Reifen um Hüfte kreisen lassen (Hula-Hoop).
⇨ Reifen um den Arm kreisen lassen, zuerst am Handgelenk, dann Ellenbogen, dann anderer Arm (um Beine zu schwierig).
⇨ Reifen um die Hüfte halten, durch die Halle kurven (Autofahrer spielen).
⇨ Jetzt die ganze Halle nutzen: Reifen langsam senkrecht nach vorne rollen, ihn während des Rollens von der Seite im Scherensprung überspringen.
⇨ Mutiges sich Hindurchwerfen durch den langsam rollenden Reifen.

GYMNASTIK FORTSETZUNG:
Viel Geduld ist notwendig. Die Reifen müssen natürlich zuerst ausprobiert werden! Dann aber Disziplin einfordern. Genügend Abstand einhalten. Standort des Trainers ist wichtig, um alle im Blick zu haben. Bei den letzten beiden Übungen sehr viel Lob verteilen.

4) TRINKPAUSE: 2 Min.

II. Hauptteil:

1) PARTEIBALL: 10 Min.

Es werden zwei gleich starke Mannschaften gebildet (Überziehhemdchen). In den Torräumen liegen je zwei Weichschaummatten als Torersatz. Manchmal sind die Matten an den Stirnseiten der Halle befestigt, was den Aufbau erleichtert. Ein Punkt ist erzielt, wenn man sich mit dem Handball auf die Matte werfen kann und der Ball darauf liegen bleibt. Torräume dürfen nicht betreten werden. Ansonsten Handballregeln.

PARTEIBALL:

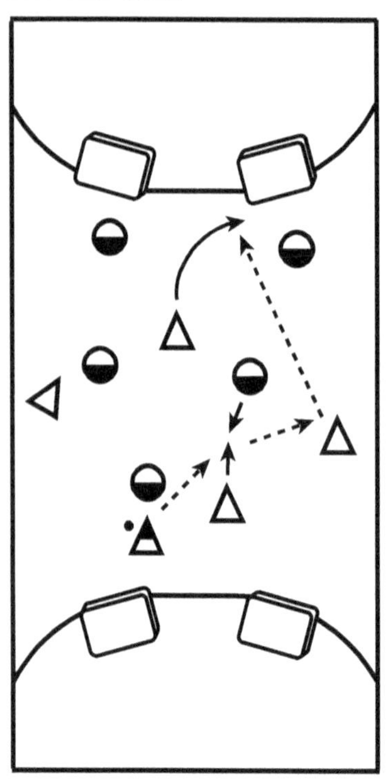

RÜCKWÄRTSLAUFEN:

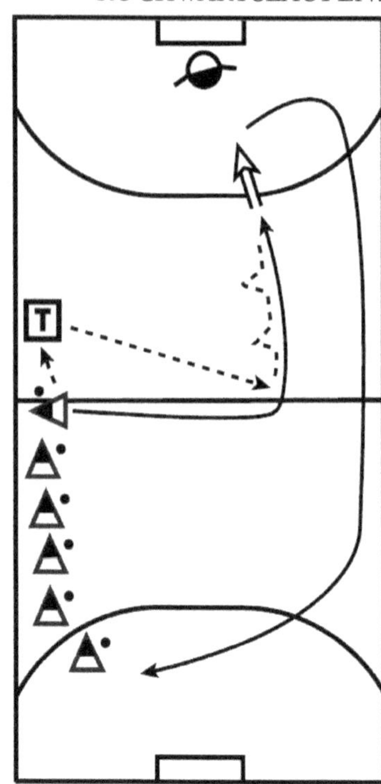

2) RÜCKWÄRTSLAUFEN: 10 Min.

Die Spieler (jeder ein Ball) stellen sich hinter der Mittellinie entlang der Seitenlinie auf. Nachdem der erste Spieler seinen Ball zum Trainer gepasst hat, läuft er rückwärts entlang der Mittellinie ins Spielfeld. Das Zuspiel vom Trainer muss in der Rückwärtsbewegung aufgenommen werden. Zum Tor prellen und Torwurf, dann wieder anstellen. Mit Torwart.

RÜCKWÄRTSLAUFEN:
Nicht zu schnell hintereinander zuspielen. Auf dem Rückweg muss außen herumgelaufen werden, um nicht die anderen zu behindern.

3) FORTSETZUNG RÜCKWÄRTSLAUFEN: 10 Min.

Jetzt stellen sich die Spieler paarweise hintereinander mit einem Abstand von zwei Metern auf. Jedes Paar ein Ball. Nach dem Auftaktpass zum Trainer laufen beide rückwärts entlang der Mittellinie ins Spielfeld. Der Trainer passt zum hinteren Spieler, der dann als Angreifer zum Tor startet, während der Partner Abwehrspieler wird.

⇨ Variabel zuspielen, mal schnell, mal langsam, Aufsetzerpässe.

⇨ Den Ball auch einmal dem vorderen Spieler zupassen.

⇨ Die Partner tauschen nach jedem Durchgang die Startposition.

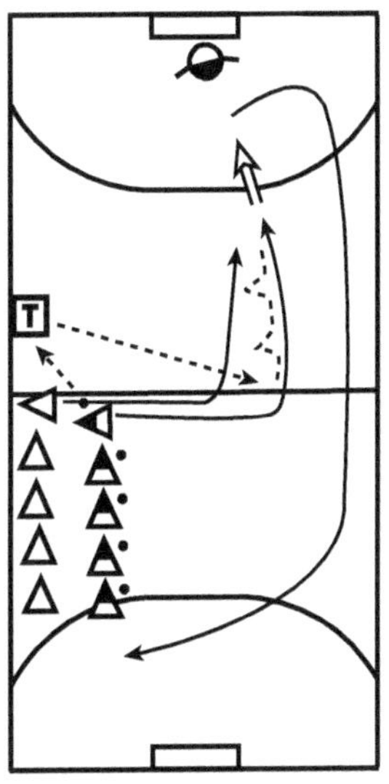

III. Schlussteil:

1) SIEBENMETERWERFEN: 10 Min.

Die Spieler (jeder ein Ball) stellen sich in einer Reihe vor einer blauen Turnmatte an der Freiwurflinie auf. Der erste spielt den Ball zum Trainer, macht eine Rolle vorwärts oder einen Purzelbaum auf der Matte, bekommt den Ball zurück, stellt sich ruhig am Siebenmeter auf und führt nach dem Anpfiff den Wurf aus.
(Derweil wärmen sich die Mädchen in der anderen Hälfte auf.)

2) ZIELSPIEL HANDBALL: 20 Min.

Spiel gegen die D-Mädchen. Es wird zuerst der Torwart bestimmt. Alle Spieler werden eingesetzt. Hemdchen!

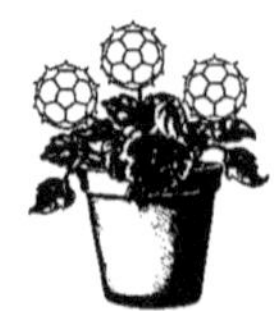

Trainingseinheit Nr. E 7: Herausprellen

Trainingseinheit E 7, Herausprellen: getestet mit 9 Teilnehmern / 90 Min. / E 1 / kl. Halle

Das Prellen ist in der E-Jugend das Hauptfortbewegungsmittel. Es gehört also logischerweise zu den elementaren Abwehrfähigkeiten, einem Angreifer den Ball aus der Hand zu spielen oder herauszuprellen.

Benötigte Materialien: Handbälle für jeden Spieler, Überziehhemdchen, sechs Hütchen, ein langer, frischer Socken, ein Tennisball, vier Langbänke.

I. Aufwärmen:

1) LAUFEN: 5 Min.

Ohne Ball sich in der ganzen Halle bewegen. Hüpfen, springen, rückwärts, zickzack laufen usw.. Alle sind in Bewegung, alle traben.

2) PASSEN: 3 Min.

Je nach Spielerzahl zwei bis fünf Handbälle untereinander in der ganzen Halle zupassen. Rückpass ist verboten. Vor dem Pass eventuell den Namen des „Empfängers“ rufen.

3) PASSEN IN GRUPPEN: 7 Min.

Zweiergruppen mit je einem Ball bilden. Sich den Ball mit Schlagwurfpässen in der ganzen Halle zuspielen.

⇨ Zusätzliche Aufgabe: Nach einem Pfiff in die linke, nach zwei Pfiffen in die rechte Spielfeldhälfte laufen und dabei dauernd passen.

⇨ Nach jedem Pass eine Zusatzaufgabe: einmal hochspringen, einmal hüpfen, einmal sich drehen, einmal in die Knie gehen. Zwischendurch wieder normal laufen. Dann Liegestütze oder Rad schlagen oder eine Kniebeuge machen, während der Partner ein- bis dreimal prellt.

PASSEN IN GRUPPEN:
Auch Dreiergruppen sind möglich. Eventuell mit dem Arm noch die Richtung, in welcher Hälfte gepasst werden soll, anzeigen. Gewisse Schlaumeier sollen nicht an der Mittellinie stehen bleiben, es geht nicht ums Konditionsparen, sondern um das Aufwärmen!

4) PASSEN VERSETZT: 10 Min.

Das Spielfeld wird durch vier Hütchen längs in zwei Hälften geteilt. Zwei Torhüter. Die Paare (Außen und RM) laufen versetzt (ein Ball) gleichzeitig los. Der RM passt nach hinten zum Mitspieler. Der Rückpass wird in die Tiefe gespielt, der RM soll die Mittellinie überschritten haben. Er prellt zum Tor und wirft. Nach dem Torwurf dasselbe von der anderen Seite aus durchführen.

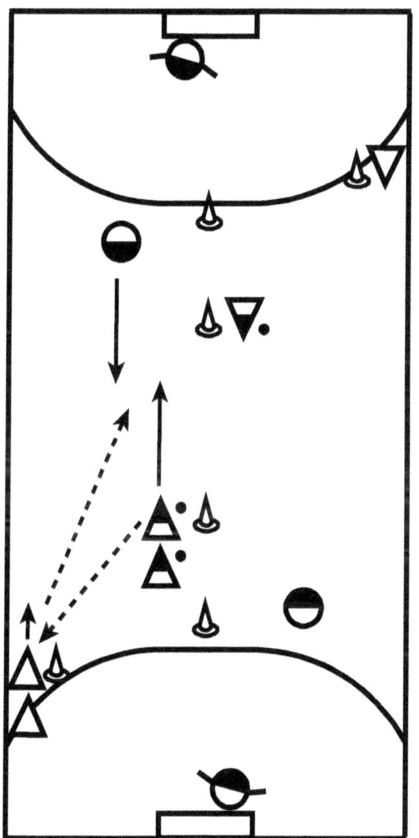

⇨ Zwei Hütchen als Positionierungshilfen für die Außen aufstellen, immer wieder die Spieler dorthin zurückbeordern!

⇨ Nach einigen Durchgängen je einen Verteidiger auf jeder Seite hinzunehmen. Er stellt sich immer wieder am Torraum auf und darf erst nach dem Auftaktpass eingreifen. Jetzt dürfen sich beide Spieler gemeinsam durchspielen.

PASSEN VERSETZT:
Der Verteidiger darf nicht zu weit vorne stehen und nicht zu früh starten, kann aber den Rückpass bereits abfangen. Gelingt dagegen der Rückpass, dürfen sich die beiden Spieler durchspielen.

5) SOCKENHANDBALL: 18 Min.

Ein langer, frischer Socken des Trainers wird mit einem Tennisball o.ä. gefüllt und verknotet. Mit diesem Spielgerät wird Parteiball im normalen Spielfeld nach Handballregeln, allerdings ohne Prellen, gespielt. Nach einer Eingewöhnungsphase wird die zu erreichende Anzahl Pässe vorgegeben (z.B. 10 / 12 / 15). Laut zählen. Verschärfung: Bei Foul kann man wieder von vorne mit dem Zählen anfangen.

6) TRINKPAUSE: 2 Min.

II. Hauptteil:

1) PRELLPARCOURS: 10 Min.

Drei Langbänke in einer Linie in der Mitte des Spielfeldes aufstellen (je nach Hallengröße/Spielerzahl auch mehr). Jeder ein Ball. Auf ausreichend Abstand achten.

⇨ Links neben der Bank laufen, darauf mit rechts prellen. Mehrere Durchgänge. Dann auf die andere Seite wechseln.

⇨ Dito, aber noch mit einem Fuß immer aufstützeln. Zuerst auf der Bank prellen, dann neben der Langbank. Dann auch die Seite wechseln.

⇨ Ein Bein ist links, das andere rechts von der Bank, auf der Bank wird geprellt. Auch rückwärts.

⇨ Eine Hand und ein Fuß sind auf der Bank, neben der Langbank wird geprellt. Dann die Seite wechseln.

PRELLPARCOURS:

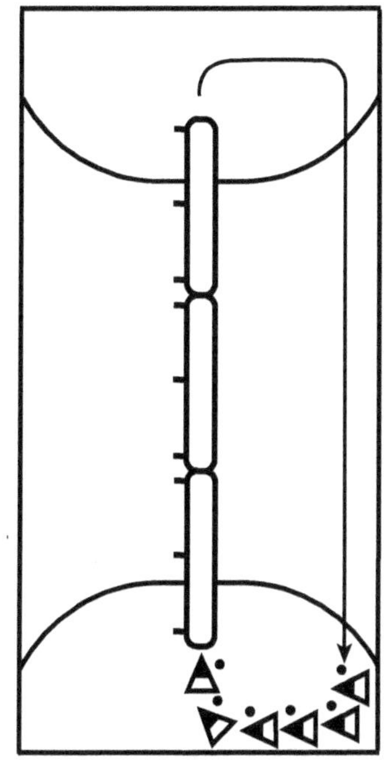

HERAUSPRELLEN:

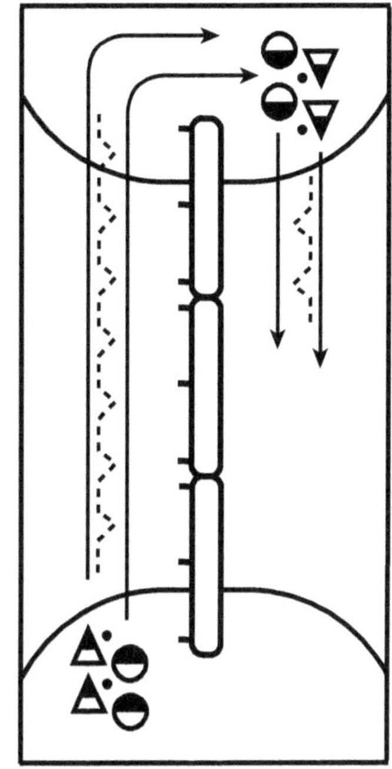

HERAUSPRELLEN:
Nicht sprinten! Das ist eine Abwehrübung und es geht nicht darum, den Partner abzuschütteln. Hinweis für Fortgeschrittene: Wenn mit der entfernten Hand geprellt wird, hilft nur abdrängen ...

2) HERAUSPRELLEN: 10 Min.

Links von den drei Bänken von einem Torraum zum anderen prellen, rechts zurück. KEIN TORWART! Dann Paare bilden, Partner ist Verteidiger und soll einen halben Schritt dahinter mitlaufen (beim Rechtshänder auf der rechten Seite), dabei den aufsteigenden Ball beim Prellen seitlich herausschaufeln. Nicht zu schnell laufen und immer nur auf einer Seite prellen, nicht die Hand wechseln oder ausweichen.

⇨ Zuerst ohne Herausprellen laufen lassen.

⇨ Dann ein Paar laufen lassen. Richtiges Herausschaufeln erklären und demonstrieren.

⇨ Der Ballbesitzer soll sich den Ball herausprellen lassen und dies nicht verhindern. Auf einer Seite laufen, dann neu ansetzen und auf der anderen Seite zurück. Dann Rollentausch.

⇨ Partner wechseln.

3) ZWEI GEGEN EINEN: 10 Min.

Aus vier Langbänken Begrenzungen aufbauen. KEIN TORWART (evtl. großen Kasten ins Tor). Je ein Verteidiger steht links und rechts der Bänke, ein Angreifer mit Ball auf RM. Der RM soll zwischen den Bänken Richtung Tor prellen, die beiden Verteidiger ihn in die Zange nehmen und den Ball herausspielen. Auf Pfiff starten alle drei.

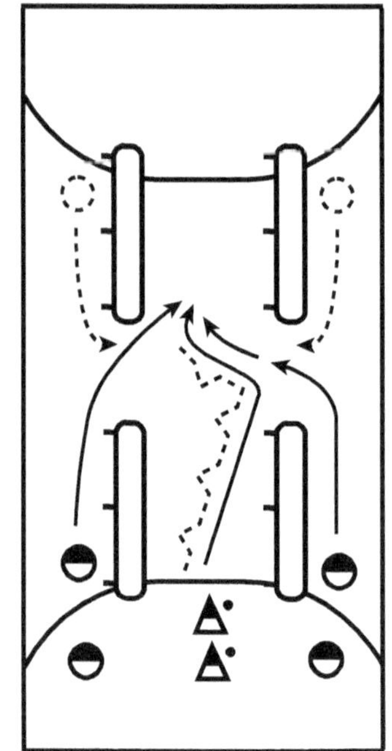

⇨ Varianten: mit Torwart. Nur ein Verteidiger.

⇨ Die zwei Verteidiger starten vom gegenüberliegenden Torraum.

⇨ Abstand der Bänke verringern oder vergrößern.

ZWEI GEGEN EINEN:
Manche Spieler versuchen, durch einen Sprint den Verteidigern zu entkommen. Dies durchaus einmal zulassen, dann aber den Startpunkt der Verteidiger so verändern, dass sie ihn noch erreichen.

III. Schlussteil:

1) ZIELSPIEL HANDBALL: 15 Min.

Handball mit Manndeckung. Evtl. Vorgabe: Vor jedem Abspiel muss jeder ein- oder zweimal prellen (Möglichkeit zum Herausspielen).

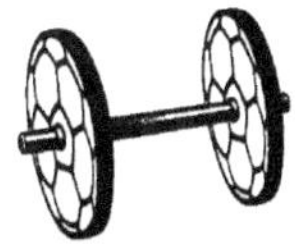

Trainingseinheit Nr. E 8: Stoßen

Trainingseinheit E 8, Stoßen: getestet mit 9 Teilnehmern / 75 Min. / E 1 / kl. Halle

Kleine Hallen drängen das Spiel in der Mitte zusammen. Es muss aber die gesamte Spielfeldbreite genutzt werden und die Außen sollen auch eine Chance bekommen. Daher durchspielen und stoßen!
Besonderheit: Trainingseinheit mit nur 75 Minuten Dauer!

Benötigte Materialien: Handbälle für jeden Spieler, Überziehhemdchen, fünf Stangen oder Hütchen (Pylone).

I. Organisatorisches: 5 Min.

Bei der Besprechung durchzählen, wie viele Spieler da sind.

II. Aufwärmen:

1) PASSEN: 3 Min

Paare bilden, jedes Paar ein Ball. Freies Passen in der ganzen Halle.

2) PASSEN OVAL: 5 Min.

Paare bilden, jedes Paar ein Ball. Fünf Hütchen in der Mitte aufstellen. Im großen Oval durch die Halle laufen und passen ohne Prellen.

➩ Aufsetzerpässe, Ballonpass, Schlagwurfpass.

➩ Seite tauschen.

➩ Partner tauschen.

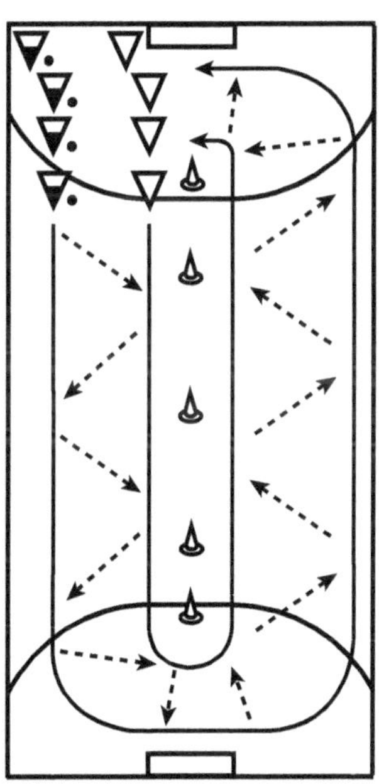

PASSEN OVAL:
Genügend Abstand zwischen den Paaren lassen. Der Spieler bei den Hütchen innen soll in den Kurven langsamer werden.

3) PASSEN ACHTER: 12 Min.

Wie vorher, aber nur vier Hütchen aufstellen (ein Hütchen in der Mitte entfernen) und eine große Acht laufen.

➪ Aufsetzerpässe, Ballonpass, Doppelaufsetzer, Druckpässe vor der Brust mit beiden Händen.

➪ Seite tauschen. Anders herum laufen. Partner tauschen.

➪ Nach jedem Abspiel den Boden mit einer Hand berühren (für manche schwierig).

➪ Dasselbe, aber mit zwei Händen.

➪ Nach dem Abspiel anhalten, dann wieder antreten und ein kurzes Stück losrennen.

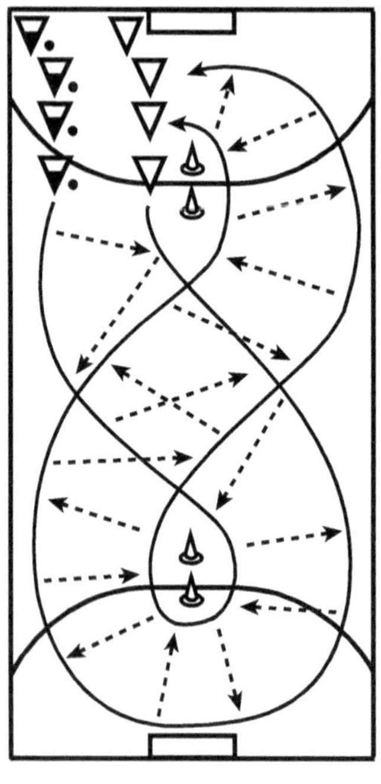

➪ Abwechselnd zuerst drei Schritte Sidesteps, dann wieder normal geradeaus laufen, dann Sidesteps usw.

➪ Immer wieder Runden mit einfachen Aufsetzerpässen einschieben.

PASSEN ACHTER:
Durch das Berühren des Bodens verliert der Spieler den Blickkontakt zum Partner.

4) KOPFHANDBALL: 18 Min.

Zwei Mannschaften bilden. Spielziel: Der Handball (es kann auch ein weicher Volleyball verwendet oder die Luft aus einem Handball etwas abgelassen werden) muss einem Mitspieler so zugespielt werden, dass dieser den Ball per Kopfball an die Wand hinter der Torauslinie (oder auch beim Tor ins Tornetz) köpft. Handballspielregeln, aber keine Torräume. Ein Ball hinter der Torauslinie (wenn vorhanden) ohne Kopfball bedeutet Ballverlust für den Angreifer, bei Pfosten bleibt der Ball im Spiel.

5) TRINKPAUSE: 2 Min.

II. Hauptteil:

1) STOSSEN THEORIE: 5 Min.

Alle sitzen auf der Bank und der Trainer erklärt das Stoßen an der Freiwurflinie. Der Angreifer bewegt sich vor und zurück wie ein „Kolbenstoß“, d. h. er macht mit dem Ball Richtung Tor drei Schritte, dann wird abgespielt mit Weiterpassen oder Rückpass, jetzt macht er wieder drei Schritte zurück. Durchspielen bedeutet, den Ball von links außen bis rechts außen von Spieler zu Spieler zu passen, wobei jeder stößt. Der Rückwärtsgang, also das Zurückweichen von der Verteidigung, ist sehr wichtig, damit man wieder angespielt werden kann.

➪ Vorteile des Stoßens: Du siehst immer das Tor und den Torwart, kannst mit Schwung werfen und ein Kreisläufer wird auch gesehen, den man anspielen könnte.

➪ Demonstration: drei bis fünf Spieler (je nach Hallenbreite) von LA bis RA aufstellen und durchspielen mit Stoßen.

2) PASSEN UND STOSSEN: 7 Min.

Dreiergruppen bilden, ein Ball, im Dreieck aufstellen. Ein Hütchen in die Mitte jeder Gruppe als Zielmarke stellen. Alle stoßen nacheinander Richtung Hütchen, passen und bewegen sich wieder zurück.

➪ Abstand zum Hütchen verkleinern.

➪ Rechtsherum passen, linksherum passen.

➪ Abstand vergrößern (jeder geht ein bis zwei Schritte zurück).

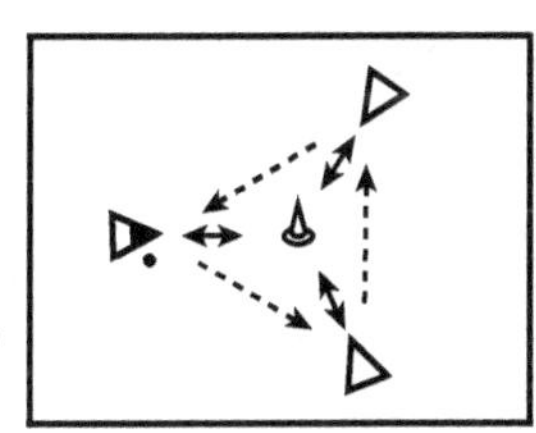

PASSEN UND STOSSEN:

Beim Passen ist das richtige Bein vorne! Auch Vierergruppen sind möglich (evtl. dann zwei Bälle einsetzen).

3) STOSSEN THEORIE 2: 3 Min.

Als Spieler achte ich immer auf die Bodenmarkierungen, also die Linien unter mir. In jeder Handballhalle gibt es die Seitenlinie und die Freiwurflinie (Neun-Meter-Linie), an denen ich mich orientieren kann. Problem: Ich muss auch den Verteidiger beachten. Um Platz zum Stoßen zu haben, muss ich genügend weit zurückweichen.

➪ Trainer demonstriert dies mit einem Verteidiger.

III. Schlussteil:

1) ANGRIFFE MIT STOSSEN: 15 Min.

Es werden Angriffe nach Handballregeln ab der Mittellinie mit drei, vier oder fünf Angreifern gespielt. Die Verteidigerzahl richtet sich nach der Angreiferzahl. Die Abwehr stellt sich an der Freiwurflinie auf. Zwei bis drei Angreiferreihen wechseln sich hintereinander ab.

➪ Der Trainer macht anfangs als Mittelmann mit, um das Durchspielen zu ermöglichen, falls die Abwehr übereifrig attackiert.

➪ Stoßen verlangen, durchspielen. Dann nach dem Durchspielen freies Spiel erlauben.

➪ Nach einer Eingewöhnungsphase zwei- bis dreimaliges Durchspielen verlangen.

➪ Immer wieder die Abwehr (Überziehhemdchen) austauschen.

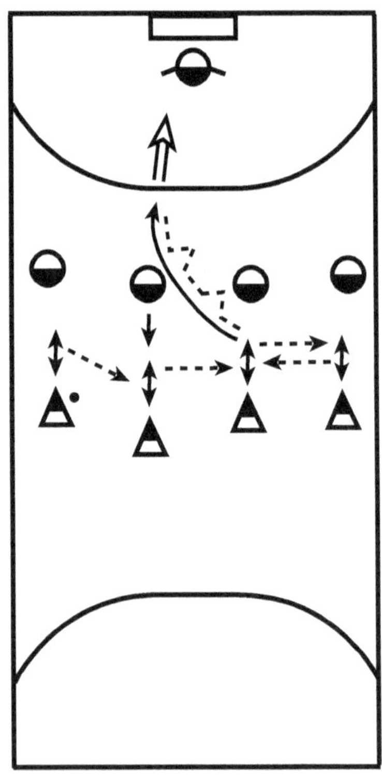

ANGRIFFE MIT STOSSEN:
Sauber passen, auf gute Rückwärtsbewegung achten. Achtung – nicht in den Rücken spielen. Auch Rückpässe einmal ausprobieren lassen.

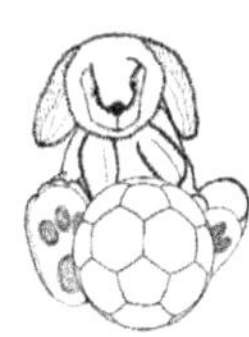

Trainingseinheit Nr. E 9: Sprungwurf I

Trainingseinheit 9, Sprungwurf E I: getestet mit 16 Teilnehmern / 90 Min. / E 2 / kl. Halle

In der E-Jugend legt man die Grundlagen für ein gutes Werfen. Erstaunlicherweise kann der Sprungwurf besser gelernt werden als der Schlagwurf, welcher meistens nur aus dem Stand mit Abstoppen erfolgt. Wichtig ist der Drei-Schritt-Rhythmus.

Benötigte Materialien: Handbälle für jeden Spieler, Überziehhemdchen, sechs Langbänke.

I. Organisatorisches:

1) BESPRECHUNG: 2 Min.

Alle setzen sich auf zwei Langbänke. Es wird das nächste Spiel angesprochen und darauf hingewiesen, dass es am Schluss einen Zettel für den Elternabend gibt (Stapel bereitlegen zum Mitnehmen).

BESPRECHUNG:
Niemand prellt. Alle Bälle sind unter der Bank. Sind die Kinder zu unruhig, wird die Besprechung nach den Aufwärmübungen vorgenommen.

II. Auftakt:

1) PRELLEN: 5 Min.

Jeder hat einen Ball. Alle laufen prellend im Torraum. Verschiedene Aufgaben stellen:

➪ Prellen mit Wurfhand, dann Nichtwurfhand.
➪ Ball etwa einen Meter hochwerfen und wieder mit beiden Händen fangen.
➪ Prellen, auf Zuruf („Und hoch!“) Ball hochwerfen, mit beiden Händen fangen und weiterprellen.
➪ Abwechselnd mit linker und rechter Hand prellen.
➪ Auf einem Bein fünfmal hüpfen (Zuruf: „Links hüpfen!“) und dabei prellen, dann laufen und weiterprellen.

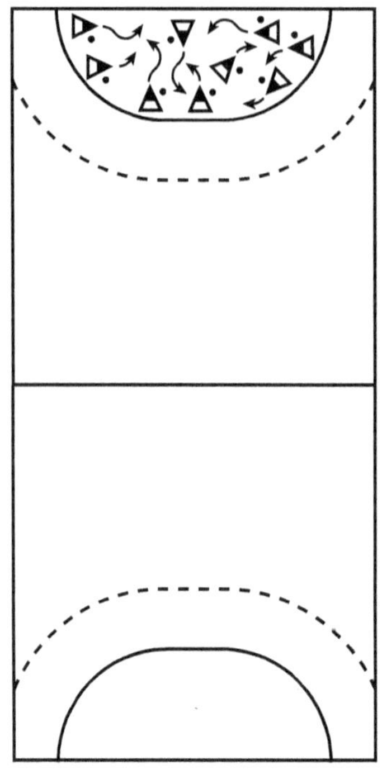

⇨ Wieder prellen mit linker, dann rechter Hand.
⇨ Schlusssprünge durchführen, dabei prellen.
⇨ Sich mit Seitstellschritten (Sidesteps) im Torraum bewegen und dabei bereits genannte Aufgaben wiederholen.

2) PRELLEN FORTSETZUNG: 13 Min.

Auf Pfiff wird zum anderen Torraum mit Prellen gewechselt. Dort werden die bereits genannten Aufgaben weiter ausgeführt.
⇨ Nachdem normalerweise beim Torraumwechseln die Wurfhand beim Prellen benutzt wird, kann jetzt die Nichtwurfhand vorgeschrieben werden.
⇨ Links-rechts-Prellen beim Torraumwechsel.

PRELLEN FORTSETZUNG:
Auch mehrmals schnell hin und her rennen lassen. Dann wieder im ganzen Torraum prellen. Keine Ballverluste unterwegs, sonst etwas ermahnen.

3) FANGSPIEL: 10 Min.

In einer Hallenhälfte spielen. Bei großer Spielerzahl kann auch in ganzer (kleiner) Halle gespielt werden. Jeder hat einen Ball und prellt immer.

Ein Fänger versucht mit seinem Ball zu prellen und mit einem Überziehhemdchen (Knoten!) die anderen nacheinander abzuschlagen. Wer getroffen ist, bekommt das Hemdchen überreicht und wird neuer Fänger. Wiederschlagen ist verboten.

⇨ Meist ist ein Fänger zu wenig. Dann auf zwei erhöhen.

⇨ Fängerzahl kann bis auf 50% der Spieler erhöht werden.

FANGSPIEL:
Hemdchen übergeben, nicht auf den Boden werfen. Das Prellen im Eifer des Gefechtes nicht vergessen. Sonst unterbrechen und Fänger etwas zurückhalten. Die Fänger können zusammenarbeiten.

II. Hauptteil:

1) PASSEN: 15 Min.

In einem großen Sechseck (oder Rechteck) aufstellen, von Spieler zu Spieler mind. vier Meter Abstand. Es wird der Ball immer nach rechts abgespielt. Dabei werden zwei Schritte nach vorne gemacht, gepasst und wieder zwei Schritte zurück.

⇨ Zuerst mit insgesamt zwei Bällen passen, dann je nach Spielerzahl auf drei, vier oder fünf Bälle erhöhen.

⇨ Nach links abspielen.

⇨ Schneller passen ohne Fehler!

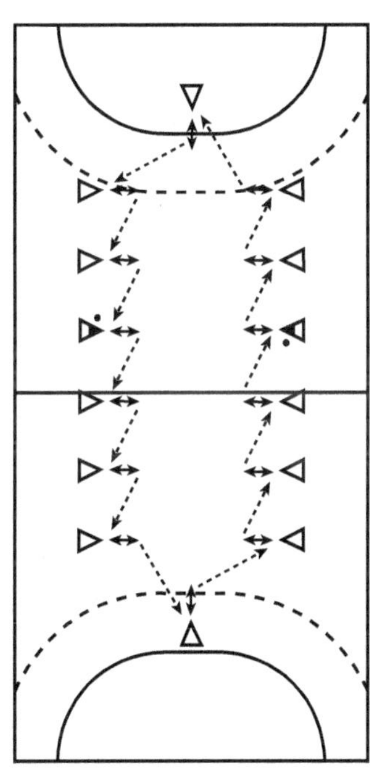

PASSEN:
Den Ball erst mit Blickkontakt spielen! Bei Ballverlust oder wenn ein Spieler plötzlich zwei Bälle hat, abbrechen und neu starten.

2) SPRUNGWURF VORÜBUNG: 12 Min.

Dreimal je zwei Langbänke nebeneinander aufstellen. Die Spieler starten in Viererreihen (ohne Ball) nebeneinander, wobei die ersten vier auf der ersten Langbank stehen. Der Trainer prüft vorab den richtigen Abstand der Langbänke und macht die Übung vor. Mit der richtigen Schrittfolge links-rechts-links (abdrücken zum Sprung) auf die zweite Langbank springen und mit beiden Füßen landen sowie kurz stoppen. Dann wieder links-rechts-links weiter zur nächsten Langbank usw. Die Linkshänder machen die Schrittfolge natürlich umgekehrt: rechts-links-rechts. Wichtig: Die Spieler landen mit beiden Füßen gleichzeitig auf der Langbank. Es geht nicht um Schnelligkeit, sondern um Genauigkeit, daher das Ganze langsam durchführen. Spieler, die Fehler machen, einzeln vormachen lassen und korrigieren.

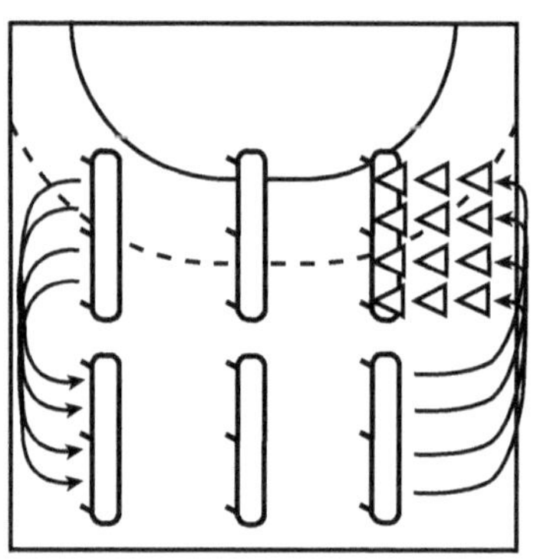

SPRUNGWURF VORÜBUNG:
Vorsicht: Obwohl fünfmal richtig gemacht, tauchen plötzlich Fehler auf.

3) TRINKPAUSE: 3 Min.

4) WURFTRAINING: 10 Min.

Jeder ein Ball. Ein Torwart. In zwei Reihen vor der Mittellinie aufstellen, schräg anlaufen. Zwei Anspieler stehen am Torraum, welche den Rückpass verzögert spielen, bis der Spieler die Freiwurflinie überschritten hat. Es soll möglichst ein Sprungwurf in den Torraum hineingemacht werden (ohne Prellen). Ab und zu die Anspieler wechseln.

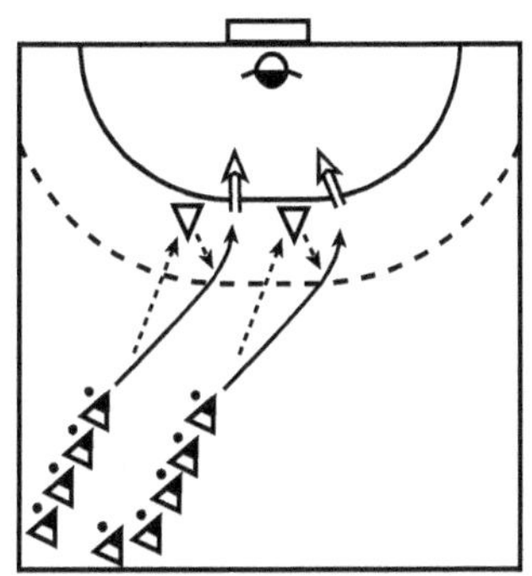

WURFTRAINING:

IV. Schlussteil:

1) ZIELSPIEL: 20 Min.

Es wird mit einer 1:5-Formation (ein Libero hinten) gespielt.

Vorgaben: Sofort am gegnerischen Torraum oder beim Anspiel an der Mittellinie angreifen. Nicht am Gegenspieler vorbeispringen (misslungenes Spekulieren auf den Pass). Schnell zurückeilen, falls jemand überspielt wurde. Libero hilft aus, wenn jemand durchbricht. Die Mitspieler laufen dann zurück und übernehmen den Kreisläufer.

Der Trainer fungiert als Schiedsrichter. Auch in dieser Rolle korrigiert er nebenbei die einzelnen Spieler. Er kann das Spiel unterbrechen und Fehler ansprechen bzw. Erklärungen abgeben.

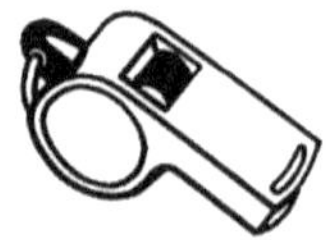

Trainingseinheit Nr. E 10: Sprungwurf II

Trainingseinheit E 10, Sprungwurf II: getestet mit 18 Teilnehmern / 90 Min. / E 1 + 2 / kl. Halle

In der E-Jugend kann der Sprungwurf in Verbindung mit dem Drei-Schritt-Rhythmus schon intensiv trainiert werden. Die drei Schritte tauchen beim Prellen, beim Werfen und beim Passen auf, bilden also ein absolut wichtiges Grundlagenelement. Darum: üben, üben, üben!

Benötigte Materialien: Handbälle für alle, Überziehhemdchen, vier Langbänke, vier Hütchen oder Malstangen, drei Schaumstoffbalken.

I. Auftakt:

1) PASSEN: 3 Min.

Zu zweit ein Ball. Sich frei durch die ganze Halle bewegen und auf verschiedene Arten den Ball zuspielen (linker, rechter Arm, Aufsetzer, Hopserlauf). Abstand darf nicht mehr als drei bis vier Meter betragen.

PASSEN:

Abstand soll nicht zu groß werden. Falls ungerade Spielerzahl, muss entweder der Trainer mitmachen oder eine Dreiergruppe gebildet werden.

2) PASSEN: 4 Min.

Zu zweit ein Ball. Start in einem Torraum. Beide laufen zu einer Hallenwand, der Ball wird dauernd gepasst. Dann schlagen beide Spieler mit einer Hand an der Wand ab und laufen zur nächsten Wand, um dort ebenfalls abzuschlagen, bis alle vier Wände angelaufen wurden.

⇨ Einige Paare laufen links-, andere rechtsherum.

⇨ Zwei- bis viermal wiederholen.

PASSEN:

Vorsicht, nicht zusammenstoßen! Keine Schrittfehler tolerieren! Es müssen immer beide abschlagen.

3) PASSEN: 12 Min.

Zu zweit ein Ball. Start in einer Hallenecke, sich hintereinander paarweise aufstellen. Zwei Runden am Stück laufen und dabei fortwährend passen. Abstand beträgt drei bis vier Meter. Der innere Spieler soll in den Kurven verlangsamen. Paare wechseln immer die Seite. Mit vier Hütchen den Innenraum sperren.

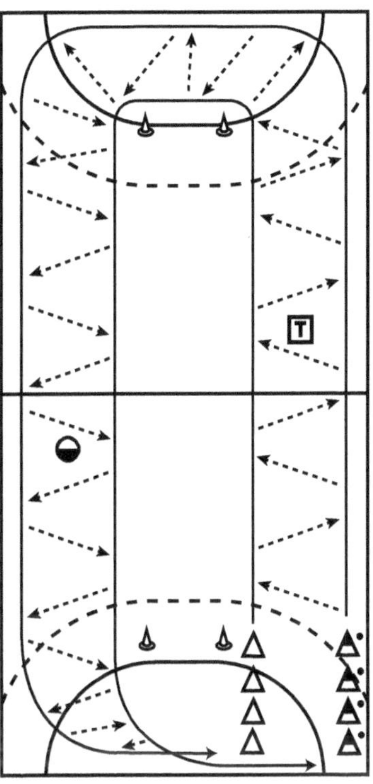

➪ Bodenpass (Aufsetzer), zwei- bis dreimal.

➪ Schlagwurfpass (zwei- bis dreimal).

➪ Jetzt werden zwei Spieler (bzw. auch der Trainer) als Hindernisse eingebaut. Sie versuchen, den Pass abzufangen, bewegen sich jedoch nur einen Schritt vorwärts oder rückwärts, nicht auf die Paare zu. Es darf ausdrücklich bei den Hindernissen geprellt werden! Passarten: Schlagwurfpass (zwei- bis dreimal), dann Bodenpass (ca. zehnmal).

➪ Es können noch mehr „Hindernisspieler" eingebaut werden.

PASSEN:
Überholen ist nur bei Ballverlust des Paares vornedran erlaubt. Vorsicht: Der Trainer wird oft getunnelt. Ein abgefangener Ball wird dem Paar wieder zurückgeben.

4) FANGSPIEL: 10 Min.

Zwei Fänger haben je ein Überziehhemdchen mit Knoten und versuchen in einer Hallenhälfte, die anderen Spieler abzuschlagen. Getroffene Spieler bleiben stehen und spreizen weit die Beine. Sie können befreit werden, wenn noch nicht abgeschlagene Spieler durch ihre Beine kriechen. Eventuell auf drei Fänger erhöhen.

FANGSPIEL:
Fänger dürfen nicht brutal zuschlagen (Vorgabe). Nach angemessenem Zeitraum, oder wenn alle abgeschlagen sind, die Fänger wechseln. Es sollten alle einmal Fänger gewesen sein.

5) TRINKPAUSE: 1 Min.

In der Pause Langbänke aufbauen.

II. Hauptteil:

1) SPRUNGWURF VORÜBUNG: 18 Min.

Vier Langbänke parallel zueinander im Abstand von ca. drei bis vier Metern aufstellen. Abstand muss vom Trainer getestet werden. Zu viert (oder zu zweit oder dritt) nebeneinander aufstellen, die ersten vier stehen auf der ersten Langbank. Dann Schrittfolge links-rechts-links, sich zuletzt abdrücken und mit beiden Beinen auf der Bank landen, kurz anhalten. Linkshänder gezielt ansprechen (rechts-links-rechts bitte!). Abstand halten und die Langbänke konzentriert durchlaufen. Dann außen herum zurück und von der ersten Langbank wieder starten. Mindestens 15 Durchgänge für jeden.

➪ Der Trainer kann überdeutlich das Ganze vormachen und besonders kräftig (unter lautem Krachen) mit beiden Füßen auf der Langbank landen.

➪ Es kann nach einiger Zeit auch die letzte Langbank umgedreht werden, sodass am Schluss ein richtiger Sprungwurf (möglichst mit Wurfbewegung des Armes) erfolgen kann.

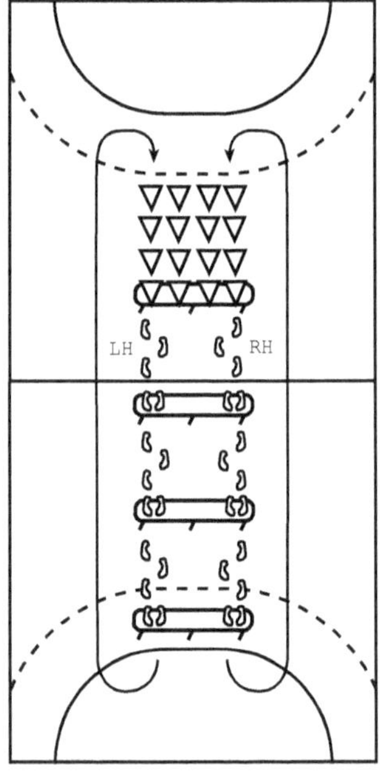

SPRUNGWURF VORÜBUNG:
Kein Wettrennen! Kein Spazierengehen! Mittlere Geschwindigkeit. Notorische Falschmacher dürfen einzeln vormachen. Manchmal ist auch die Tagesform schlecht ... Also nicht verzweifeln und zu großen Druck ausüben. Ab und zu stoppen und konzentriert neu starten.

2) SPRUNGWURF: 12 Min.

Jetzt eine Langbank ca. zwei Meter vor der Freiwurflinie aufstellen. Kurz vor dem Torraum liegen drei Schaumstoffbalken (oder eine umgedrehte Langbank). In zwei Reihen hintereinander antreten, vorerst ohne Ball. Die ersten beiden Spieler stehen auf der Langbank. Von der Langbank herunter einzeln einen Sprungwurf ausführen lassen. Wichtig sind der Sprung am Schluss und die richtige Ausholbewegung. Drei bis vier Durchgänge.

➪ Jetzt Sprungwurf mit Ball durchführen. Torwart!

➪ Die Schaumstoffbalken können nach einigen Durchgängen näher an die Langbank (kürzere Schritte!) gerückt werden.

➪ Die Langbank kann weiter vom Tor entfernt aufgestellt werden.

➪ Zum größeren Anreiz muss auch einmal der Trainer ins Tor!

SPRUNGWURF:
Prellen ist verboten. Kleine Spieler machen anfangs kleine, andere große Schritte. Aber man kann lernen, die Schrittlänge zu verändern! Sonst die Langbank schräg stellen.

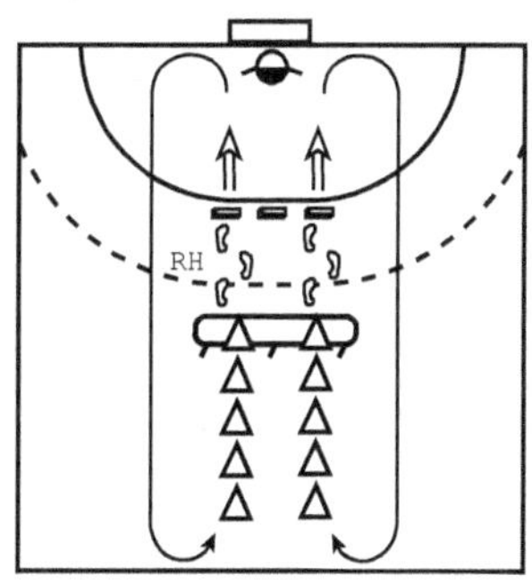

III. Schlussteil:

1) ZIELSPIEL: 30 Min.

Handballspiel mit zwei Mannschaften. Bei vielen Spielern werden drei Mannschaften gebildet, welche jeweils 2 x 10 Minuten abwechselnd spielen. Eine unvollständige Mannschaft kann dabei durch andere Spieler aufgefüllt werden. Überziehhemdchen!

ZIELSPIEL:
Vergib auch beim Handballspiel im Training Zeitstrafen, insbesonders für dumme oder gefährliche Fouls (von hinten an der Schulter reißen, in den Rücken stoßen, um den Bauch halten etc.). Das sollte wirken!

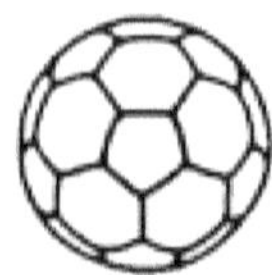

Trainingseinheit Nr. E 11: Sprungwurf III

Trainingseinheit E 11, Sprungwurf III: getestet mit 22 Teilnehmern / 90 Min. / E 1 / kl. Halle

Das Wiederholen eines Bewegungsablaufes ist sehr wichtig. Gerade beim Sprungwurf sollte man immer wieder üben, bis er sitzt.

Benötigte Materialien: Handbälle für jeden Spieler, fünf Langbänke, vier Weichschaumbalken, sechs Hütchen, Überziehhemdchen.

I. Auftakt:

1) PASSEN: 7 Min.

Zu zweit mit einem Ball passen und im Rechteck laufen. Nach jeder Runde die Positionen tauschen. Zwei Langbänke dienen als Raumteiler und Sperren für verlorene Bälle.

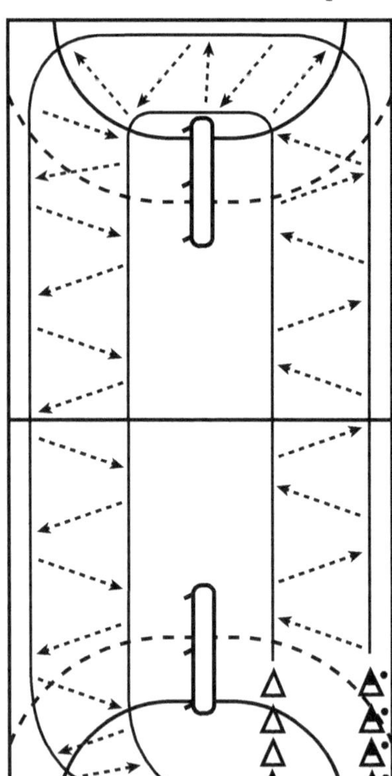

⇨ Eine Runde Schlagwurfpässe.

⇨ Jetzt fortlaufend zwei Runden Bodenpässe (Aufsetzerpässe).

⇨ Zwei Runden Innenspieler mit Sprungwurfpass (sanft werfen), Außenspieler spielt Bodenpass.

⇨ Eine Runde Schlagwurfpässe mit Tempo!

PASSEN:
Die Entfernung zwischen den zwei Spielern darf nicht zu groß sein, sonst häufen sich die Fangfehler. Daher auch die Paare mit Abstand starten lassen. Bei ungerader Spielerzahl muss der Trainer mitmachen oder zu dritt passen lassen.

2) PASSEN: <u>8 Min.</u>

Jetzt zu zweit mit zwei Bällen Runden laufen. Nach jeder Runde die Positionen tauschen.

⇨ Eine Runde Innenspieler mit Bodenpass, Außenspieler mit Schlagwurfpass.

⇨ Nach Korrekturangaben zwei fortlaufende Runden dito.

⇨ Zwei Runden Innenspieler mit Schlagwurfpass, Außenspieler mit hohem Ballonpass (Achtung, wird meist zu weit gespielt!)

⇨ Nach Korrekturangaben dasselbe nochmals zwei Runden.

3) SPIEL LAUFENDER KORB: <u>13 Min.</u>

Spielfeld ist eine Hallenhälfte. Zwei Mannschaften bilden (Hemdchen). Zwei neutrale Extraspieler fassen sich an den Händen und bilden das Ziel. Der Ball muss von oben zwischen den Armen hindurchgeworfen werden. Beide dürfen mit gefassten Händen überall im Spielfeld herumlaufen und auch überraschend die Richtung wechseln. Die Hände müssen immer weit auseinander sein.

SPIEL LAUFENDER KORB:
Nicht auf die beiden Spieler bolzen (evtl. Zeitstrafe), nur ein Wurf von oben herab durch die Arme gilt. Auch einen Tipp geben: Einige Spieler müssen dem Korb nachrennen und dort angespielt werden. Öfter die zwei Korbspieler austauschen, sie rennen am meisten. Bei sehr großer Spielerzahl (ab 14) aufteilen und in zwei Hallenhälften spielen.

4) TRINKPAUSE: <u>2 Min.</u>

In der Pause Langbänke aufbauen.

II. Hauptteil:

1) SPRUNGWURF VORÜBUNG: 15 Min.

Zwei Langbänke parallel im Abstand von ca. drei Metern aufstellen, dazu noch eine umgedrehte Langbank. Daneben eine Langbank und eine umgedrehte Langbank hinstellen (anstatt der umgedrehten Langbänke kann man auch Schaumstoffbalken nehmen). Der Abstand muss vom Trainer getestet werden. Zu viert ohne Ball nebeneinander aufstellen, die ersten vier stehen auf der Langbank. Dann mit der Schrittfolge links-rechts-links zur nächsten Langbank laufen, sich kräftig abdrücken und mit beiden Füßen zugleich auf der Bank landen. Linkshänder im Auge behalten (rechts-links-rechts). Die umgedrehte Langbank soll mit kräftigem Sprung übersprungen werden. Mindestens zwölf Runden laufen lassen.

⇨ Abstand halten, nicht rennen!

⇨ Jetzt den Sprung mit deutlicher Wurfbewegung ausführen.

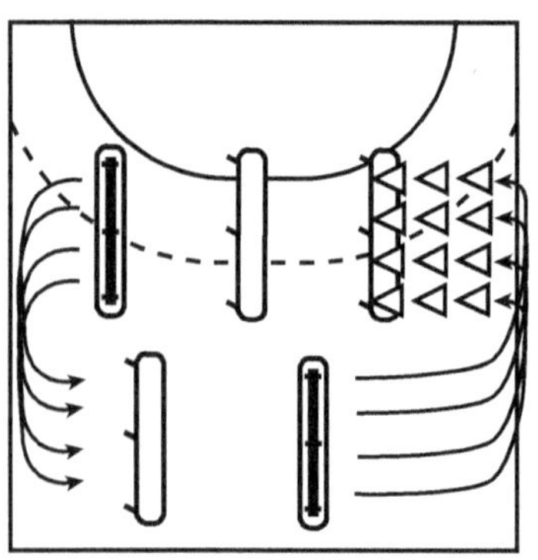

SPRUNGWURF VORÜBUNG:
Sehr wichtig ist der Sprung am Schluss der Schrittfolge. Ab und zu stoppen, konzentrieren lassen, dann neu starten.

2) SPRUNGWURF AUS DEM LAUF: 15 Min.

Jetzt werden die fünf Langbänke als Raumteiler in die Mitte gestellt. Je ein Torhüter in jedes Tor. Die Spieler stellen sich beim Eckball auf, spielen je einen Doppelpass mit zwei Anspielern und schließen über zwei Schaumstoffbalken mit Sprungwurf ab. Dann beim anderen Eckball aufstellen. Hütchen einsetzen als optische Hilfe. Prellen ist verboten.

⇨ Nach einiger Zeit die Anspieler wechseln.

⇨ Auch die Positionen der Anspieler verändern.

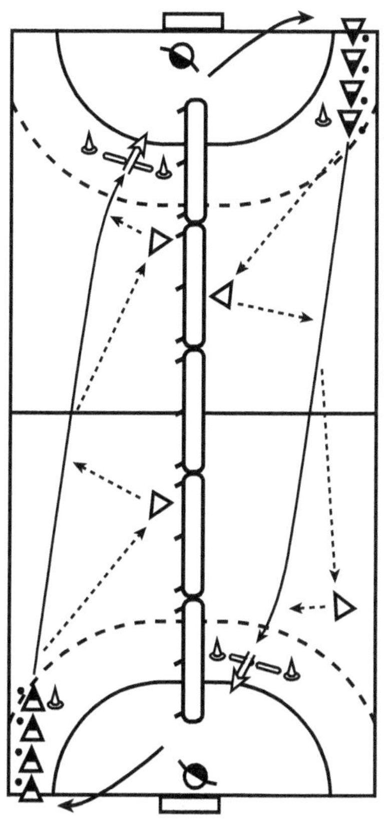

⇨ Die Schaumstoffbalken können bei zunehmender Wurfsicherheit durch umgedrehte Langbänke ersetzt werden (Vorsicht, ist fast eine Mutprobe und erfordert einen viel höheren Sprung).

SPRUNGWURF AUS DEM LAUF: Fortlaufend passen, nicht prellen (nur im Notfall). Eventuell den Start vom Eckball Richtung Mittellinie verschieben, damit die Pässe kürzer werden und nicht so viele Ballverluste auftreten. Auf sauberen, hohen Sprungwurf achten. Der Ball muss richtig gegriffen werden!

III. Schlussteil:

1) ZIELSPIEL: 30 Min.

Handballspiel. Es werden drei Mannschaften gebildet, welche jeweils 2 x 10 Minuten abwechselnd spielen. Ein unvollständiges Team kann durch einen Spieler (der Trainer sucht ihn aus) von den anderen Mannschaften aufgefüllt werden.

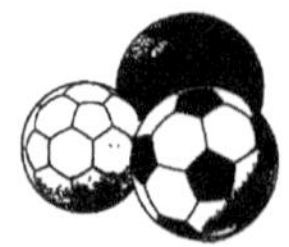

Trainingseinheit Nr. E 12: Sprungwurf IV

Trainingseinheit E 12, Sprungwurf IV: getestet mit 14 Teilnehmern / 90 Min. / E 1 / kl. Halle

Das Passen, der Sprungwurf und das schwierige Sprungwurfabspiel werden geübt. Zum Abschluss gibt es kein Spiel, sondern Wurftraining.

Benötigte Materialien: Handbälle für jeden Spieler, Überziehhemdchen, vier bis sechs Langbänke, sechs Hütchen, eine blaue Turnmatte, ein Sprungbrett (Reutherbrett), eine Ballkiste.

I. Auftakt:

1) WARMLAUFEN: 5 Min.

Zu zweit ein Ball. Sich im ganzen Spielfeld bewegen und laufend passen. Alle sind in Bewegung. Keine weiten Pässe!

2) PASSEN: 10 Min.

Sich zu zweit mit einem Ball in Gassenform frontal gegenüber aufstellen. Dauernd passen, vier Meter Abstand.

➪ Schlagwurf aus dem Stand; Hinweis: Wurf auf Kopfhöhe, zur Wurfarmseite des Partners.

➪ Dynamisch, immer zwei bis drei Schritte nach vorne stoßen und passen, dann zurück und Ball fangen.

➪ Abstand auf drei Meter verkürzen, möglichst schnell und genau dynamisch passen.

➪ Beidarmige Druckpässe auf Brusthöhe.

➪ Wieder vier Meter Abstand, ein Spieler („die auf der Fensterseite") macht Sprungwürfe; dann Wechsel der Aufgabe.

➪ Am Schluss Schlagwurf als Aufsetzer.

PASSEN:
Die Wurfarten vormachen und genau erklären. Fortgeschrittene können weiter auseinander, Anfänger enger stehen.

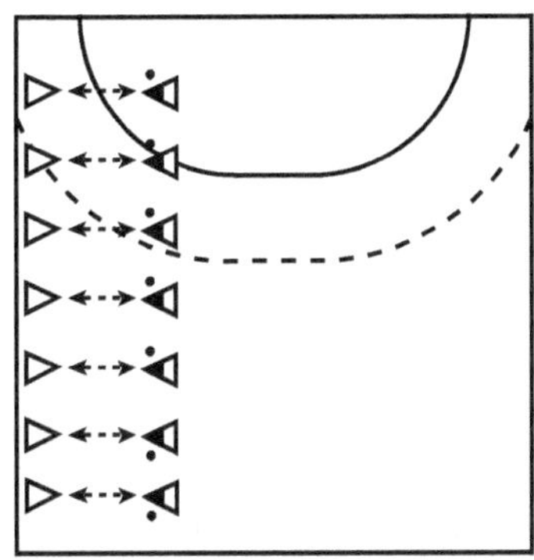

3) PASSEN: 6 Min.

Zu zweit mit einem Ball wie bei Aufgabe 2 aufstellen, vier Meter Abstand. Ein Spieler weicht rückwärtslaufend bis zur Wand bzw. Seitenlinie zurück, der andere folgt ihm vorwärtslaufend, dann umgekehrt zurück.

➪ Schlagwurf.
➪ Aufsetzer.
➪ Zweifacher Aufsetzer.
➪ Sanfter Sprungwurf.

4) PASSEN: 4 Min.

Wie Aufgabe 3, jedoch nur mit drei Metern Abstand und beide laufen vorwärts hintereinander in dieselbe Richtung. An der Wand drehen sich beide um und es geht zurück. Verschiedenartigste Zuspielarten nach hinten zulassen.

➪ Aufsetzer.
➪ Schlagwurf.

PASSEN:
Hinweis: Spieler dreht sich immer auf der Wurfarmseite mit den Schultern zurück und bekommt dort den Ball in Kopfhöhe zugespielt. Den Abstand beibehalten!

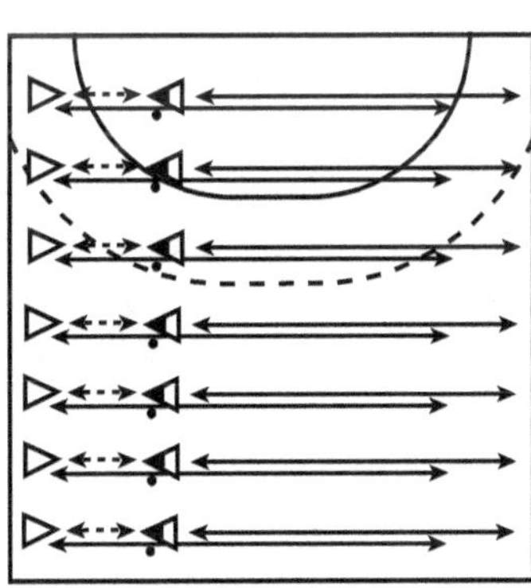

5) TRINKPAUSE: 3 Min.

In der Pause Langbänke aufbauen.

6) PARTEIBALL: 15 Min.

Das Spielfeld an der Mittellinie mit drei bis vier Langbänken möglichst komplett teilen. Zwei Mannschaften bilden, diese wieder halbieren und auf die beiden Spielfeldhälften verteilen. Spielziel: Jeder Pass über die Langbänke auf der Mittellinie zum Mannschaftsmitglied ergibt einen Punkt. Es muss immer Manndeckung gespielt werden. Ball möglichst in den eigenen Reihen halten. Handballregeln gelten, auch die Seitenlinien beachten!

PARTEIBALL:

Langbänke dürfen weder betreten noch überschritten werden! Keiner darf eine längere Pause machen, sondern soll immer wieder antreten und sich freilaufen. Falls Überzahl bei einer Mannschaft, dann vier schwache gegen drei stärkere Spieler aufstellen oder öfter auswechseln.

II. Hauptteil:

1) SPRUNGWURFPASS: 12 Min.

Für vier bis sechs Spieler je zwei Langbänke aufbauen. In zwei Reihen sich gegenüber versetzt aufstellen, ein Ball. Ohne Prellen eine Langbank (für Rechtshänder links-rechts-links) überspringen, dabei im Sprung diagonal zum entgegenkommenden Mitspieler abspielen. Keine harten Pässe! Der Pass darf nicht in den Rücken gespielt, sondern muss einen Meter „vorgehalten“ werden.

⇨ Zuerst immer nach rechts passen.

⇨ Die Spieler verlegen ihre Position nach rechts zur anderen Langbank, müssen jetzt nach links passen.

⇨ Die zwei Langbänke so auseinanderschieben (siehe Grafik unterer Teil), dass rechtwinklig nach rechts gepasst wird.

⇨ Die Spieler versetzen ihre Position nach rechts zur anderen Langbank und die Langbänke werden nochmals in die Gegenrichtung verlegt, sodass rechtwinklig nach links gepasst wird.

SPRUNGWURFPASS:
Vier bis maximal sechs Spieler pro zwei Langbänke aufstellen, sonst wird zu wenig Intensität erzielt. Bei schwächeren Spielern können anstatt der Langbänke auch Schaumstoffbalken verwendet werden.

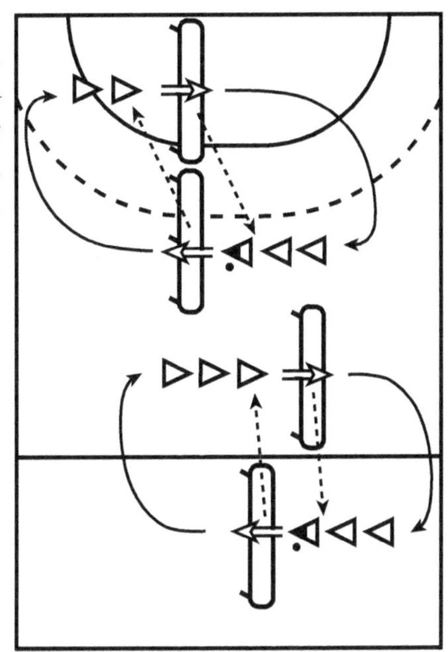

2) TORWART WARMMACHEN: 10 Min.

Drei Reihen am Torraum bilden, Wurfserien durchführen (tief, hoch, Aufsetzer).

Ablauf: linke, mittlere, rechte Gruppe, dann umgekehrt.

⇨ Zwei Langbänke hintereinander vors Tor stellen. Der Torwart ist auf den Langbänken plötzlich viel größer und hält oben alles! Wurfserien: hoch, Aufsetzer.

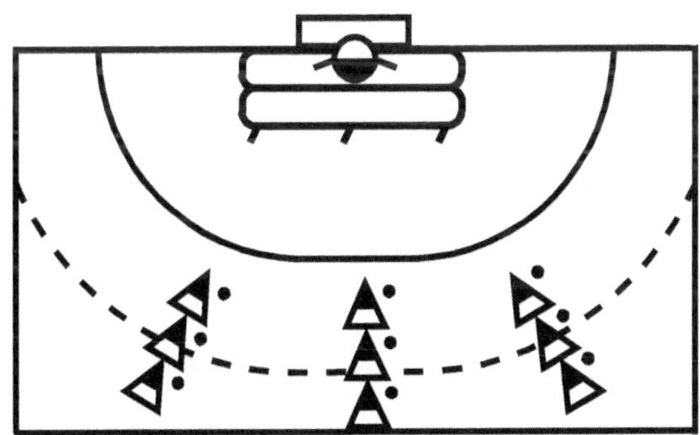

III. Schlussteil:

1) AUFBAUEN DES PARCOURS: 5 Min.

2) PARCOURS MIT SPRUNGWURF: 20 Min.

Aus einer blauen Turnmatte und einem Sprungbrett (Reutherbrett) an der Freiwurflinie sowie drei Langbänken und fünf Hütchen Parcours vor der Mittellinie aufbauen. An der ersten Langbank beim Hütchen mit großem Abstand starten (mind. eine Langbank wurde vom Vorgänger absolviert) und über die Langbänke Sprünge etc. ausführen, anschließend durch die Hütchen Slalom laufen. Dann Rolle oder Purzelbaum über Turnmatte, Trainer reicht einen Ball aus der Ballkiste an und Sprungwurf auf dem Sprungbrett machen. Ball wieder holen und einem Spieler zuwerfen, der ihn in die Ballkiste legt oder gleich dem Trainer reicht. Konzentration auf die Rolle einfordern zwecks richtigem Start für den Sprungwurf! Kleine Spieler setzen den zweiten Schritt nicht schon auf das Sprungbrett, sondern konzentriert knapp daneben (sonst treffen sie nicht den besten Absprungbereich vorne).

➪ Laufen über die Langbänke.

➪ Wechselsprünge auf die Langbank und wieder herunter machen (mind. dreimal pro Bank).

➪ Mit rechtem Fuß auf der Langbank, mit linkem Fuß auf dem Boden laufen („Bordsteinlaufen“).

➪ Jede Langbank dreimal überlaufen, dazu Fuß auf der Langbank je einmal aufsetzen.

➪ Jede Langbank dreimal überspringen.

➪ Sidesteps durch die Hütchen absolvieren.

➪ Den Ball schon früh beim Aufstehen von der Matte zuspielen.

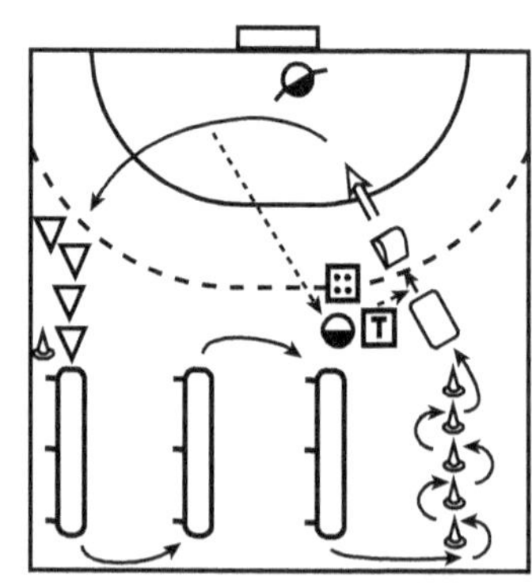

PARCOURS MIT SPRUNGWURF:
Jeder arbeitet konzentriert für sich, kein Wettrennen! Unbedingt auf genügend Abstand achten, sonst Stau und Chaos.

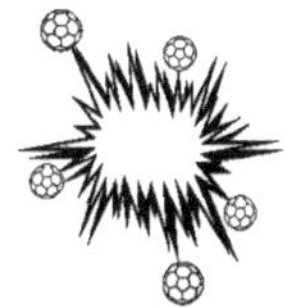

Trainingseinheit Nr. E 13: Sprungwurf mit Schirmen

Trainingseinheit E 13, Sprungwurf mit Schirmen: getestet mit 12 Teiln. / 90 Min. / E 1 / Hallenhälfte

Ein herausragender, groß gewachsener Spieler kann ein Spiel alleine entscheiden. Bekommt er Manndeckung, wird er bei Freiwürfen mit Schirmen wieder aktiviert. Dies ist für die Kinder eine komplizierte Situation.

Benötigte Materialien: Handbälle für jeden Spieler, Überziehhemdchen, zwei Langbänke (mindestens), vier Turnmatten, dreizehn Reifen.

I. Organisatorisches: 5 Min.

II. Aufwärmen:

1) WARMLAUFEN MIT GYMNASTIK: 15 Min.

Jeder hat einen Ball. In einer Linie nebeneinander von Torauslinie zu Torauslinie laufen. Mehrere Bahnen hintereinander traben, dann zur Erholung eine Bahn gehen. Vorgaben können wiederholt werden.

⇨ Ball unter den Arm klemmen und traben.

⇨ Ball fest in eine Hand nehmen, in verschiedene Richtungen ausstrecken; mehrmals Handwechsel.

⇨ Auf dem Rücken den Ball beidarmig festhalten.

⇨ Dito, aber ein klein wenig hochwerfen und wieder fangen.

⇨ Langsam große Ausfallschritte machen, den Ball immer unter dem vorderen Bein durchreichen.

⇨ Auf Pfiff auf einem Bein dreimal hüpfen, dann wieder normal laufen; das Bein wechseln, die Anzahl der Hüpfer verändern. Auch Schlusssprünge und Drehungen einbauen.

⇨ Zickzacklauf, Ball seitlich halten.

⇨ Dito, mit Sidesteps.

⇨ Ball unters Trikot klemmen (vorne / hinten) und laufen.

WARMLAUFEN MIT GYMNASTIK:
Niemand prellt oder wirft den Ball herum!
Genügend seitlichen Abstand einhalten.
Keinen Ball unterwegs verlieren!

2) WARMLAUFEN: <u>5 Min.</u>

Auf Pfiff wird von der Torauslinie zweimal bis zur Mittellinie und dann wieder zurückgesprintet. Nicht prellen, Ball mitnehmen, an der Mittellinie ablegen, dann wieder holen. Kurze Verschnaufpause, dann Wiederholung (ein- bis dreimal). Evtl. mit Wettbewerb.

3) TRINKPAUSE: <u>2 Min.</u>

4) TURNSCHUHSPIEL: <u>18 Min.</u>

Zwei Mannschaften (Hemdchen) spielen mit einem Tennisball in einer Spielfeldhälfte (oder -drittel, evtl. Trennwand benutzen oder an der Mittellinie weitere Langbänke als Begrenzung aufbauen) quer auf je ein Langbanktor. Dazu wird die Langbank nach vorne umgekippt, der Torwart darf sich davorlegen und mit dem ganzen Körper abwehren. Alle ziehen außerdem den rechten Turnschuh aus, stecken eine Hand hinein und spielen damit den Ball. Fortbewegung ist nur in Vierfüßlerhaltung erlaubt. Vorsicht: Der kleine Ball darf nicht in einer Spalte oder Lücke verschwinden.

➪ Während des Spiels können schon nebenbei Matten und Reifen für die nächsten Übungen aufgebaut werden.

TURNSCHUHSPIEL:
Der Ball soll auf dem Boden bleiben. Wer den Schuh wirft, bekommt Zeitstrafe! Fußabwehr ergibt Freistoß für die andere Mannschaft.

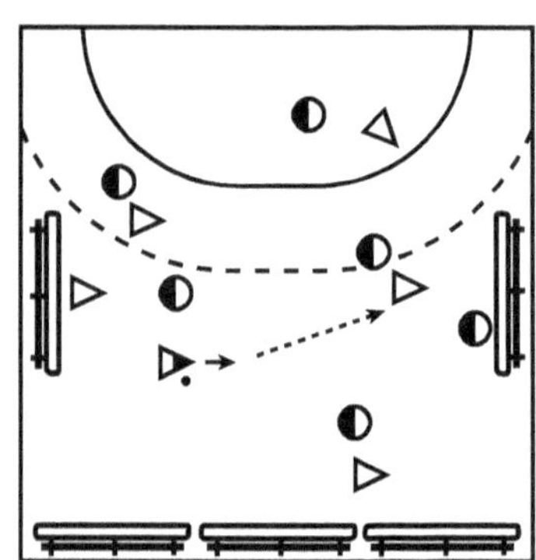

III. Hauptteil:

1) SPRUNGWURF VORBEREITUNG: 10 Min.

Für mindestens vier Stationen vier Turnmatten quer auslegen, Abstand immer ca. zwei Meter. Davor je drei Reifen (oder auch Fahrradmäntel oder Kreidekreise) versetzt auslegen. Reifenabstand testen! Linkshänder berücksichtigen, indem einmal vier Reifen ausgelegt werden. Dann (ohne Ball) durch die Reifen mit kurzem Anlauf Drei-Schritt-Rhythmus mit Sprung machen, auf beiden Beinen zugleich auf der Matte landen. Fortgeschrittene können auch auf Sprungbein landen. Dann zur nächsten Station wechseln.

➪ Einzelkorrektur.

➪ Wichtig: nicht durchlaufen, sondern immer stoppen und konzentriert neu anlaufen.

➪ Auf Sprung achten. Nach einiger Zeit kann die Matte näher zu den Reifen verschoben werden, sodass der Sprung über die Matte geht.

➪ Gemeinsam aufräumen.

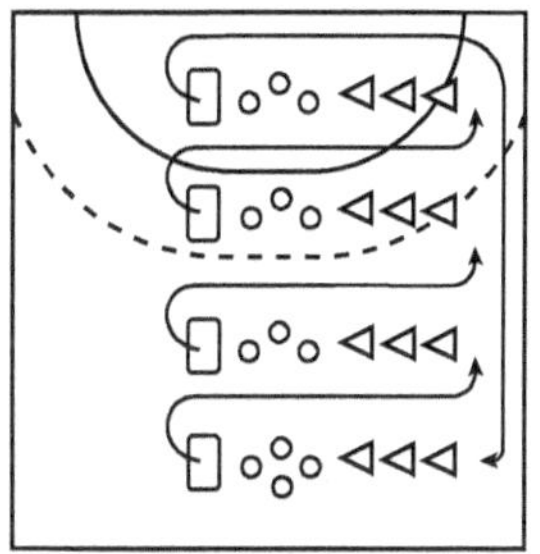

SPRUNGWURF VORBEREITUNG:
Fehler schleichen sich schnell ein, also Zuruf: „Stop! Links-rechts-links und Sprung! Mit beiden Beinen landen!“

2) SPRUNGWURF MIT SCHIRMEN: 15 Min.

Die Kinder sitzen auf zwei Langbänken am Spielfeldrand. Ein Torwart. Aufstellung von drei Spielern auf Rückraum links: Zwei Angreifer stehen mit dem Rücken zum Tor an Freiwurflinie, haben einen Ball und führen einen Freiwurf aus. Dabei gehen sie zwei bis drei Schritte rückwärts. Der Werfer steht zwei Schritte vor ihnen (max. zwei Meter) und läuft auf sie zu, erhält das Zuspiel und führt einen Sprungwurf auf das Tor aus. Zuerst jedoch die Regeln erklären: Verteidigung muss drei Meter kreisförmigen Abstand einhalten und darf erst losrennen, wenn der Ball gespielt wird.

➪ Zuerst alle Details mit einem Werfer und zwei Schirmenden erklären.
➪ Jeder darf einmal werfen.
➪ Dann zwei Verteidiger als Abwehrblock hinzunehmen. Öfter durchwechseln.
➪ Zum Schluss den besten Werfer antreten lassen und durch einen dritten Verteidiger seitlich angreifen lassen.
➪ Eine Absprache zwischen Torwart und Verteidigung, wer welches Eck deckt, ist wahrscheinlich eine Überforderung, da die Spieler noch zu klein sind.

SPRUNGWURF MIT SCHIRMEN:
Der Werfer soll nicht seitlich ausweichen und nicht schräg anlaufen. Tore bekommen Beifall!

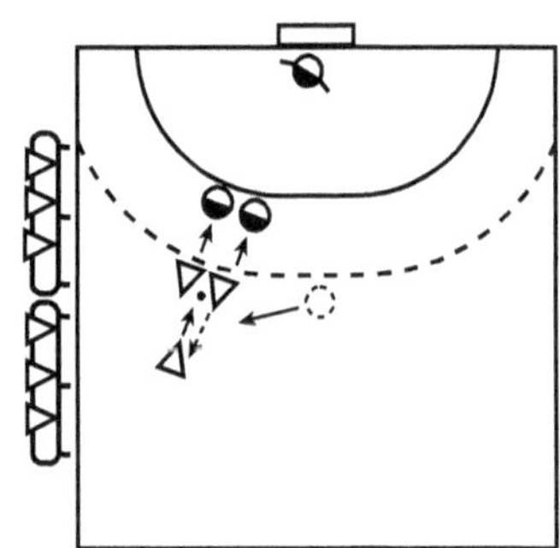

IV. Schlussteil:

1) ZIELSPIEL HANDBALL: 20 Min.

Handballspiel mit zwei Mannschaften (Hemdchen). Taktische Vorgabe: Manndeckung, aber ein Libero wird bestimmt, der in der Mitte spielt und bei Durchbruch aushilft.
➪ Trainer pfeift öfter und fordert dann einen Freiwurf mit Schirmen.
➪ Der Trainer korrigiert auch als Schiedsrichter immer wieder einzelne Spieler („Sofort rangehen und eng decken!"). Er soll bei groben Stellungs- bzw. Verhaltensfehlern das Spiel unterbrechen und die Situation genau erklären.

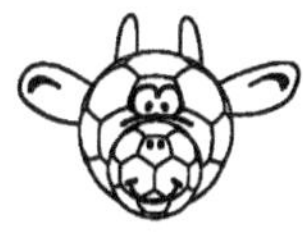

Trainingseinheit Nr. E 14: Prelltäuschung

Trainingseinheit E 14, Prelltäuschung: getestet mit 19 Teilnehmern / 90 Min. / E 1 / kl. Halle

Wenn in der E-Jugend das Prellen gut beherrscht wird, kann bereits die Prelltäuschung geübt werden. Es ist bei offensiven Abwehrsystemen das effektivste Angriffsmittel. Der Tordrang entwickelt sich dann automatisch.

Benötigte Materialien: Handbälle für jeden Spieler, Überziehhemdchen, ein Weichschaumball oder ein Fussball oder ein Medizinball, vier Langbänke, sechs kleine Kästen.

I. Auftakt:

1) WARMLAUFEN: 5 Min.
Sich ohne Ball im ganzen Spielfeld bewegen. Hüpfen, springen, Sidesteps, zickzack, rückwärts u. ä. vorgeben.

2) FANGSPIEL: 12 Min.
Zuerst legen sich alle im Torraum (bei vielen Spielern in zwei Reihen gestaffelt bis zur Freiwurflinie) auf den Bauch. Ein Pfiff: Körperdrehung auf den Rücken. Noch ein Pfiff: Drehung wieder auf den Bauch zurück usw. Bei zwei Pfiffen starten und in den anderen Torraum sprinten. Dort sich wieder hinlegen. Der Trainer versucht, die laufenden Kinder abzuschlagen. Anfangs strengt er sich nicht an, trickst herum, legt sich auf den Boden, versteckt sich an der Seite usw.
⇨ Nach einer Eingewöhnungsphase stellt sich der Trainer an der Mittellinie auf und schlägt ab. Abgeschlagene Spieler werden ebenfalls Fänger, bis alle gefangen sind. Dann neu beginnen.

FANGSPIEL:
Spiel ist beliebt, deswegen kann es mehrmals durchgeführt werden. Anfangs nicht fangen, sondern nur verfolgen (ist durchaus anstrengend). Klare zwei Pfiffe! Fänger stellen sich immer hinter der Mittellinie auf.

3) TRINKPAUSE: 3 Min.

Derweil mit den Langbänken und kleinen Kästen den Treibballparcours aufbauen.

4) TREIBBALL: 25 Min.

Spielform ist auch als „Sautreiben“ bekannt. Beim Aufbau müssen alle helfen und anpacken. In der Spielfeldmitte wird mit vier umgekippten Langbänken (und evtl. noch vier kleinen Kästen) ein abgegrenztes Spielfeld geschaffen. Wichtig sind Linien am Ende der Langbänke als Torlinien. Pro Mannschaft müssen mindestens drei Spieler – besser vier oder fünf – vorhanden sein. Jeder Spieler erhält ein bis zwei Handbälle. Ein großer Weichschaumball wird in die Mitte gelegt und soll durch Würfe bei einer gegenüberliegenden Mannschaft über deren Torlinie getrieben werden. Die Mannschaften sollen absprechen, wer von ihnen Verteidiger macht (Ball aufbewahren) und wer angreift. Verworfene Bälle des Gegners dürfen geholt und wieder verwendet werden.

⇨ Ein schwerer Medizinball (für Fortgeschrittene) oder ein leichter Volleyball (auch mittelschwerer Fußball) verändern das Spieltempo sehr.

TREIBBALL:
Nicht wuchtig bolzen, sondern gezielt werfen! Der Treibball darf nicht mit den Füßen oder gehaltenem Ball abgewehrt werden (Strafpunkt). Die Bälle gleichmäßig verteilen, nicht horten lassen! Trainer kann beim Bälleholen helfen. Er soll insbesonders liegen gebliebene Bälle aus dem Spielfeld entfernen. Vorsicht, fehlgegangene Würfe im Auge haben und abwehren! Es geht durchaus heftig zu ...

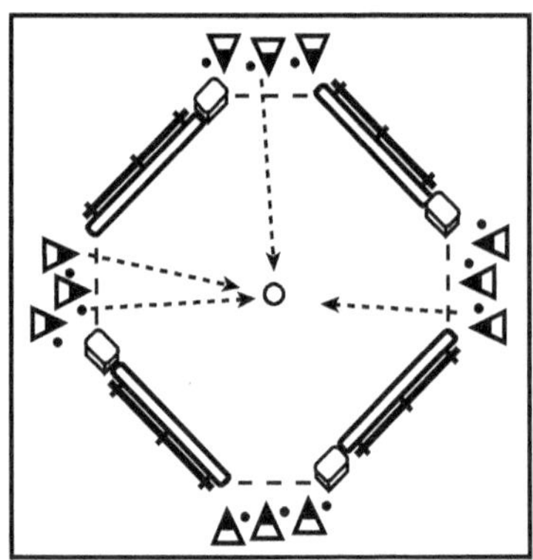

5) TRINKPAUSE: 3 Min.

Auch diese Trinkpause zum Umbau für den zweiten Parcours – siehe nächste Seite – nutzen.

II. Hauptteil:

1) PRELLEN: 12 Min.

Jetzt muss natürlich vor der Prelltäuschung das Prellen wiederholt werden. Alle starten in einer langen Schlange in einer Spielfeldecke und umkurven die Langbänke (s. u.) bzw. kleinen Kästen. Immer wieder den Anführer wechseln. In der Ecke wieder ankommen. Die Spieler sollen ziemlich lange prellen, die Vorgaben können als Zyklus zwei- bis viermal wiederholt werden.

⇨ Mit der rechten Hand prellen.

⇨ Mit links prellen.

⇨ Abwechselnd links / rechts prellen.

⇨ Dito, aber außerdem im Zickzack laufen.

⇨ Jetzt mit dem Wurfarm prellen. Zusätzlich werden Signale vom Trainer eingebaut: Ein Pfiff bedeutet, im rechten Winkel nach links abbiegen und weiterprellen, zwei Pfiffe bedeuten, nach rechts abbiegen. Nach den Pfiffen dann in der Schlange weiter prellen.

Der Trainer steht auf einer Langbank und zeigt zusätzlich die Laufrichtung nach den Signalen mit einem ausgestreckten Arm an.

PRELLEN:
Genügend Abstand untereinander halten, Hindernisse beachten.
Nicht über die Geräte laufen oder springen! Bei den Signalen: Die meisten Kinder richten sich optisch nach dem Trainerarm!

2) PRELLTÄUSCHUNG: 15 Min.

Mit je drei kleinen Kästen und zwei Langbänken anfangs beidseitig denselben Parcours aufbauen (siehe linke Seite der Grafik). Zwei Torhüter. Die Spieler starten in einer Spielfeldecke und prellen mit der rechten Hand zwei bis drei Mal. Sie sollen auf den ersten Kasten zuprellen, dann rechtwinklig nach rechts einen Haken schlagen und dabei mit der linken Hand ein Mal nach rechts prellen.

Dann geht das Prellen mit der rechten Hand weiter und es wird auf den nächsten Kasten hingeprellt usw.

Dann auf das Tor werfen, den Ball holen und sich in die zweite Schlange einreihen.

⇨ Am Anfang Einzelkorrektur. Kein Führen des Balles, sondern die linke Hand seitlich aufsetzen und den Ball nach rechts prellen.
⇨ Es kann nach einiger Zeit ein kleiner Kasten gegen einen Spieler ausgetauscht werden, der aber nur halbaktiv werden darf und seine Position halten soll.
⇨ Zum Schluss wird je eine Anspielstation am Torraum eingebaut. Dort kann noch ohne Ball vor dem Rückpass ein Haken geschlagen werden.

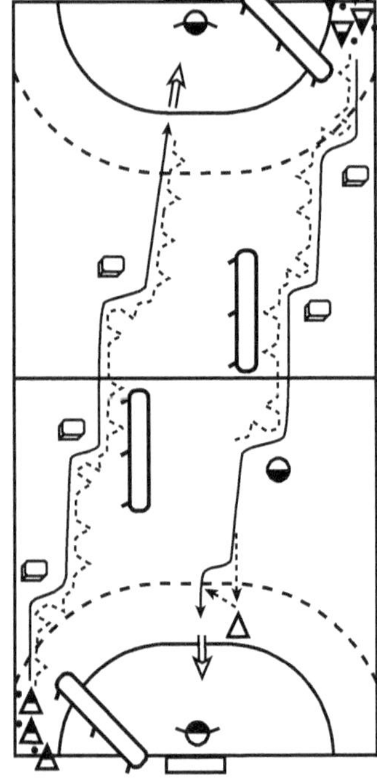

PRELLTÄUSCHUNG:
Zuerst Einzelkorrektur vornehmen. Niemand darf einfach geradeaus laufen. Linkshänder dürfen die Prelltäuschung nach der anderen Seite machen, wenn es ihnen leichter fällt. Nullschritt (Körpertäuschung) soll nicht gemacht werden. Die Kinder dürfen sich in den Ecken kurz auf die dortige Langbank setzen.

III. Schlussteil:

1) ZIELSPIEL: 15 Min.

Handballspiel. Alle Kinder kommen dran. Schiedsrichter! Offensive Manndeckung. Zur Anwendung der Prelltäuschung ermuntern.

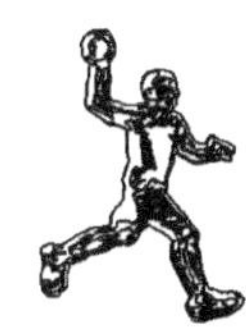

Trainingseinheit Nr. E 15: Kreisläufer I

Trainingseinheit E 15, Kreisläufer I: getestet mit 13 Teilnehmern / 90 Min. / E 1 / kl. Halle

Am Kreis sollte eine seitliche Bewegung stattfinden, damit der Wurfwinkel zum Torwart aufgeht. Außerdem ist ein kleiner Bogen zu laufen, um dann Richtung Tormitte zu springen.

Benötigte Materialien: Handbälle für jeden Spieler, Überziehhemdchen, vier Hütchen.

I. Auftakt:

1) PASSEN AUFWÄRMEN: 3 Min.

Zu zweit passen mit einem Ball. Sich frei durch die Halle bewegen, Abstand nicht mehr als drei bis vier Meter.

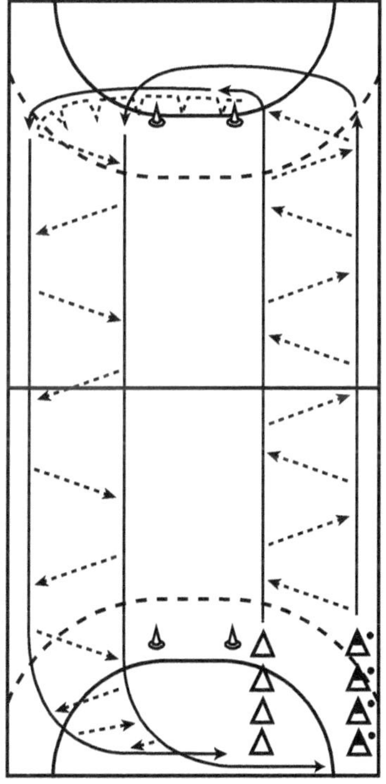

⇨ Bodenpass (Aufsetzer), dann Schlagwurfpass.

⇨ Vor jedem Pass einmal (zweimal) prellen.

2) PASSEN: 12 Min.

Sich hintereinander in einer Hallenecke zu zweit mit einem Ball aufstellen, dann nebeneinander eine Runde laufen, dauernd passen. Abstand nicht mehr als drei bis vier Meter. Mit vier Hütchen den Raum begrenzen. An der Stirnseite wechseln die Paare die Seite, dabei soll geprellt werden.

⇨ Bodenpass (Aufsetzer), dann Schlagwurfpass (je zwei- bis dreimal).

⇨ Mit neuem Partner passen.

⇨ Auch einmal andersherum laufen.

⇨ Jetzt hintereinander (Abstand ca. sechs Meter) starten. Vordermann läuft mit Gesicht nach vorne, dreht Oberkörper zum Fangen nach hinten, fängt mit beiden Händen, spielt einen Aufsetzer zurück. Nach einer Runde Positionen wechseln.

PASSEN:
Abstand darf nicht zu groß sein! Falls ungerade Spielerzahl, muss der Trainer mitmachen! Überholen ist nur bei Ballverlust des Vorläuferpaares erlaubt. Immer wieder neu starten!

3) PASSEN MIT ZUSPIEL: 12 Min.

Jetzt werden zwei bis vier Spieler als Anspielstationen eingebaut (verschiedene Standorte sind möglich), mit denen Hin- und Rückpass gespielt wird. Wieder wie am Anfang nebeneinanderlaufen, abwechselnd Schlagwurf-, dann Bodenpässe spielen (ca. acht- bis zehnmal).

➪ Nun mit Torwurf auf das Tor, neben dem gestartet wurde (mit Torwart), abschließen.

➪ Evtl. noch den Trainer als Verteidiger einbauen.

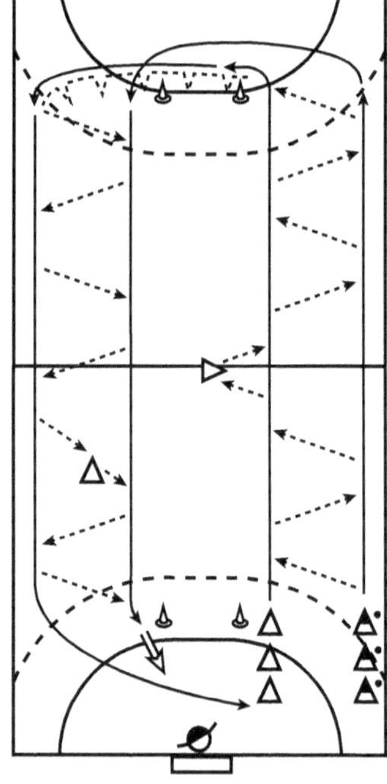

4) TRINKPAUSE: 3 Min.

II. Hauptteil:

1) KREISLÄUFER: 15 Min.

Am Anfang nur mit einer Reihe trainieren. Ausführliche Einzelkorrektur vornehmen. Auf RM in einer Reihe mit je einem Ball hintereinander aufstellen. Ein Kreisläufer steht (ohne Ball) mit dem Gesicht zur Seitenlinie am Torraum, läuft bis zum Hütchen und dreht sich um, bleibt dort kurz stehen, setzt sich (Rechtshänder) mit der Schrittfolge links-rechts-links im Bogen zum Torraum hin ab, wird dabei vom nächsten Spieler in der Reihe angespielt (Aufsetzerpass), Abschluss mit Sprungwurf. Beim Absprung zeigt der Fuß in die Tormitte, nicht zur Seitenlinie. Immer nach vorne anspielen.

Linkshänder fangen am besten auf RL an, laufen bis zum Hütchen ganz links und setzen sich nach dem Drehen mit rechts-links-rechts nach außen ab.

- ⇨ Nach einiger Zeit mit zwei Reihen auf RR und RM üben.
- ⇨ Jetzt Schlagwurfpass.
- ⇨ Variation: schnell bzw. verzögert zuspielen.
- ⇨ Evtl. Verteidiger als Zuspielhindernis aufstellen.

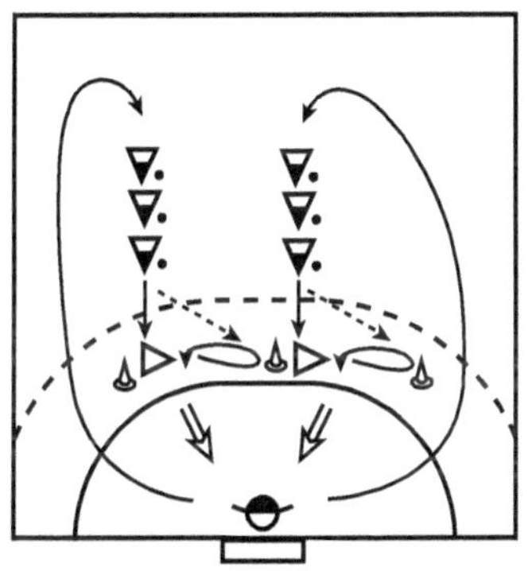

KREISLÄUFER:
Kein Wettrennen, lieber langsam machen. Immer mit Sprungwurf abschließen. Nur nach einer Seite (Wurfarmseite) üben

2) KREISLÄUFER MIT ZUSPIELER: 15 Min.

Aufstellung wie vorherige Übung. Allerdings je einen Rückraumspieler einbauen (dies sollte nicht der Trainer sein), die den an den Torraum eingelaufenen Passgeber wieder anspielen. Mit Hütchen Laufweg vorgeben.

⇨ Anspieler durchwechseln.
⇨ Evtl. Verteidiger als Zuspielhindernis aufstellen.

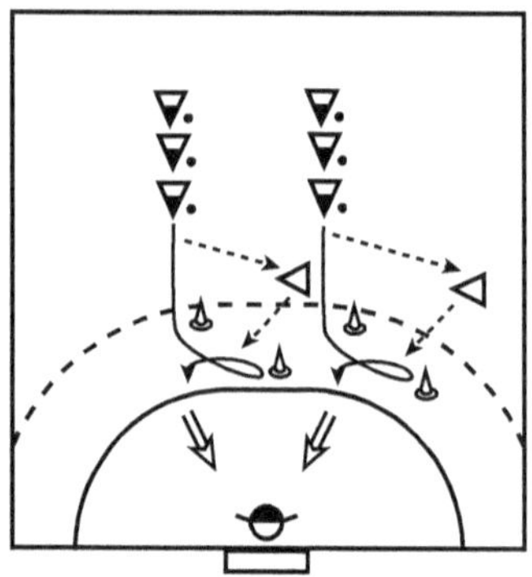

III. Schlussteil:

1) ZIELSPIEL: 30 Min.

Handballspiel, aber möglichst nur je vier Spieler pro Mannschaft. Es wird grundsätzlich nach jedem Ballbesitzwechsel durch Torwurf ein Anspiel an der Mittellinie durchgeführt (weniger Tempogegenstöße). Ein Spieler soll bei jedem Angriff als Kreisläufer an den Torraum einlaufen.

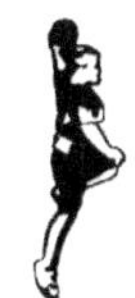

Trainingseinheit Nr. E 16: Kreisläufer II

Trainingseinheit E 16, Kreisläufer II: getestet mit 9 Teilnehmern / 75 Min. / E 1 / kl. Halle

Am Kreis kann beim Einlaufen, wenn der Verteidiger gut aufgepasst hat und mitgelaufen ist, nach dem Anspiel plötzlich gestoppt und gegen die Laufrichtung abgeschlossen werden. Besonderheit: Trainingseinheit mit nur 75 Min. Dauer!

Benötigte Materialien: Handbälle für jeden Spieler, Überziehhemdchen, vier Langbänke, zwei große Kästen, zwei Stangen oder Hütchen (Pylone).

I. Auftakt:

1) WARMLAUFEN: 8 Min.

Sich ohne Ball warmlaufen und frei durch die Halle bewegen. Trainer kann mitmachen oder an der Mittellinie die Übungen vormachen. Während des Laufens:

➪ Arme auf und ab bewegen; Arm kreisen vorwärts, rückwärts, diagonal; boxen nach vorne, seitwärts, oben.

➪ Fünf Hampelmänner, dann weiterlaufen; drei Sidesteps schräg nach links, dann drei nach rechts, dabei in die Hände klatschen; sich bücken und (imaginäre) Bälle aufheben.

➪ Vorwärts laufen, dabei die Hände ballen, schneller / langsamer ballen, verschiedene Armstellungen.

➪ Entengang tief (langsam); normales Traben, Hopserlauf, rückwärtslaufen, nach Händeklatschen kurz vorwärtssprinten.

2) KASTENBALL: 15 Min.

Es wird in einer Hallenhälfte mit zwei Teams quer gespielt. Handballregeln. Je zwei Kastenteile werden hinter der Seitenlinie hochkant im Winkel von 45 Grad an die Hallenwand gestellt, das Kastenoberteil zur besseren Stabilisierung über beide oben drübergelegt. Hinter der Seitenlinie beginnt der Torraum, der Ball darf dort nur nach einem Tor geholt oder in der Luft gespielt werden. Nicht bolzen, sondern sich schnell durchspielen und präzise ins Kastenteil reinwerfen. Ist zu wenig Platz hinter der Seitenlinie, können je zwei Langbänke im Dreieck als Torraumgrenze aufgestellt werden.

⇨ Variante: Kastenteile im 90-Grad-Winkel zur Wand stellen, sodass nur von der Seite hineingeworfen werden kann.

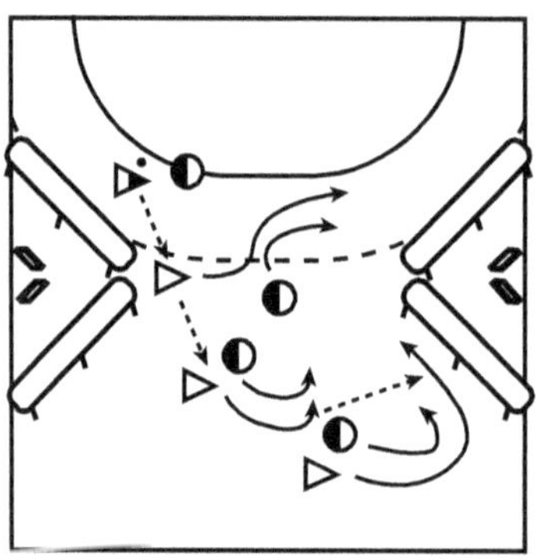

KASTENBALL:

3) TRINKPAUSE: 2 Min.

II. Hauptteil:

1) VORÜBUNG KREISLÄUFER: 10 Min.

In zwei Reihen (zuerst Trockenübung ohne Ball) seitlich neben den beiden Torpfosten aufstellen. Durch den Torraum herauslaufen, dann sich als Rechtshänder nach rechts mit der Schrittkombination rechts-links bewegen und zum Sprungwurf abspringen. Ausführliche Einzelkorrektur vornehmen. Linkshänder natürlich andersherum mit links-rechts. Einzelkorrektur.

⇨ Wenn die Schrittkombination sitzt, kann der Ball hinzukommen. Mit Ball loslaufen, Schrittkombination und Torwurf (ohne Torwart) üben. Vorsicht beim Ball aus dem Tor holen!

⇨ Wie vorher, aber nach Einnehmen der Position mit dem Trainer (auf RM an der Freiwurflinie) einen Doppelpass spielen, mit Schrittkombination und Sprungwurf abschließen.

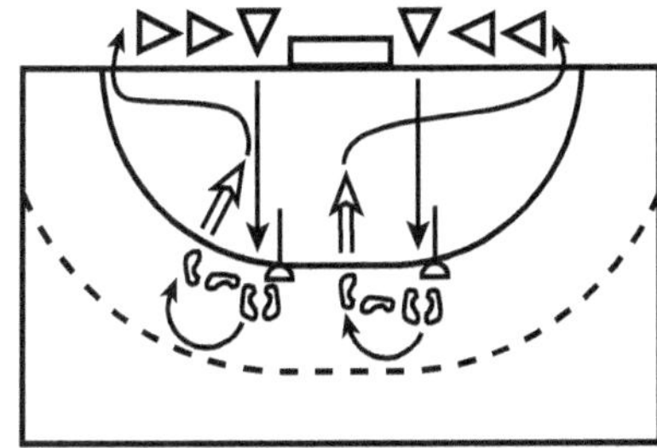

VORÜBUNG KREISLÄUFER:
Anfangs die Übung langsam durchführen. Immer mit Sprungwurf abschließen. Nur nach einer Seite (Gegenwurfarmseite) üben. Beim letzten Schritt muss die Fußspitze zur Tormitte zeigen!

2) KREISLÄUFER MIT ZUSPIEL: <u>15 Min.</u>

Eine Stange als Ersatzverteidiger am Torraum aufstellen. Ein Torwart. Zwei Rückraumspieler auf RL und RM aufstellen, der Rest geht mit Ball auf LA. Passfolge: LA-RL-RM, dann Zuspiel zum eingelaufenen Kreisläufer vor der Stange, welcher abbricht und sich gegen die Laufrichtung mit der Schrittkombination rechts-links zum Torraum bewegt. Torwurf mit Sprungwurf.

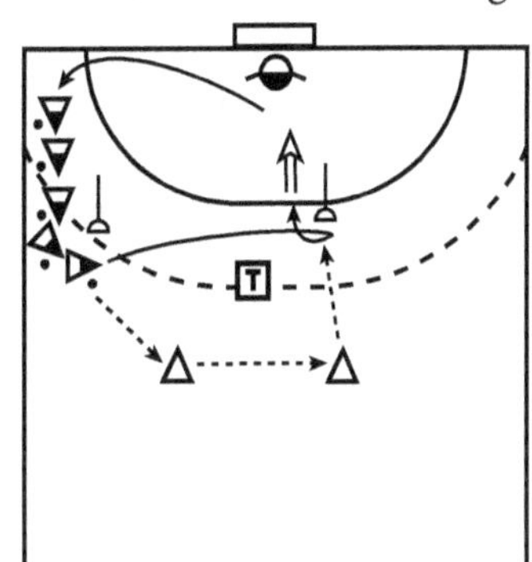

⇨ Die Anspieler durchwechseln.

⇨ Wenn die Übung gut funktioniert, wechselt der Trainer als Verteidiger an den Kreis (Stange entfernen). Der Trainer verhindert das Weiterlaufen und lässt nur Durchbrüche gegen die Laufrichtung zu.

⇨ Dabei darf beim Absetzen vom Trainer auch einmal geprellt werden.

III. Schlussteil:

1) ZIELSPIEL: <u>25 Min.</u>

Handballspiel auf ein Tor, aber nur vier (bis fünf) Spieler pro Mannschaft (der Torwart bleibt immer derselbe). Es wird grundsätzlich nach jedem Ballbesitzwechsel durch Torwurf ein Anspiel an der Mittellinie durchgeführt. Ein Spieler soll bei jedem Angriff von außen als Kreisläufer an den Torraum einlaufen.

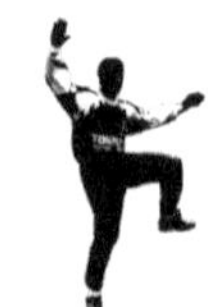

Trainingseinheit Nr. E 17: Nach den Ferien

Trainingseinheit E 17, Nach den Ferien: getestet mit 14 Teiln. / 90 Min. / E 1 + 2 / kl. Halle

Die Kinder können nach den Ferien auf einmal keinen Ball mehr fangen, sie scheinen alles verlernt zu haben. Deswegen muss im ersten Training sehr viel mit dem Ball gearbeitet werden. Dies kann man über Prellen, Passen, Werfen o. ä. erreichen (Ballgewöhnung).

Benötigte Materialien: Handbälle für jeden Spieler, Überziehhemdchen, zwei Weichschaummatten, ein Volleyball bzw. Hallenfußball, drei kleine Kästen als Ballkisten, zwei Stangen bzw. Hütchen.

I. Auftakt

1) ORGANISATORISCHES: 5 Min.

Alle auf die Langbank (oder den Boden) setzen. Der Trainer erkundigt sich: Wie waren die Ferien? Sind alle gesund? Der Trainer erzählt, was in nächster Zeit passiert.

2) PRELLEN: 12 Min.

Jeder ein Ball. Prellen im Torraum. Den Spielern verschiedene Aufgaben stellen:

⇨ Prellen mit Wurfhand.
⇨ Prellen mit Nichtwurfhand.
⇨ Ball mehrmals ca. 30 Zentimeter hochwerfen, mit beiden Händen fangen!
⇨ Wieder prellen mit der Wurfhand.
⇨ Links-rechts-Prellen.
⇨ Auf einem Bein dreimal hüpfen und prellen, dann das Bein wechseln.
⇨ Auf beiden Beinen hüpfen, Beine abwechselnd schließen und wieder auseinander.
⇨ Jetzt mit Zusatzaufgabe: Auf Pfiff wird bis zur Mittellinie und wieder zum Torraum zurückgeprellt! Auch andere Entfernungen sind möglich. Unterwegs mit dem Wurfarm normal prellen. Im Torraum weitermachen mit Aufgaben (s.u.).

⇨ Sidesteps, zweimal links + zweimal rechts prellen, hochwerfen und dann dreimal prellen, kniehoch prellen, in Kopfhöhe prellen usw.

⇨ Variante: Paare bilden, nur der Hintermann hat einen Ball. Schattenprellen: Vordermann läuft langsam in Kurven, Hintermann prellt hinterher. Prellen mit Wurfhand, Nichtwurfhand, einmal links + einmal rechts usw., jeweils nach einiger Zeit tauschen Vorder- / Hintermann den Ball und die Rolle. Auch mit Ausflug an die Mittellinie möglich.

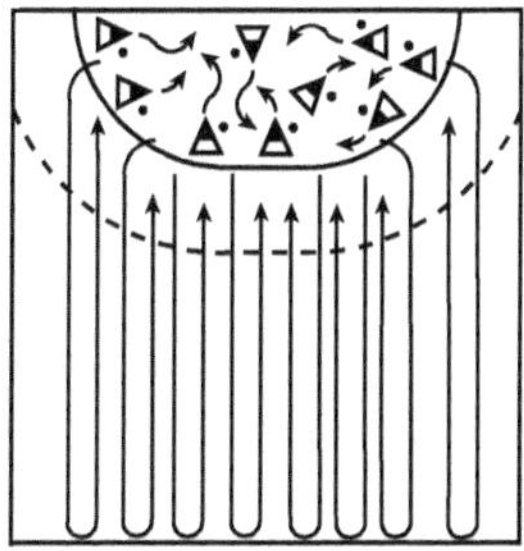

PRELLEN:
Immer im Torraum durcheinander laufen und prellen, kein Gedränge an der Torraumlinie entstehen lassen! Bitte keine Ballverluste unterwegs!

3) SANITÄTERSPIEL: 7 Min.

Weichschaummatte (bei vielen Spielern zwei oder drei Matten, auch nebeneinander) etwa in der Mitte auslegen. Aufteilen in 2/3 Sanitäter, 1/3 Kranke. Kranke laufen weg, legen sich auf den Rücken und strecken Arme und Beine hoch. Sanitäter fassen sie vorsichtig an Armen und Füßen, schleppen sie dann auf die Matte, worauf die Kranken wieder gesunden und weglaufen usw. Auch zu dritt oder viert tragen! Trainer darf mitmachen!

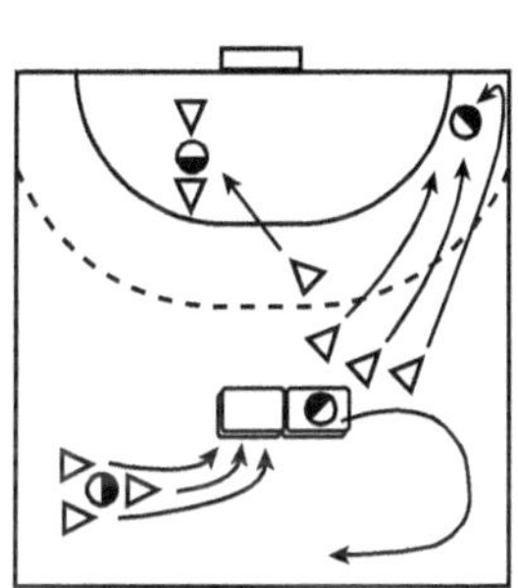

SANITÄTERSPIEL:
Sorgfältig transportieren, nicht zerren oder schleifen! Kranke dürfen nicht dauernd wegrennen.

4) FUSSBALLSPIEL: 15 Min.

Zwei Mannschaften (bei vielen Spielern bis zu vier Teams) bilden. Die Tore zum Eckball verschieben und mit kleinen Kästen, Langbänken o.ä. gegen Umkippen sichern. Mit weichem Volleyball spielen! Hemdchen nicht vergessen.

5) TRINKPAUSE: 1 Min.

II. Hauptteil:

1) TORWART AUFWÄRMEN: 5 Min.

In drei Reihen nebeneinander an der Freiwurflinie aufstellen. Die Spieler werfen schwach immer geradeaus. Der Torwart steht an der Vier-Meter-Linie. Er bewegt sich seitwärts und wehrt mit beiden Händen die Würfe nach unten ab. Verschiedene Torhüter ausprobieren. Wurfserien: hoch – halbhoch – Aufsetzer. Reihe eins, zwei, drei, dann wieder eins, zwei, drei. Evtl. dem TW vormachen, wie es gehen soll.

⇨ Dito, Torwart befindet sich auf der Torlinie. Stärker werfen.

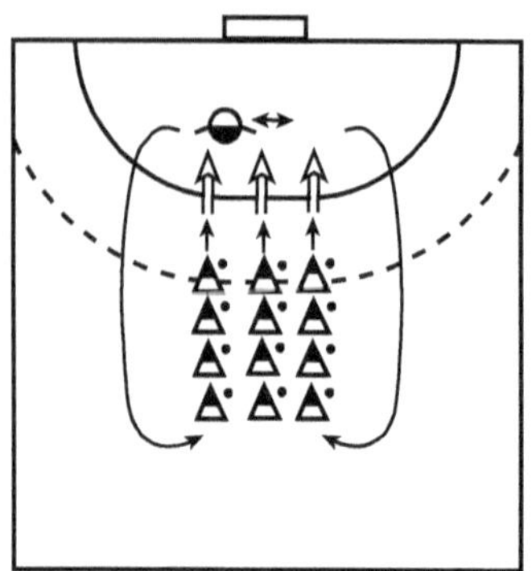

TORWART AUFWÄRMEN:
Das ist eine Übung für den Torwart! Niemand wirft ein Tor.

2) WERFEN: 10 Min.

Paare bilden mit je einem Ball, ein Torwart. Am anderen Tor vom Torraum aus mit ca. acht Metern Abstand starten und fortlaufend passen. Wer die Freiwurflinie dann erreicht hat, passt nicht mehr, sondern prellt und wirft auf das Tor. Achtung, es wird nicht „gerecht" geworfen (abwechselnd der eine, dann der andere), sondern wer als Erster an der Freiwurflinie ist. Der zweite Spieler holt einen Ball aus der Ballkiste am Siebenmeter und wirft danach ebenfalls. Ball wieder in Kiste legen und außen zurücklaufen.

3) WERFEN MIT KREUZEN KURZ: 10 Min.

Paarweise in zwei Reihen an der Mittellinie aufstellen (ohne Ball, Bälle sind in den Ballkisten). Die Spieler laufen los und sollen kreuzen. Nach dem Kreuzen bekommt ein Spieler den Ball vom Trainer zugespielt und wirft. Der andere holt sich einen Ball aus der Ballkiste und wirft danach ebenfalls. Es sind drei Ballkisten notwendig. Die Bälle wieder in die Ballkisten zurücklegen lassen.

⇨ Den Spielern Zeit einräumen zum Zurücklegen der Bälle.

⇨ Variante: kann als Wettbewerb mit drei Durchgängen ausgetragen werden (maximal sind sechs Tore möglich!).

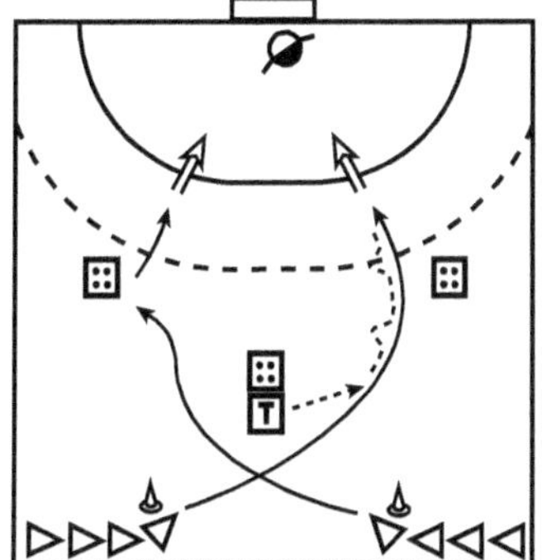

WERFEN MIT KREUZEN KURZ:
Die Bälle müssen wieder in die Ballkiste gelegt werden, sie dürfen keinesfalls geworfen werden.

4) WERFEN MIT KREUZEN LANG: <u>10 Min.</u>

Jetzt den Start zum anderen Tor verlegen. Paarweise mit einem Ball passen. Nach dem kleinen Kasten gleich hinter der Mittellinie wird gekreuzt. Der Ballhalter geht vorne vorbei nach innen und legt nach hinten auf. Prellen ist dann erlaubt. Genügend Abstand!

⇨ Ball befindet sich beim Start beim linken, später beim rechten Spieler.

⇨ Variante: Trainer spielt dem zweiten Spieler noch einen Ball aus einer Ballkiste zu.

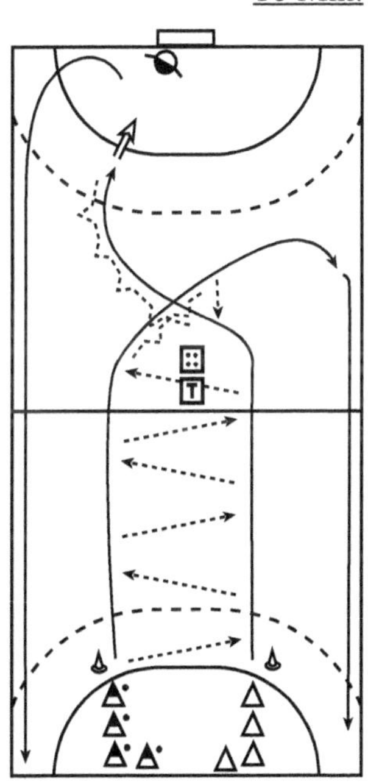

III. Schlussteil:

1) ZIELSPIEL: 15 Min.

Handballspiel, es wird in der 1:5-Formation gespielt. Vorgaben: Sofort schon am anderen Torraum offensiv angreifen. Möglichst nicht am Gegenspieler vorbeirennen, wenn der Pass verfehlt wurde. Falls ich überlaufen werde, schnell zurückeilen. Libero hilft aus, wenn Gegner durchbricht. Die Mitspieler übernehmen dann den Kreisläufer des Liberos. Hemdchen!

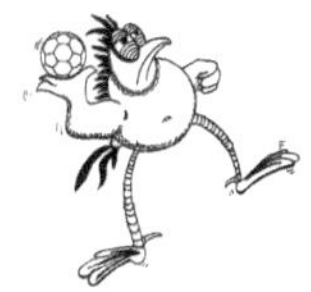

Trainingseinheit Nr. D 1: Vor den Ferien

Trainingseinheit D 1, Vor den Ferien: getestet mit 9 Teilnehmern / 90 Min. / D 2 / kl. Halle

Vor den Ferien sinkt meistens die Teilnehmerzahl und die Kinder sind gespannt auf die Ferienunternehmungen der Eltern. Da bietet sich eine Mischung aus Bekanntem und wenig Neuem mit viel Wurftraining an.

Benötigte Materialien: Handbälle für jeden Spieler, Überziehhemdchen, ein Sprungbrett, zehn Reifen.

I. Organisatorisches:

1) BESPRECHUNG: 5 Min.

Alle setzen sich auf zwei Langbänke oder auf den Boden in einer Spielfeldecke. Besprich mit der Mannschaft anstehende Ereignisse und den Inhalt der zu verteilenden Zettel. Verteile besprochene Spielpläne, Adresslisten, Einladungen usw. erst am Ende des Trainings, lege sie aber schon offen aus (hilft gegen das Vergessen).

BESPRECHUNG:
Ist die Mannschaft zu unruhig, setze ich die Besprechung einfach erst nach dem Aufwärmen an. Miteinander reden ist wichtig, aber ich verschwende meine kostbare Trainingszeit nicht mit fruchtlosen Diskussionen.

II. Auftakt:

1) FREIES PRELLEN: 5 Min.

Jeder ein Ball. Sich im ganzen Spielfeld frei bewegen und prellen.
Auch zu zweit nebeneinander laufen, Haken schlagen usw.

FREIES PRELLEN:
Die Bälle müssen möglichst schon vor dem Training aufgepumpt werden.

2) PRELLEN: 20 Min.

Jeder hat einen Ball. In einer Linie nebeneinander auf der Torauslinie aufstellen (bei vielen Spielern gestaffelt in zwei Reihen). Bis zur anderen Torauslinie und wieder zurück prellen.

➪ Prellen mit der Wurfhand (jeweils ein bis drei Bahnen).

➪ Mit der Nichtwurfhand.

➪ Wieder mit Wurfhand. Zusatzaufgaben: ein Pfiff = auf den Bauch legen (ohne Prellen), zwei Pfiffe = sich hinsetzen, drei Pfiffe = in andere Richtung prellen. Durch Zurufe steuern.

➪ Mit der Nichtwurfhand und Zusatzaufgaben.

➪ Mit Seitstellschritten. Nach drei Schritten Seite wechseln.

➪ Mit Seitstellschritten und Zusatzaufgaben.

➪ Abwechselnd zweimal links, dann zweimal rechts prellen.

➪ Dasselbe mit Zusatzaufgaben.

➪ Zur Abwechslung ohne Prellen laufen und den Ball um den Körper wandern lassen (von einer Hand in die andere übergeben). Zusatzaufgaben nicht vergessen!

➪ Noch einmal ohne Prellen laufen und den Ball mit einem ausgestreckten Arm nach vorne, seitwärts und oben / unten halten.

➪ Wiederum Prellen mit der Wurfhand (evtl. wieder mit Zusatzaufgaben).

➪ Mit der Nichtwurfhand.

➪ Abwechselnd dreimal links, dann dreimal rechts prellen.

➪ Sehr hoch prellen (Kopfhöhe).

➪ Sehr niedrig prellen (Kniehöhe).

➪ Prellen mit der Wurfhand in schnellem Tempo.

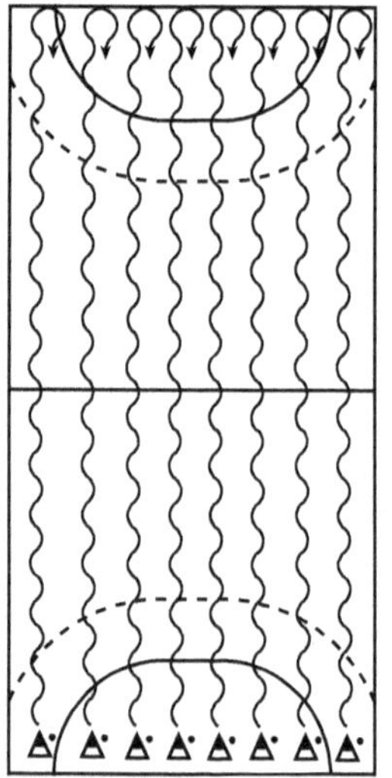

PRELLEN:
Alle bleiben auf einer Linie nebeneinander. Variiere die Abstände der Pfiffe bei den Zusatzaufgaben. Bei Fehlern den Einzelnen direkt ansprechen: „Philipp, hinlegen!“ Erst „Weiter!“ rufen, wenn alle liegen. Zur Erholung eine Bahn langsam im Schritttempo gehen lassen.

3) FANGSPIEL: 13 Min.

In einer Hallenhälfte zwei bis drei Fänger auswählen, diese sollen mit

Hemdchen, Handtüchern o. ä. (Knoten!) die restlichen Mitspieler an den Beinen abschlagen. Abgeschlagene Spieler stellen sich mit deutlich gespreizten Beinen hin und können mittels Durchkriechen zwischen den Beinen wieder befreit werden. Wenn alle abgeschlagen sind, werden neue Fänger bestimmt.

4) TRINKPAUSE: 2 Min.

Jeder darf zwischendurch immer kurz aus seiner Flasche trinken.

III. Hauptteil:

1) TORWARTTRAINING: 12 Min.

Jeder ein Ball, in einer Reihe in der Mitte an der Freiwurflinie aufstellen, flott hintereinander werfen. Jeweils zwei bis fünf Wurfserien. Achtung: Bei zwei Torhütern dauert das Ganze natürlich doppelt so lange, dann entsprechend weniger Serien machen.

⇨ Torwart an Vier-Meter-Linie, schwach, hoch auf seine Hände werfen.

⇨ Dasselbe, aber auf die Beine.

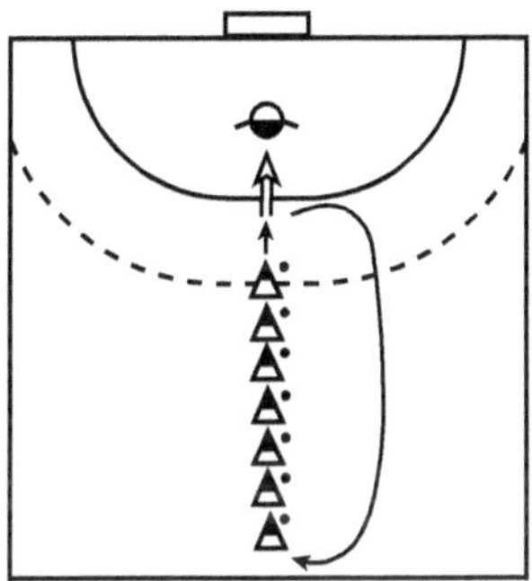

⇨ Hoch- / Tief-Serien in „mittelstark" und „stark" wiederholen.

⇨ Torwart steht vorne an der Torraumlinie und hält die Hände immer auf dem Rücken. Nun aus einem Meter Entfernung sanft (!) auf den Körper werfen. Niemand wirft stark!

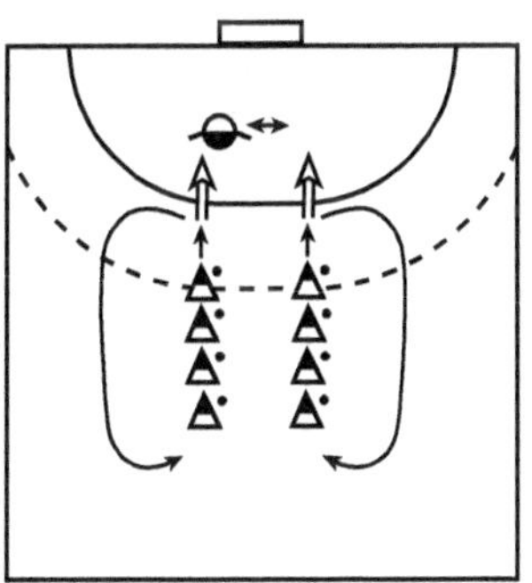

⇨ Jetzt zwei Reihen auf Torpfostenhöhe an der Freiwurflinie bilden. Der Torwart bewegt sich vier Meter vor der Torlinie nach rechts und links, die Spieler werfen geradeaus (hoch / tief / Aufsetzer) in ihr Toreck. Auf Beinarbeit des Torwarts achten.

Bälle werden erst am Schluss der Wurfserie aus dem Tor geholt. Rollt ein Ball von hinten dem Torwart zwischen die Beine, wird sofort unterbrochen. Man kann bei dieser Gelegenheit durchaus den Sinn eines Suspensoriums (Tiefschutz) für den Torwart ansprechen.

2) WURFTRAINING: 18 Min.

Ein Torwart, die Spieler in zwei Reihen (jeder mit Ball) an der Mittellinie aufstellen. Zwei Wurfstationen (je nach Spielerzahl evtl. drei Stationen) aufbauen, rechtzeitig abwechselnd starten. Nach dem Werfen Ball holen und bei der anderen (oder selben) Reihe wieder anstellen.

⇨ Station 1: Ein Sprungbrett an Freiwurflinie. Anlauf mit zwei- bis dreimal Prellen.

⇨ Station 2: Zehn Reifen (mit Bewegungsaufgabe, z.B. Schlusssprünge oder Links-rechts-Sprünge mit Abdrücken).

⇨ Evtl. Station 3: Dämpfende blaue Turnmatte für Sprungwurf.

⇨ Nach einiger Zeit Reifen umlegen und anders anordnen.

⇨ Sprungbrett-Standort auf RL oder RR verschieben.

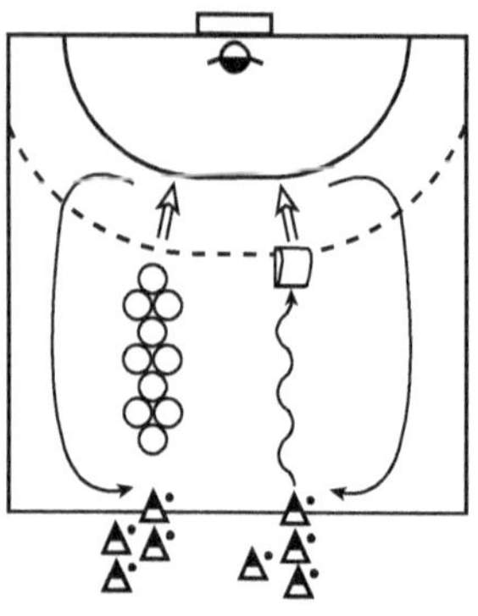

WURFTRAINING:
Die Spieler sollen bei der Sprungaufgabe im letzten Reifen stoppen und von dort aus einen Drei-Schritt-Sprungwurf ausführen.

IV. Schlussteil:

1) ZIELSPIEL: 15 Min.

Handballspiel mit zwei Mannschaften (Überziehhemdchen). Es wird beispielsweise drei starke gegen fünf schwächere Spieler gespielt. Ansonsten freies Spiel.

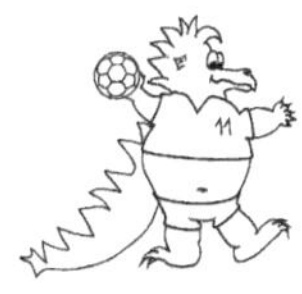

Trainingseinheit Nr. D 2: Passen

Trainingseinheit D 2, Passen: getestet mit 13 + 19 Teiln. / 90 Min / D 2 / gr. Halle / Hälfte

In der D-Jugend weitet sich der Aktionsradius stark aus. Pässe über 10, 15 oder 20 Meter werden entwicklungsmäßig möglich. Auch das Passen in der schnellen Bewegung nach vorne und zur Seite kann gelernt werden. Achtung: Die Aufwärmeinheit inklusive Passen (40 Min.) wurde mit der D 1 m. gemeinsam in der großen Halle durchgeführt, später wurde getrennt trainiert.

Benötigte Materialien: Handbälle für jeden Spieler, Überziehhemdchen, sieben Hütchen.

I. Auftakt:

1) WARMLAUFEN: 5 Min.

Jeder hat einen Ball. Sich im ganzen Spielfeld bewegen und prellen. Auf Pfiff zur Wand laufen, den Ball an die Wand werfen, fangen und weiterprellen. Kann erweitert werden: zwei Pfiffe = Liegestütze, drei Pfiffe = Ball durch Beine nach hinten prellen usw.

2) STRETCHING: 8 Min.

Dehnübungen (z.B. nach SÖLVEBORN) für alle großen Muskelgruppen absolvieren lassen. Einen Spieler pro Mannschaft als „Aufwärmchef" bestimmen, der die Übungen leitet. Dazu anfangs noch Einzelkorrektur durch den Trainer.

Das Amt des „Aufwärmchefs" kann neben anderen Ämtern eingeführt werden wie Mannschaftskapitän, Balljunge, Trinkwart, Sanitäter mit Eis etc. Wertet gruppendynamisch unzufriedene Spieler auf.

3) PASSEN: 10 Min.

Die Spieler in vier Reihen auf der Torauslinie aufstellen, jeder ein Ball.

Dazu je ein Anspieler in Höhe der Freiwurflinie. Nach Frontalpass zur Anspielstation an diesem vorbei zur anderen Torauslinie sprinten, Rückpass wird nach der Mittellinie zugespielt. Dann beidhändig fangen und prellen. Sind alle gesprintet, wechseln auch die Anspieler zur anderen Freiwurflinie. Von dort aus dasselbe. Niemand wirft auf das Tor!

⇨ Der Schlagwurfpass sollte stramm in Brusthöhe zugespielt werden

⇨ Nach zwei Bahnen wechseln die Reihen ihre Position.

⇨ Ebenfalls die Anspieler wechseln.

⇨ Nach einiger Zeit lange Ballonpässe über die Mittellinie hinweg fordern.

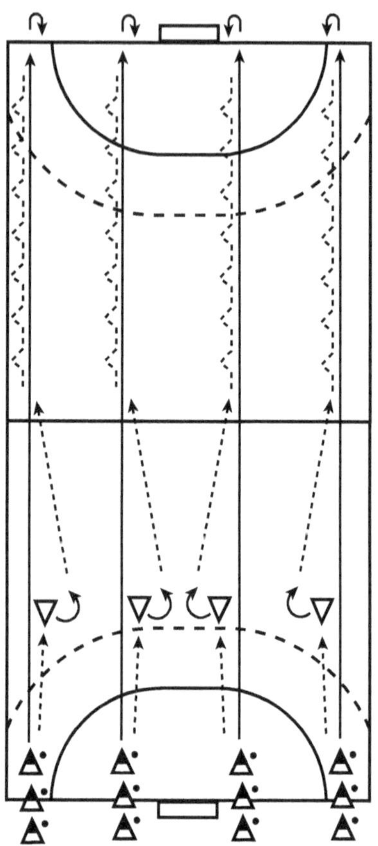

4) PASSEN MIT VERTEIDIGER: <u>15 Min.</u>

Paare bilden, nebeneinander am Eckball aufstellen, alle Außen haben je einen Ball. In jedes Tor einen Torwart, dazu zwei Anspieler an die Mittellinie stellen. Der Partner (Verteidiger) startet aus der Bauchlage, wenn der Außen den Ball zum Torwart spielt. Rückpass vom Torwart auf den lossprintenden Außen, der den Ball fängt und evtl. ein- bis zweimal prellt, dann weiter zu einem der Anspieler an der Mittellinie passt. Nach Rückpass versucht der Außen, sich durchzusetzen und ein Tor zu werfen. Prellen ist ausdrücklich erlaubt. Dann den Ball holen und dasselbe von der anderen Hälfte aus durchführen.

➪ Gleichstarke Partner zusammenstellen. Evtl. nach einiger Zeit Fehlbesetzungen austauschen.

➪ Übung seitenverkehrt ausführen.

PASSEN MIT VERTEIDIGER:

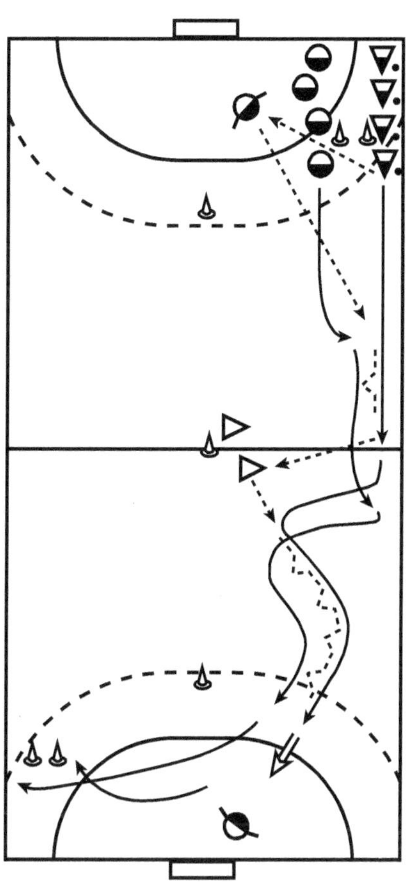

5) TRINKPAUSE: 2 Min.

II. Hauptteil:

1) PASSEN FORTLAUFEND IM STROM: 18 Min.

Die Spieler je nach Anzahl in zwei bis fünf Gruppen zu mindestens drei, besser vier und maximal fünf Spielern aufteilen. Dann wiederum bei den Hütchen aufteilen in eins zu zwei (zwei zu zwei; zwei zu drei) Spielern, die sich in ca. zehn Metern Entfernung frontal gegenüberstehen.

Je Gruppe einen Ball. Schlagwurfpässe spielen, nach Pass hinüberlaufen und sich hinten anstellen. Ball ist anfangs dort, wo mehr Spieler sind.

⇨ Mit je zwei Hütchen Abstand erzwingen (umlaufen lassen).

⇨ Abstand verkleinern und vergrößern.

⇨ Mindestens 10 x 1 Minute passen lassen!

⇨ Rechts- / linksherum um die Hütchen laufen.

⇨ Beidhändig von unten wie beim Kreuzen Ball kurz übergeben, wenn der Abstand klein ist. Sonst Schlagwurfpass.

⇨ Gruppen wechseln lassen.

⇨ Wettbewerb: Welche Gruppe macht zuerst einen Fehler (Laut bis 30 zählen o. ä.)?

PASSEN FORTLAUFEND IM STROM:
Den Ball erst zuspielen, wenn der Fänger das Hütchen umrundet hat. Nicht zu früh loslaufen, sondern am Hütchen kurz warten und sich orientieren.

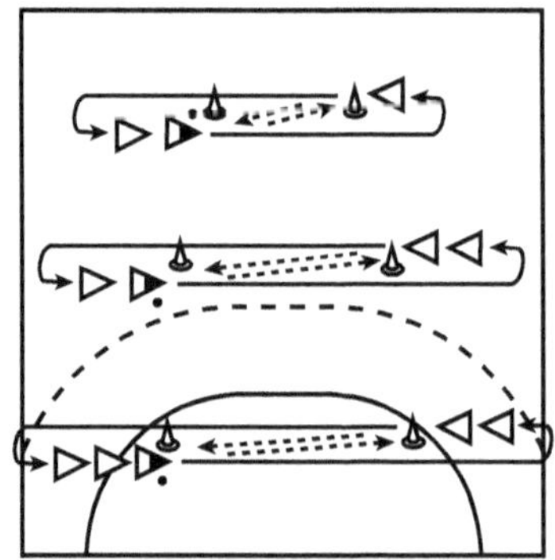

2) PASSEN UND DURCHSPIELEN: <u>12 Min.</u>

Jeweils fünf Spieler in den Angriff stellen (2 x 5). Den Rest je nach Anzahl in eine Dreiecksabwehr wie bei der 3:2:1-Abwehr stellen. Von der Mittellinie Angriffe spielen und durchpassen lassen. Kein Torwurf. Der Ball muss beim LA und beim RA gewesen sein. Dann passen die nächsten fünf.

⇨ Den Ball beim Anspiel nach rechts / links spielen.

⇨ Ball ist beim Anspiel auf RA, dann LA.

⇨ Jetzt soll der Rückraum Mitte (RM) einen Rückpass zum Halbspieler (dieser passt weiter zum Außen) einstreuen.

PASSEN UND DURCHSPIELEN:
Jeden Angriff anpfeifen.

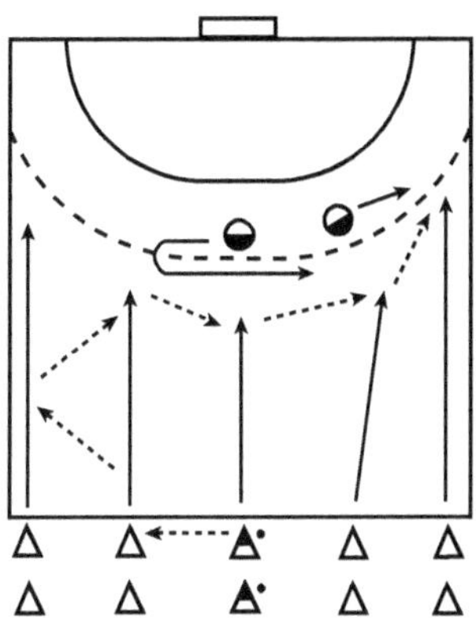

3) TRINKPAUSE: 3 Min.

III. Schlussteil:

1) ZIELSPIEL HANDBALL: 17 Min.

Handballspiel mit zwei Mannschaften (Hemdchen) in einer Hälfte. Es wird grundsätzlich nach jedem Ballverlust oder erfolgreichem Torwurf ein Anspiel an der Mittellinie durchgeführt. Möglichst mit einer dreiecksförmigen Deckung oder 3:2:1-Deckung spielen. Es soll als Lernzielkontrolle durchgepasst, später sollen auch Rückpässe vom RM gespielt werden.

⇨ Ball muss nach dem Anspiel beim Linksaußen und Rechtsaußen gewesen sein, bevor abgeschlossen werden darf.

⇨ Nach einiger Zeit Rückpass vom RM verlangen.

⇨ Zum Schluss freies Spiel ohne Vorgaben erlauben.

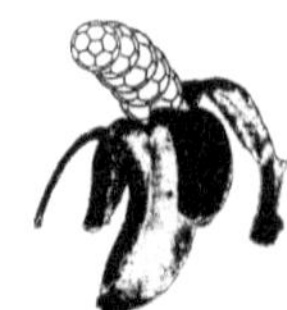

Trainingseinheit Nr. D 3: Außen I

Trainingseinheit D 3, Außen I: getestet mit 8 Teilnehmern / 90 Min. / D 2 / gr. Halle / Hälfte

Durch das Trainieren in kleinen Hallen wird das Spiel „verengt". Beim Wettkampf wird dann das Standardspielfeld nicht in seiner ganzen Breite genutzt und außerdem die Außenspieler vernachlässigt. In der D-Jugend sollte sich dies ändern.

Benötigte Materialien: Handbälle für jeden Spieler, Überziehhemdchen, vier Turnmatten, zwei Basketballkörbe, vier Hütchen, ein kleiner Kasten.

I. Auftakt:

1) PASSEN UND WARMLAUFEN: 5 Min.

Zu dritt sich mit einem Ball in ganzer Halle (oder Hallenhälfte) bewegen und sich den Ball im Laufen zuspielen. Alle sollen in Bewegung bleiben. Fehlt die Begeisterung, Laufformen und Aufgaben vorgeben; z.B. Abstand vergrößern, Abstand verkleinern, einer läuft immer rückwärts (Vorsicht!), nach dem Abspiel jeder eine Liegestütze machen, einer spielt immer per Kopfball weiter, nur mit linkem Arm zuspielen usw.

PASSEN UND WARMLAUFEN:
Der Trainer kann während der Übung bereits die blauen Turnmatten für das nächste Spiel bereitstellen.

2) BASKETMATTENBALL: 13 Min.

Zwei Mannschaften bilden (Hemdchen). In etwa drei bis fünf Metern vor zwei Basketballkörben werden je zwei (evtl. drei bei vielen Spielern) Turnmatten ausgelegt. Spielziel: Mit dem Ball die Matte berühren, dann darf ein Korbwurf (ohne Prellen) versucht werden.
Bei Punktgewinn wechselt der Ballbesitz, bei Fehlwurf muss vor dem nächsten Versuch erst wieder die Matte berührt werden. Nach Handballregeln spielen, flexible Manndeckung anwenden. Nicht sich auf die

Matten werfen! Schiedsrichter ist notwendig.

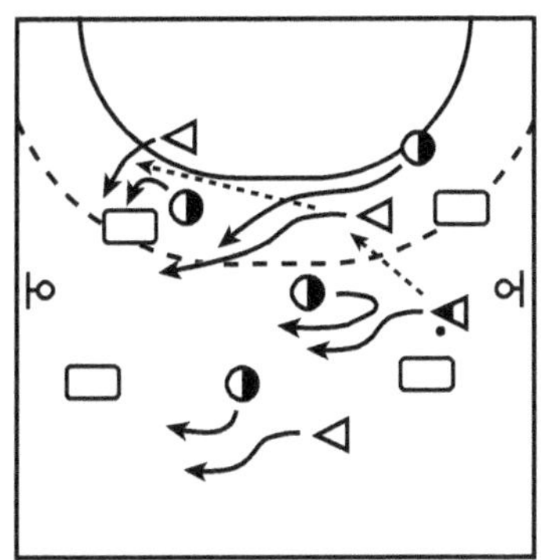

BASKETMATTENBALL:
Möglichst schnell passen, bevor die Matten umstellt sind. Wenn Abstauber stehen bleiben, Libero dazu beordern.

3) STRETCHING: 10 Min.

Zehn Grundübungen nach SÖLVEBORN o. ä. selbstständig ausführen. Sind die Dehnübungen unbekannt oder ist die Mannschaft unkonzentriert, werden die Übungen gemeinsam im 3/4-Kreis mit dem Trainer durchgeführt.

4) TRINKPAUSE: 2 Min.

II. Hauptteil:

1) TORWART AUFWÄRMEN: 15 Min.

Die Spieler (jeder ein Ball) stellen sich nebeneinander entlang der Torraumlinie auf und führen nacheinander Würfe durch. Der Torwart steht vier Meter vor dem Tor (Vier-Meter-Linie als Hilfe) und direkt vor dem ersten Werfer. Nach dem Wurf läuft er dann vor den nächsten Schützen usw. Es wird geradeaus Richtung Tor auf die nach oben gestreckten Hände des Torwarts geworfen.

➪ Reihenfolge 1: vom LA bis zum RA.

➪ Zuerst schwach, dann mittelstark werfen.

➪ Reihenfolge 2: vom RA bis zum LA.

➪ Reihenfolge 3: LA – RA – zweiter von außen usw.

➪ Dito, Torwart steht aber jetzt im Tor. Es wird immer in das kurze (nähere) Eck geworfen. Wurfserien als Aufsetzer, hoch, halbhoch.

➪ Reihenfolge 4: von der Mitte nach außen. Nochmals Wurfserien wie vorher.

TORWART AUFWÄRMEN:
Nicht auf das Tor bolzen, sondern für den Torwart werfen! Sofort unterbrechen, falls Torwart über Bälle stolpern könnte.

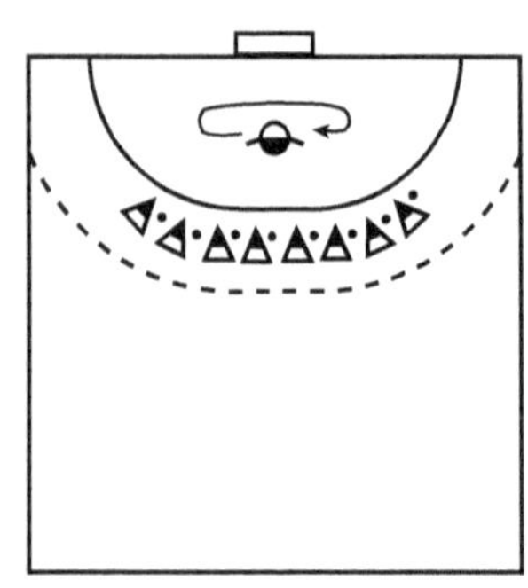

2) LINIENAUSSEN: 12 Min.

Jeder ein Ball. Ein Torwart. An der Seitenlinie auf LA in einer Reihe aufstellen (bei vielen Spielern kann dasselbe auf der anderen Spielfeldseite gemacht werden. Die Spieler wechseln dann nach jedem Wurf die Seite). Anstatt eines Verteidigers wird ein Hütchen am Torraum aufgestellt. Die Spieler sollen gerade zur Tormitte springen.

⇨ Ein Anspieler (evtl. auch der Trainer) steht vor dem Hütchen und wird angespielt. Rückpass erst, nachdem der Werfer die Freiwurflinie überschritten hat. Abschluss mit Sprungwurf.

⇨ Der Anspieler spielt den Rückpass nun als Aufsetzer hinter sich herum, sodass der Werfer den Pass erst spät sieht.

⇨ Der Anspieler besetzt jetzt die Halbposition und spielt den Rückpass (evtl. anfangs als Aufsetzer) erst, wenn der Werfer die Freiwurflinie überschritten hat.

LINIENAUSSEN:
Wurfgewohnheiten kritisch überprüfen, kein Lieblingseck. Keine Wurfvorgabe, sondern selbst abwechseln und ausprobieren.

3) THEORIE ECKENAUSSEN: 5 Min.

Spieler stellen sich alle als LA am Eckball auf. Ball festhalten. Trainer erklärt Unterschied zwischen Linienaußen und Eckenaußen. Der Eckenaußen zieht das Spiel auseinander. Er muss Geduld haben, darf nicht in die Mitte drängen, sondern kann überraschend einlaufen. Der Außen wirft genauso viel Tore wie die anderen in der Mitte. Jeder darf einmal zwecks „Selbsterfahrung" auf das Tor werfen. Effekt: Die meisten Spieler werfen am langen Eck vorbei (Grund: Kräfteparallelogramm). Der Außen muss also genau auf die Torraumlinie achten, im Bogen anlaufen, kräftig und möglichst zur Tormitte springen (wer zum Siebenmeter springt, zieht den Ball am Tor vorbei = das kommt erst später!).

4) ECKENAUSSEN: 8 Min.

Da die Rechtshänder meist die Überzahl bilden, wird auf Linksaußen angefangen. Linkshänder müssten eigentlich auf der anderen Seite üben. Am Eckball aufstellen, jeder ein Ball. Ein Torwart.

⇨ Anfangs von einem kleinen Kasten herab ohne Zuspiel starten (erzwingt Startrichtung und genau drei Schritte). Mit Hütchen Bogen andeuten. Immer Sprungwurf verlangen.

⇨ Nach fünf Serien ohne Kasten werfen.

⇨ Zum Abschluss passiven Verteidiger aufstellen. Es wird automatisch ein Sicherheitsabstand von diesem eingenommen (die Angst vor Fouls). Dann den Verteidiger weiter nach innen rücken.

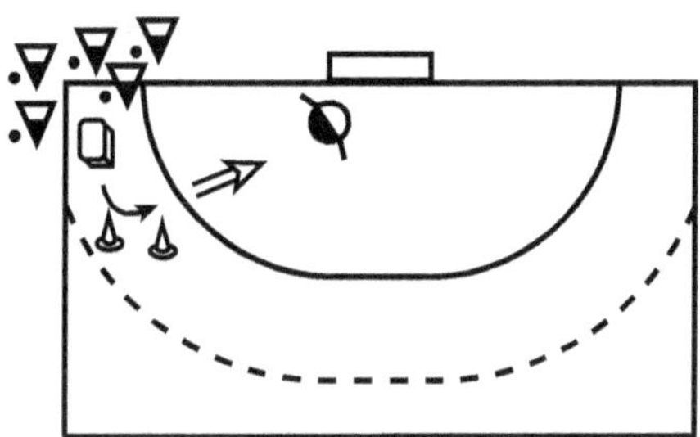

III. Schlussteil:

1) ZIELSPIEL: 20 Min.

Handballspiel auf ein Tor. Jeweils Anspiel von der Mittellinie. Eine Mannschaft darf fünf Angriffe durchführen und wechselt dann in die Verteidigung. Jeder Angriff wird bilanziert bis zum Endergebnis (z.B. 5:3, also fünf Angriffe, drei Tore). Der Trainer sollte nur im Notfall mitspielen und sich besser als Schiedsrichter betätigen.

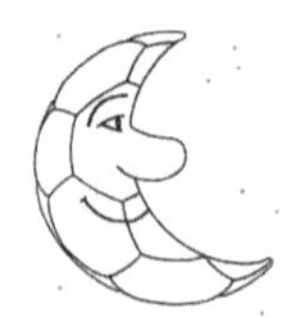

Trainingseinheit Nr. D 4: Außen II

Trainingseinheit D 4, Außen II: getestet mit 11 Teilnehmern / 90 Min. / D 2 / gr. Halle

Hier wird das Passen als Schwerpunkt beim Aufwärmen gewählt. Anstatt eines Aufwärmspiels findet ein Wettkampf statt. Außerdem wird noch das Repertoire des Außen stufenweise erweitert.

Benötigte Materialien: Handbälle für jeden Spieler, Überziehhemdchen, mind. vier Hütchen (je nach Spielerzahl).

I. Auftakt:

1) PASSEN UND WARMLAUFEN: 12 Min.

Sich zu zweit mit einem Ball im Abstand von ca. fünf bis sechs Metern neben dem Tor vor der Torauslinie aufstellen. In Richtung anderes Tor laufen und sich fortlaufend (ohne Prellen) zupassen. Dann herumschwenken, vor dem Tor kreuzen und auf der anderen Seite zurücklaufen. Nach Bedarf die Runden wiederholen.

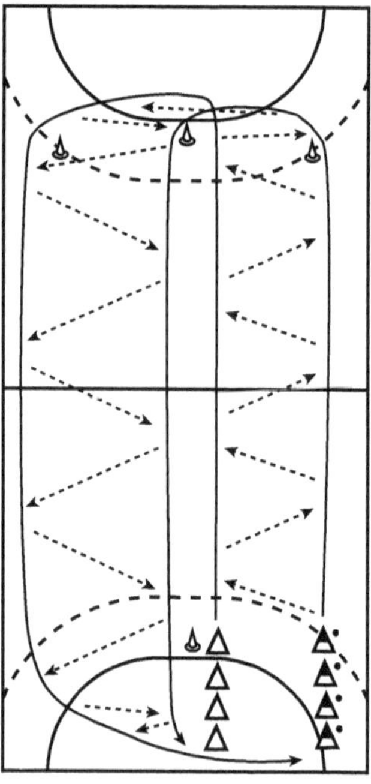

- ➪ Beide Spieler machen Schlagwurfpässe.
- ➪ Zwei Runden am Stück laufen.
- ➪ Mit Aufsetzerpass eine Runde und dann zwei Runden.
- ➪ Eine Runde so schnell wie möglich ...
- ➪ Der Spieler innen wirft sanften Sprungwurfpass, der Spieler außen Schlagwurfpass.
- ➪ Wieder mit Aufsetzerpässen.
- ➪ Beide versuchen, sich mit dem Wurfarm Dreher zuzuspielen.
- ➪ Beide spielen Schlagwurfpässe mit dem partnerzugewandten Arm (drei Runden).

2) PASSEN: <u>10 Min.</u>

Aufstellung paarweise wie bisher, aber jeder Spieler mit einem Ball. Außerdem wird die Seite gewechselt.

⇨ Der Spieler innen passt einen Aufsetzer, der Außen mit Schlagwurf; dann umgekehrt (zwei- bis dreimal).

⇨ Der innere Spieler mit Aufsetzer, der äußere Sprungwurfpass (wenn die Sprungwürfe zu viel Mühe machen, sollen Sprungwurf- und Schlagwurfpässe abwechseln).

⇨ Innen mit Aufsetzer, der Außen mit hohem Ballonpass

⇨ Dasselbe umgekehrt und zwei bis drei Runden am Stück.

⇨ Innen mit Aufsetzer, der Außen Schlagwurf mit dem partnerzugewandten Arm.

3) PASSEN IN STAFFELN: <u>8 Min.</u>

Paare bilden, ein Ball. Die Paare starten hinter der Seitenlinie, passen sich (ohne Prellen) den Ball dauernd zu, umrunden kreuzend eine Stange (Hütchen, kleiner Kasten o. ä.) und laufen dann wieder zur Seitenlinie zurück. Nach einigen Probeläufen als Wettkampf durchführen.

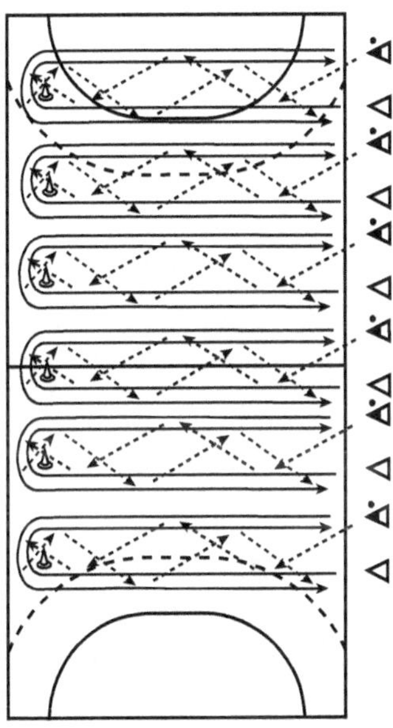

⇨ Zuerst Schlagwurfpass.

⇨ Dann Aufsetzer.

⇨ Alle Paare laufen gegeneinander, die Letzten (oder Ersten) werden genannt.

⇨ Die drei langsamsten Paare laufen gegeneinander.

⇨ Die drei schnellsten Paare laufen gegeneinander.

⇨ Weitere Kombinationen sind möglich.

⇨ Zum Schluss kann ein Ausscheidungswettkampf stattfinden, bis die zwei Besten übrig bleiben.

4) TRINKPAUSE: <u>3 Min.</u>

II. Hauptteil:

1) TORWART: 12 Min.

Jeder einen Ball, ein Torwart. In zwei Reihen ca. zwei Meter vor der Torraumlinie auf Torpfostenhöhe antreten lassen. Torwart steht vier Meter vor dem Tor und bewegt sich immer von einer Reihe zur anderen. Abwechselnd linke / rechte Reihe geradeaus werfen nach Vorgabe.

⇨ Schwach auf beide Hände über dem Kopf werfen.

⇨ Mittelstark auf Hände werfen.

⇨ Hüfthohe Bälle mit einem Arm und einem angehobenen Bein abwehren.

⇨ Torwart steht mit dem Rücken zu den Werfern, dreht sich nach Händeklatschen des Trainers um (hoch / hüfthoch / tief werfen).

⇨ Dasselbe mit Aufsetzer. Aufsetzpunkt links bzw. rechts direkt neben dem Torwart.

⇨ Nun wehrt der Torwart Wurfserien (hoch, tief etc.) wie anfangs ab (geradeaus werfen, Torwart läuft nach links / rechts).

TORWART:
Die Bälle erst nach einem kompletten Durchgang holen. Nur für Torwart werfen! Bei zwei Torhütern nach jeder Serie wechseln.

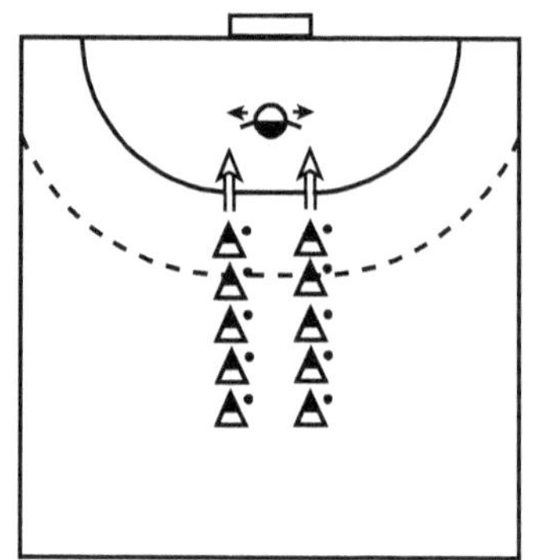

2) LINIENAUSSEN: 15 Min.

Jeder einen Ball. Ein Torwart. An der Seitenlinie auf LA in einer Reihe aufstellen (bei vielen Spielern kann dasselbe auch auf der anderen Spielfeldseite gemacht werden. Die Spieler wechseln dann nach jedem Wurf die Seite). Hütchen begrenzt den Raum. Die Spieler sollen gerade mit Sprungwurf zur Tormitte springen. Der Anspieler besetzt die Halbposition und spielt den Rückpass (Schlagwurf, dann Aufsetzer), wenn der Werfer die Freiwurflinie überschritten hat.

➪ Mit passivem Verteidiger (siehe Grafik rechte Seite).

➪ Nach dem Auftaktpass läuft der Werfer Richtung Eckball und zieht nach innen (Lauftäuschung). Dann erst den Rückpass zuspielen (evtl. Prellen des Anspielers). Der Werfer darf dann ebenfalls prellen (siehe Grafik linke Seite).

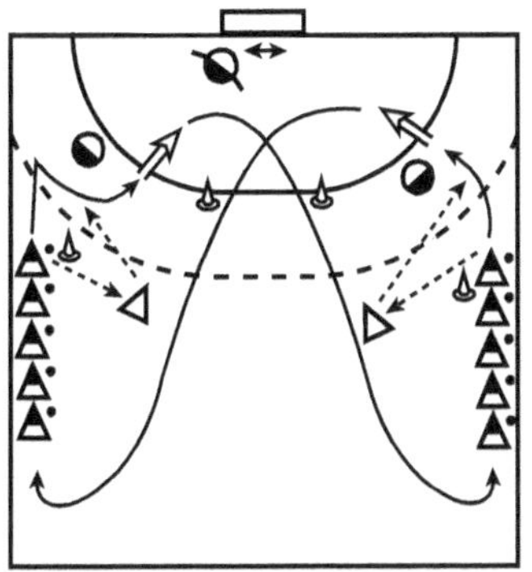

➪ Dasselbe mit halbaktivem Verteidiger. Entweder außen oder innen durchgehen.

LINIENAUSSEN:
Am besten stellt sich der Trainer als Verteidiger bei der Lauftäuschung auf und dosiert vorsichtig das Attackieren des LA.

3) PARALLELSTOSS: 10 Min.

Spiel drei gegen zwei auf der linken Angriffsseite (vgl. DHB HANDBALL-HANDBUCH Bd. 3, S. 114 ff.). Ein Torwart. LA - RL und RM mehrfach besetzen, dazu zwei Verteidiger. Der Ball ist anfangs auf Linksaußen. RL und RM stoßen nur und spielen wieder zum LA zurück, der als Einziger werfen darf. Der Außenverteidiger muß bei Ballbesitz von RL ihm gegenüberstehen und darf erst nach dem Abspiel den LA angreifen, der entweder gerade oder mit einer Lauftäuschung nach innen zum Tor geht. Immer die Positionen einmal durchwechseln (auch die Verteidiger), so dass alle einmal auf außen gespielt haben.

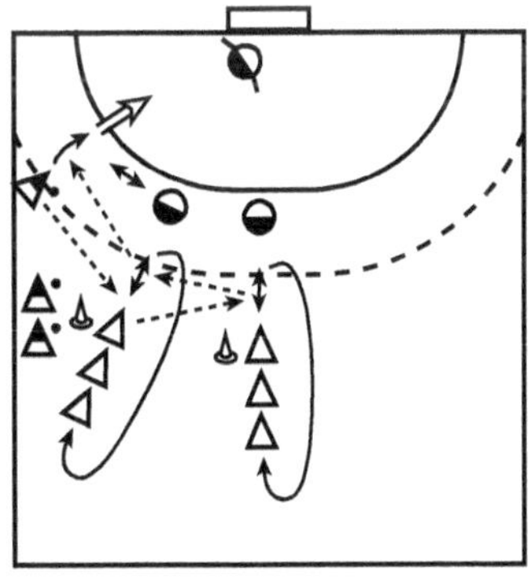

PARALLELSTOSS:
Auch hier kann sich der Trainer als Außenverteidiger aufstellen und dem LA durch sein Verhalten die Lauftäuschung nach innen ermöglichen oder dies verhindern. Für manche Spieler schwierig!

III. Schlussteil:

1) ZIELSPIEL: <u>20 Min.</u>
Handballspiel, der Angriff ist immer in Überzahl (z.B. sechs gegen vier, fünf gegen drei). Tore von außen zählen doppelt.

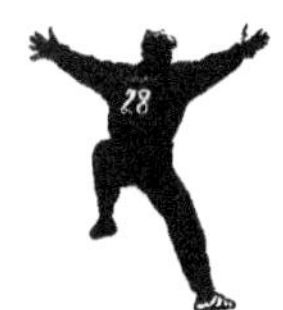

Trainingseinheit Nr. D 5: Außen III

Trainingseinheit D 5, Außen III: getestet mit 8 Teilnehmern / 90 Min. / D 1 / gr. Halle / Hälfte

Hier wird zum Aufwärmen das beidhändige Prellen geübt, bevor dann das Werfen ins lange Eck von außen drankommt. Materialintensive Einheit.

Benötigte Materialien: Handbälle für jeden Spieler, Überziehhemdchen, vier Hütchen, acht Turnmatten, eine Weichschaummatte, sechs Langbänke.

I. Aufwärmen:

1) PRELLEN UM MATTEN: 20 Min.

In einer Hallenhälfte entlang den Seitenlinien 2 x 4 Turnmatten auslegen, jeweils etwa zwei Meter Zwischenraum freilassen. Vier Hütchen als Laufmarkierungen aufstellen. Jeder einen Ball.

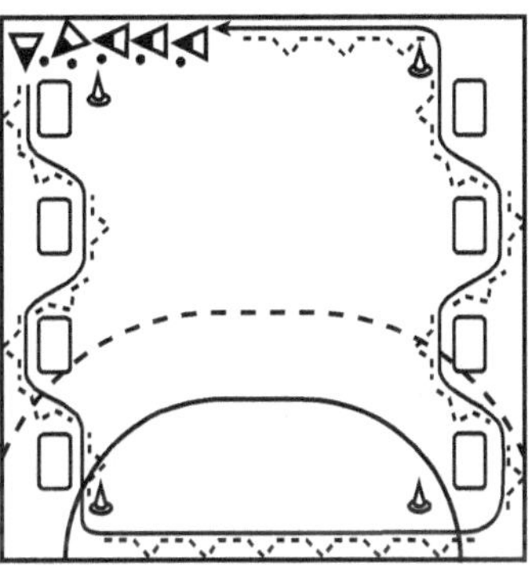

⇨ Prellen hintereinander im Slalom um die Matten herum. Nach einem Probedurchgang muss immer abwechselnd mit linker und rechter Hand geprellt werden (drei Durchgänge).
⇨ Andersherum laufen (zweimal). Anführer ab und zu wechseln.
⇨ Jetzt über die Matten laufen, mit der rechten Hand rechts neben den Matten prellen (zweimal). Nicht auf die Kante prellen!
⇨ Auf der anderen Seite mit links prellen (zweimal).
⇨ Wie am Anfang Slalom um die Matten laufen und links / rechts prellen, aber diagonal zur anderen Mattenreihe hinüberlaufen (zweimal). Auch andersherum probieren.
⇨ Jetzt links an den Matten vorbeilaufen und mit der rechten Hand zweimal auf jeder Matte prellen (zwei- bis dreimal).

⇨ Rechts vorbeilaufen, mit links auf den Matten prellen (zweimal).
⇨ Slalom um die Matten laufen, dabei immer zweimal auf jeder Matte prellen, beim Kreuzen auf die andere Seite immer die Hand für das Prellen wechseln (dreimal). Schwierig! Abstand!
⇨ Geradeaus über die Matten laufen und dabei prellen, vor der vierten Matte den Ball aufnehmen und einen Purzelbaum machen, diagonal wechseln und bei der anderen Seite genauso. Mit genügend Abstand starten.
⇨ Das Prellen mit der Nichtwurfarmhand ist für manche Spieler sehr anspruchsvoll.

2) TORWART AUFWÄRMEN: 10 Min.

Vier bis fünf Matten in der Spielfeldmitte vor der Neun-Meter-Linie hintereinander auslegen. In einer Reihe (jeder einen Ball) hintereinander auf den Matten prellen und mit Schlagwurf beim Siebenmeter abschließen.
⇨ Wurfserien. Der Torwart gibt die Wurfziele vor. Der Trainer schaut am Anfang ruhig zu und ergänzt dann das Werfen mit weiteren Übungen (s. u.).
⇨ Torwart steht anfangs an Vier-Meter-Linie, zieht Bein abwechselnd hoch, zieht Knie hoch, hält Arme auf dem Rücken, spreizt Beine, wehrt Heber ab.
⇨ TW auf der Torlinie, Serien: abwechselnd hohe Würfe in linke und rechte Ecke, dann tief, hoch und tief, Aufsetzer usw.

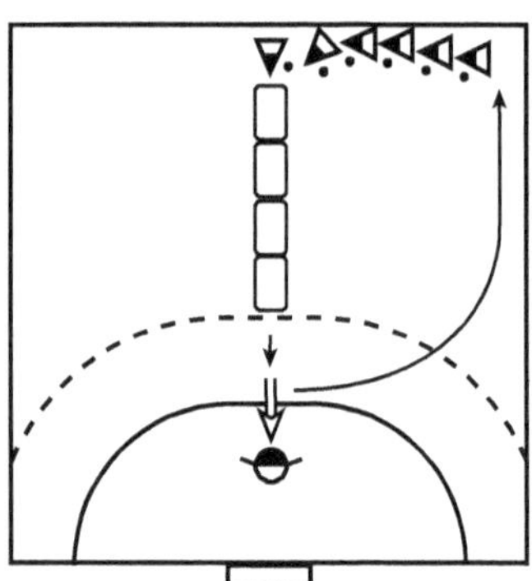

TORWART AUFWÄRMEN:
Es ist durch das Prellen auf den Matten hohe Konzentration gefordert.

3) TRINKPAUSE UND UMBAU: 10 Min.

Aufräumen der Turnmatten und Aufbau der Weichschaummatte.

II. Hauptteil:

1) WERFEN LANGES ECK: 20 Min.

Es wird einen Weichschaummatte mit der kürzeren Seite nach unten leicht schräg so an das Handballtor gelehnt, dass sie das kurze Eck möglichst vollständig abdeckt, aber das lange Eck freilässt. Kein Torwart! Mit Hütchen wird der Anlauf von außen (Eckenaußen) markiert, die Lücke im langen Eck muss sichtbar sein. Die Spieler laufen im Bogen an und sollen Richtung Tormitte Tor springen (noch nicht zum Siebenmeter!). Hohe Würfe ins lange Eck sind Pflicht! Immer wieder unterbrechen, damit die Bälle aus dem Tornetz geholt werden können.

⇨ Es braucht einige Würfe, um nicht in den Torraum zu treten und außerdem das Tor zu treffen.

⇨ Der Ball darf auch dem Spieler als kurzer Doppelpass zugespielt werden.

⇨ Der Start kann außserdem als Linienaußen erfolgen.

⇨ Für die Linkshänder sollte einmal die Seite gewechselt werden.

⇨ Nach einigen Wurfserien wird mehrmals ein Wettbewerb mit Ausscheiden durchgeführt.

WERFEN LANGES ECK:
Schlaumeier werfen natürlich unter der Matte hindurch ins kurze Eck. Evtl. mit kleinem Kasten verhindern. Der Torwart wirft auch auf das Tor!

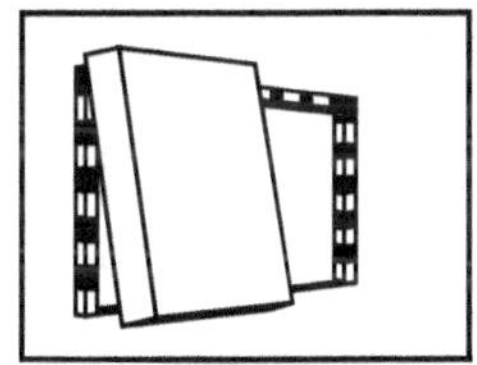

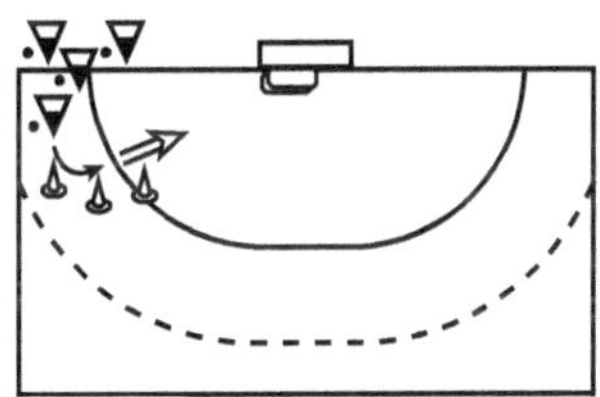

2) WERFEN KURZES ECK: 10 Min.

Jetzt verschiebt man die Matte, wodurch das lange Eck komplett abgedeckt ist. Der Torwart stellt sich ins kurze Eck. Die Spieler haben jetzt viel weniger Platz, um am Torwart vorbeizuwerfen.

⇨ Vorsicht! Einige Spieler versuchen, mit harten Würfen am Torwart vorbeizukommen, was zu Körpertreffern führt. Der Torwart muss auch mit versehentlich ausgeführten Kopftreffern rechnen und sich entsprechend darauf einstellen (Armhaltung). Damit kann diese Übung zur Mutprobe werden. Hohe, tiefe Würfe, Aufsetzer.

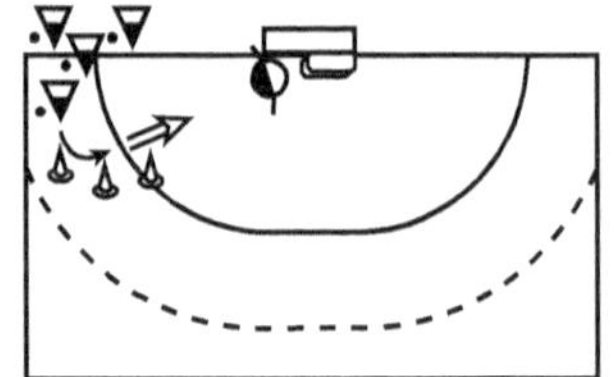

⇨ Der Start erfolgt vom Eckball als Eckenaußen, kann aber auch als Linienaußen geschehen.

⇨ Wieder Wettbewerb durchführen!

III. Schlussteil:

1) ABWERFSPIEL: 20 Min.

Mit je drei Langbänken wird eine Tabuzone an den Seitenlinien abgegrenzt, die nicht betreten werden darf und in die auch möglichst nicht hineingesprungen werden soll. Auf die Seitenlinie wird in der Mitte je ein Hütchen gestellt, das umgeworfen werden soll. Vorsicht, die Langbänke sind hart, die Spieler bitte darauf aufmerksam machen und Fouls entsprechend ahnden. Zwei Teams spielen nach Handballregeln (mit oder ohne Prellen). Die Verteidigung holt nach einem Wurf den Ball wieder und stellt das Hütchen wieder auf.

⇨ Es ist erstaunlich, wie oft daneben geworfen wird (meistens über 50%). Bolzen ist falsch, besser abstoppen und zielen!

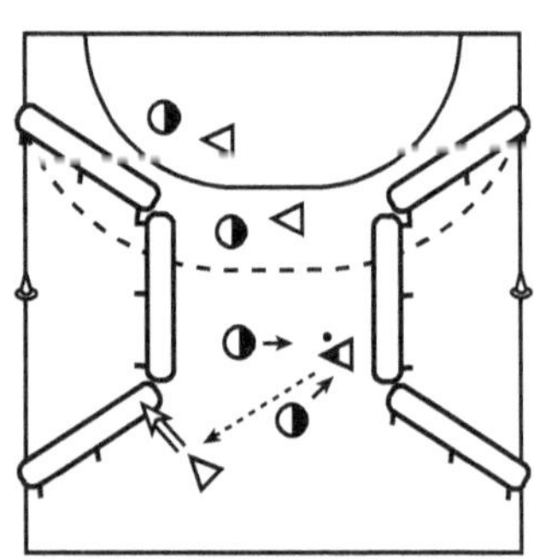

ABWERFSPIEL:
Auffällig sind die vielen Einwürfe. Bei hohen Sprungwürfen über die Langbänke ist das Treffen schwieriger!

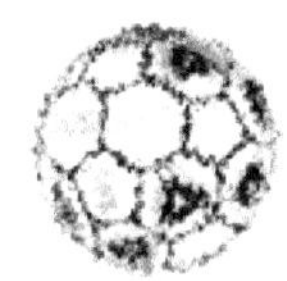

Trainingseinheit Nr. D 6: Blocken

Trainingseinheit D 6, Blocken: getestet mit 9 Teilnehmern / 90 Min. / D 1 / gr. Halle / Hälfte

Groß gewachsene Jugendliche zwingen den Trainer im 2. Jahr der D-Jugend dazu, beim Freiwurf einen Dreierblock in die Abwehr zu stellen. Ansonsten wird das Blocken noch nicht benötigt.

Benötigte Materialien: Handbälle für jeden Spieler, Überziehhemdchen, vier große Kästen, vier Stangen, zwei Hütchen

I. Auftakt:

1) BESPRECHUNG: 8 Min.

Im Kreis zusammensitzen. Wer fehlt am Wochenende, welche Eltern fahren? Und noch andere organisatorische Dinge ...

2) AUFWÄRMSPIEL: 20 Min.

2 x 2 große Kästen in einer Hallenhälfte an den Seitenlinien aufstellen. Zwei Mannschaften bilden (evtl. selbst wählen lassen). Überziehhemdchen! In Hallenhälfte nach Handballregeln spielen. Spielziel: Handball auf Kastenoberfläche ablegen.

➪ Besonders interessant ist direkt am Kasten das Antäuschen und verzögerte Ablegen.

➪ Schwieriger wird es ohne Prellen.

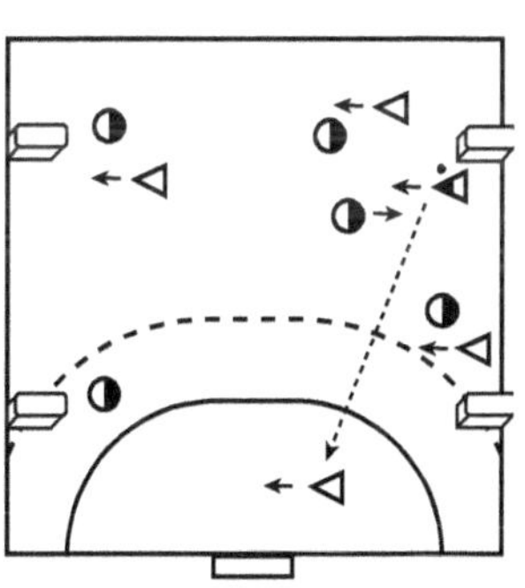

AUFWÄRMSPIEL:

Bei ungerader Spielerzahl könnte ein Spieler, unterstützt vom Trainer, die Schiedsrichterrolle übernehmen.

3) TRINKPAUSE: 2 Min.

II. Hauptteil:

1) TORWART AUFWÄRMEN: 4 Min.

In zwei Reihen circa je vier Meter schräg von den Torpfosten entfernt im Torraum (je ein Hütchen hinstellen) antreten, jeder einen Ball. Torwart startet vom entfernten Pfosten (mit Hand berühren). Immer geradeaus leichte Schlagwürfe ins kurze Eck platzieren, Wurfserien.

⇨ Schwach auf zwei Hände vom Torwart werfen, dann mittelstark.

⇨ Auf die Füße werfen, Aufsetzer.

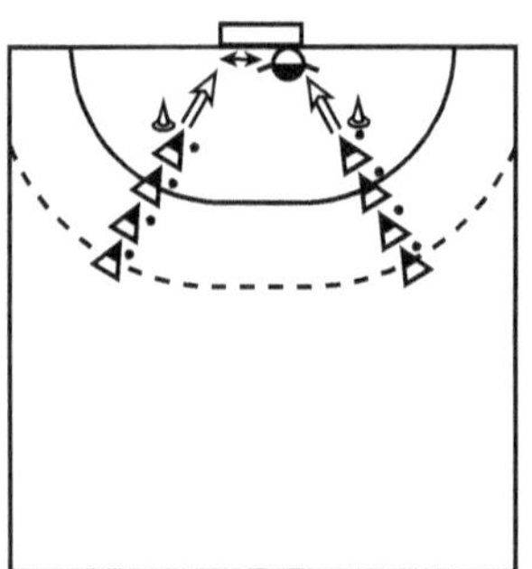

TORWART AUFWÄRMEN: Mit zwei Hütchen den ungewohnten Wurfort markieren.

2) TORWART AUFWÄRMEN 2: 4 Min.

In zwei Reihen in ca. elf Metern Entfernung auf Torpfostenbreite (je ein Hütchen hinstellen) antreten, jeder einen Ball. Torwart steht an Vier-Meter-Linie. Abwechselnd Schlagwürfe (nur geradeaus ins kurze Eck!) werfen. Wurfserien: flach, Aufsetzer, hoch; mit Wiederholungen.

TORWART AUFWÄRMEN 2: Mit zwei Hütchen den ungewohnten Wurfort markieren. Nicht über den Torwart hinwegwerfen.

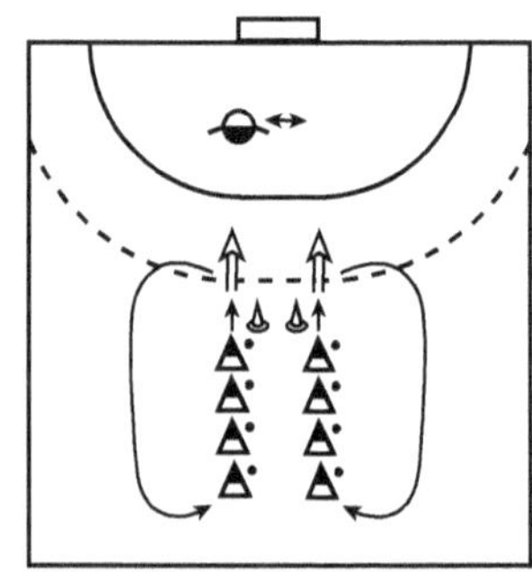

3) BLOCKEN VORBEREITUNG: 8 Min.

In einer Reihe antreten (OHNE Torwart!). Ein Verteidiger steht am Torraum. Alle werfen aus maximal vier Metern Entfernung schwache, hohe Schlagwürfe auf die erhobenen Arme des Verteidigers. Wer drüberwirft, macht Liegestützen o. ä. Wurfhärte steigern, aber den Verteidiger keinesfalls „erschießen“. Erklären, dass Blocken ähnlich wie Torwartabwehr ist. Durchwechseln.

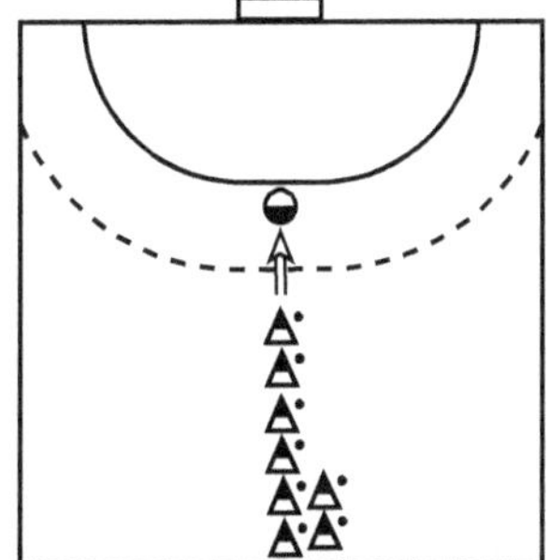

BLOCKEN VORBEREITUNG:
Ein kleiner Verteidiger darf – aber muss nicht – hochspringen.

4) BLOCKEN EINZELN: 14 Min.

Jeder einen Ball. In zwei Reihen auf Torpfostenbreite antreten. Dazu ein Torwart und ein Verteidiger. 2 x 2 Stangen auf Siebenmeterhöhe aufstellen. Mit einem Spieler in der Mitte vor den Stangen wird ein Doppelpass gespielt, der hohe Schlagwurf erfolgt abwechselnd genau durch die Stangen.

⇨ Ein Verteidiger pendelt am Torraum hinter den Stangen hin und her und soll blocken. Genügend Zeit lassen zum Einnehmen der Abwehrposition. Alle sollen mal Verteidiger sein.

⇨ Auch einmal Sprungwürfe probieren, Verteidiger soll hochspringen. Ist viel schwerer.

BLOCKEN EINZELN:
Niemand darf Angst haben. Wer sich nicht traut, muss nicht blocken.

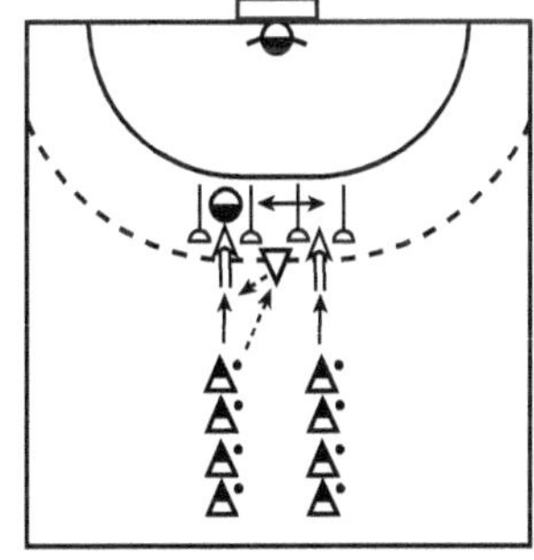

5) BLOCKEN DOPPELT: 10 Min.

Zwei Reihen, etwa auf RL und RR aufstellen. Jeder einen Ball, nur der erste Spieler in der rechten Reihe hat keinen Ball. Dazu 2 + 1 Verteidiger, welche sich hinter jeweils zwei Stangen positionieren. Der Mittelverteidiger pendelt und stellt einen Zweierblock mit dem jeweils anderen Verteidiger.

Es wird immer ein Pass auf die Nebenreihe gespielt, deren erster Spieler wirft (Sprungwurf).

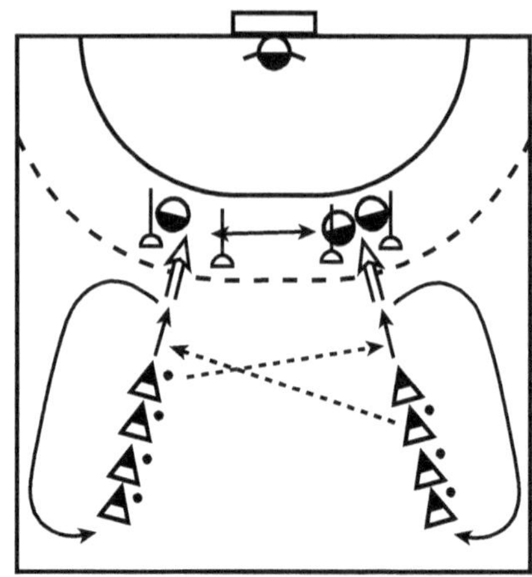

III. Schlussteil:

1) ZIELSPIEL: 20 Min.

Es wird nun im Handballspiel „kleinlich“ gepfiffen, damit viele Freiwürfe entstehen.

➪ Bei Freiwürfen im Spiel öfter einen Zweierschirm mit Sprungwurfschützen fordern, gegen den ein Zweierblock gestellt werden soll. Ein weiterer Verteidiger kann offensiv den Schützen von der Seite angreifen oder sich zum Block stellen.

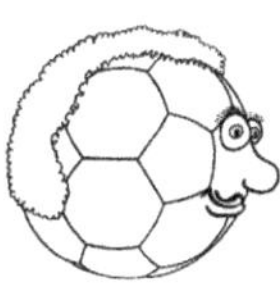

Trainingseinheit Nr. D 7: Sprungwurf I

Trainingseinheit D 7, Sprungwurf I: getestet mit 10 Teilnehmern / 90 Min. / D 1 / kl. Halle

Der Sprungwurf wird bereits in der E-Jugend gelernt und gut begriffen. In der D-Jugend steht nun die Automatisierung sowie das Abspiel aus dem Sprungwurf auf dem Programm.

Benötigte Materialien: Handbälle für jeden Spieler, Überziehhemdchen, acht blaue Turnmatten, zwei Teile von einem großen Kasten, sechs Langbänke.

I. Auftakt:

1) WARMLAUFEN UND PASSEN: 15 Min.

➪ Ohne Ball bewegen sich alle in der ganzen Halle. Aufgaben vorgeben: hüpfen, springen, im Zickzack laufen usw.

➪ Zwei Bälle untereinander in der ganzen Halle passen. Rückpass ist verboten, Zurufe erlaubt. Weitere Bälle (je nach Spielerzahl) kommen hinzu. Beim Passen erst den Ball zuspielen, wenn der andere mich anschaut!

➪ Dreiergruppen (auch Zweier- / Vierergruppen) mit je einem Ball bilden, die sich das Gerät in der ganzen Halle zuspielen. Dito, zusätzliche Aufgaben einbauen: bei einem Pfiff in unteren Torraum laufen und dabei passen, bei zwei Pfiffen dasselbe zum oberen Torraum. Unterstützend mit den Armen die Richtung anzeigen. Evtl. kann noch ein Dreier-Pfiff eingebaut werden: zur Mittellinie laufen.

WARMLAUFEN UND PASSEN:
Alle sind in Bewegung, alle traben.

2) GYMNASTIK: 10 Min.

Großen 3/4-Kreis an der Mittellinie bilden.

➪ Bankstellung, einen Arm nach vorne ausstrecken, zur Seite schwenken, halten. Dann anderen Arm.

➪ Weiterhin Bankstellung: ein Bein ausstrecken und halten, dann anderes Bein.
➪ Dito, ein Bein ausstrecken, dann Fußspitze fünfmal anziehen und wieder strecken. Dann anderes Bein.
➪ Dito, Bein ausstrecken, zur Seite schwenken, halten. Mehrmals wiederholen, dann anderes Bein.
➪ Bisher geübte Arm- und Beinbewegungen miteinander kombinieren.
➪ Rückenlage: beide Arme seitwärts auf dem Boden ausgestreckt. Beide Knie bis 90 Grad anziehen, dann langsam nach links und rechts absenken.
➪ Dito, oberes Bein jeweils lang ausstrecken.
➪ Bauchmuskeln in Rückenlage trainieren: Beine schräg angestellt, beide Hände nach vorne rechts bzw. dann links von den Knien ausstrecken, Oberkörper leicht abheben (bis 25-mal).

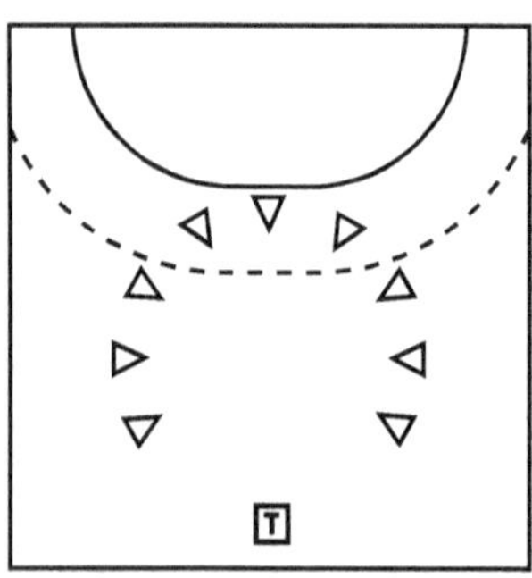

GYMNASTIK:
Trainer steht in der Lücke zwecks besserer Übersicht. Die Übungen konsequent durchziehen. Gespräche sind einzustellen. Kein Wackeln oder Schwanken! Haltedauer je nach Leistungsfähigkeit fünf bis acht Sekunden.

3) TORWART WARMMACHEN: 5 Min.

Ein Spieler stellt sich gebückt als „Bock“ vor dem Siebenmeter auf. Die anderen springen über ihn hinweg und führen nach der Landung mit einem Schritt diverse Wurfserien aus: Aufsetzer, flach, hoch etc.

4) KASTENBALL: 15 Min.

Es wird quer von Seitenlinie zu Seitenlinie gespielt (eine Spielfeldhälfte). Je ein Kastenteil wird auf oder hinter die Seitenlinie gestellt, je vier blaue Turnmatten als verbotener Torraum davorgelegt.

Der Ball muss ganz durch das Kastenteil geworfen (oder auch gerollt) werden. Nach Handballregeln spielen. Bei vielen Spielern kann auch auf je zwei Kastenteilen und sechs Turnmatten gespielt werden.

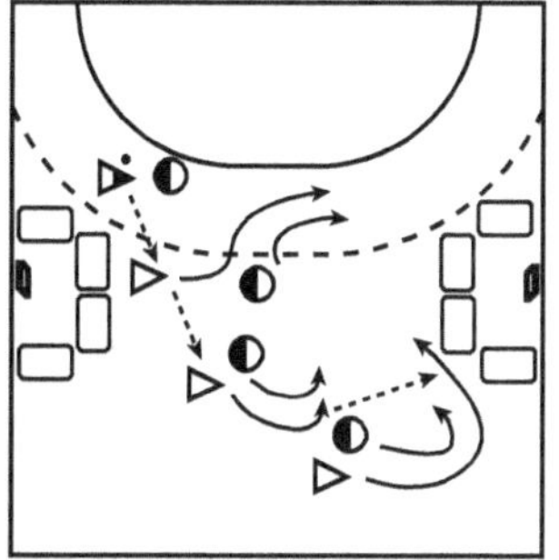

KASTENBALL:

II. Hauptteil:

1) SPRUNGWURF VORÜBUNG: 10 Min.

Zweimal je drei Langbänke nebeneinander aufstellen. Die Spieler starten in Zweier-, Dreier- oder Viererreihen (ohne Ball) nebeneinander, wobei die ersten auf der Langbank stehen. Der Trainer prüft vorab den richtigen Abstand der Langbänke und macht die Übung vor. Mit der richtigen Schrittfolge links-rechts-links (abdrücken zum Sprung hoch) auf die zweite Langbank springen und mit beiden Füßen landen sowie kurz stoppen. Dann wieder links-rechts-links weiter zur nächsten Langbank usw. Die Linkshänder machen die Schrittfolge natürlich umgekehrt: rechts-links-rechts. Wichtig: Die Spieler landen mit beiden Füßen gleichzeitig auf der Langbank. Es geht nicht um Schnelligkeit, sondern um Genauigkeit, daher das Ganze langsam und stetig durchführen.

⇨ Zuerst macht der Trainer vor.
⇨ Bei Schwierigkeiten mit Einzelkorrektur helfen.
⇨ Mehrere Runden hintereinander im Strom absolvieren

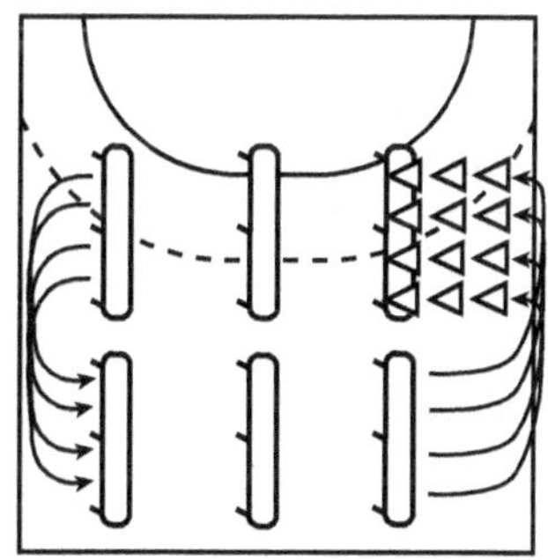

SPRUNGWURF VORÜBUNG:
Wenn zu oft Fehler passieren, den Betreffenden einzeln vormachen lassen. Beim Sprung auf die Langbank mit Armeinsatz arbeiten. Kein Wettrennen, jeder konzentriert sich auf sich selbst.

2) SPRUNGWURFPASS: 10 Min.

Für vier bis sechs Spieler je zwei Langbänke aufbauen. In zwei Reihen gegenüber versetzt aufstellen. Ohne Prellen eine Langbank (links-rechts-links ...) überspringen, dabei im Sprung schräg zum entgegenkommenden Mitspieler abspielen. Nicht bolzen!

⇨ Zuerst immer nach rechts passen.

⇨ Positionen verändern, nach links passen.

⇨ Die zwei Langbänke so auseinanderschieben (siehe Grafik unterer Teil), dass rechtwinklig nach rechts gepasst wird.

⇨ Positionen verändern und Langbänke verschieben, dass rechtwinklig nach links gepasst wird.

SPRUNGWURFPASS:
Der Pass darf nicht in den Rücken gespielt, sondern muß ca. einen Meter vorgehalten werden. Maximal sechs Spieler pro zwei Langbänke. Sonst zu wenig Intensität.

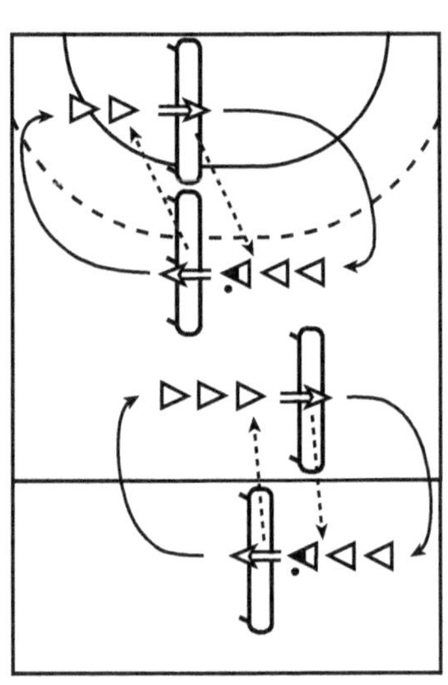

3) SPRUNGWURF-PARCOURS: 10 Min.

Aus vier Langbänken, davon ist die letzte am Torraum zum Überspringen umgedreht, einen Sprungwurf-Parcours aufbauen. Die Spieler (jeder mit Ball) stellen sich in zwei Reihen hinter der ersten Langbank auf. Zwei Anspieler stehen rechts und links neben der dritten Langbank. Anfangs ohne Torwart üben und volle Konzentration auf das nicht ungefährliche Überspringen der umgedrehten Langbank verlangen. Der erste Spieler steigt auf die erste Langbank und passt zu dem Anspieler auf seiner Seite, gelangt zweimal mit der richtigen Schrittfolge (links-rechts-links ...)

bis zur dritten Langbank, bekommt den Ball an die Brust gedrückt und schließt ohne Prellen mit einem Sprungwurf über die umgedrehte Langbank ab. Der Spieler der zweiten Reihe startet *versetzt.*

⇨ Torwart hinzunehmen.

⇨ Der Ball wird vom Anspieler zugepasst oder vorgelegt.

SPRUNGWURF-PARCOURS:
Vorsicht beim Ball-aus-dem-Tor-Holen, evtl. kurz unterbrechen.

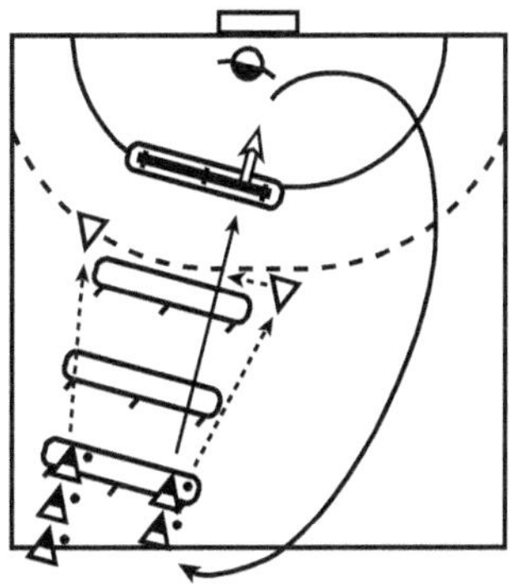

III. Schlussteil:

1) ZIELSPIEL: 15 Min.

Handballspiel mit zwei Mannschaften.

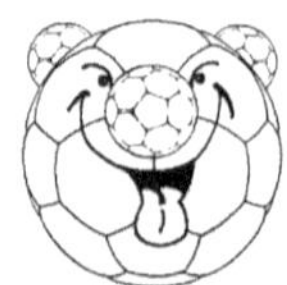

Trainingseinheit Nr. D 8: Sprungwurf II

Trainingseinheit D 8, Sprungwurf II: getestet mit 11 Teilnehmern / 90 Min. / D 1 / kl. Halle

Hier wird das Gefühl für Sprünge mit Hilfsmitteln bzw. auf verschiedenen Unterlagen entwickelt. Dazu werden einige Geräte benötigt, was viel Mühe beim Auf- und Abbau verursacht.

Benötigte Materialien: Ein Fußball, Handbälle für jeden Spieler, Überziehhemdchen, drei Langbänke, sechs blaue Turnmatten, drei Sprungbretter, ein Minitrampolin, ein Weichboden, ein kleiner Kasten.

I. Auftakt:

1) WARMLAUFEN: 5 Min.

Ohne Ball in der ganzen Halle bewegen.

⇨ Auch die Laufformen variieren: hüpfen, rückwärts, Sidesteps, Arm schwingen, Slalom, fünf Schritte vorwärts und zwei zurück usw.

WARMLAUFEN:
Alle sind in Bewegung, alle traben.

2) FUSSBALL: 20 Min.

Es wird in der ganzen Halle auf Handballtore gespielt. Je nach Gegebenheiten mit Torauslinien, sonst mit Bande an den Wänden. Mit Überziehhemdchen.

3) STRETCHING UND / ODER GYMNASTIK: 10 Min.

Standardübungen nach SÖLVEBORN. In einem großen 3/4-Kreis in der Mitte aufstellen. Bei schwierigen Übungen darf man sich an einem Partner abstützen.

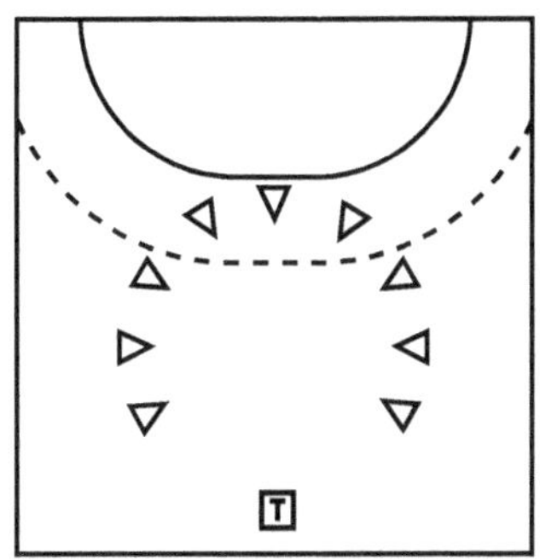

STRETCHING / GYMNASTIK:
Trainer steht in der Lücke zwecks besserer Übersicht. Gespräche sind einzustellen.

4) TORWART AUFWÄRMEN: 8 Min.

In einer Reihe antreten, jeder einen Ball. Torwart steht an Vier-Meter-Linie. Folgende Wurfserien:

➪ Schwach auf die Hände über dem Kopf des TW werfen.

➪ Dasselbe mittelstark.

➪ Weiterhin mittelstark, links / rechts abwechselnd auf den ausgestreckten Ober- / Unterarm werfen.

➪ Torwart auf der Torlinie, ein klein gewachsener Spieler stellt sich als Bock vor dem Siebenmeter auf, den Ball seitlich aufprellen und Bock überspringen, Ball aufnehmen und sofort werfen (flach, Aufsetzer etc.).

➪ Dasselbe ohne Prellen (wie kann man den Ball über den Bock transportieren = unters Kinn klemmen, unter den Arm, unter das Trikot etc.).

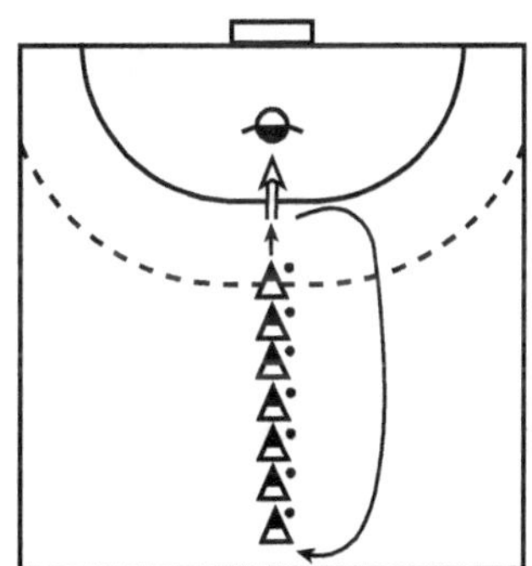

TORWART AUFWÄRMEN:
Herumfliegende Bälle werden gestoppt und sofort dem Besitzer sanft zugespielt. Wir helfen einander!

5) GERÄTE BEREITSTELLEN UND TRINKPAUSE: 2 Min.

Die für die nächsten Übungen erforderlichen Geräte holen und bereitstellen.

II. Hauptteil:

1) SPRUNGWURF: 10 Min.

Drei Langbänke nebeneinander hinter der Freiwurflinie aufbauen. Drei oder vier Spieler stellen sich auf je eine Bank und führen mit der Schrittfolge „Links-rechts-links und Sprung“ Sprungwürfe durch. Reihenfolge variieren: Start von links (LA), von rechts, von der Mitte aus oder abwechselnd von links bzw. rechts. Mindestens acht bis zwölf Serien. Mit Einzelkorrektur wie „Arm weiter hochnehmen“, „Den Ball nach hinten oben führen“ usw.

➪ Auch Serien mit Schrittfolge „Rechts-links und Sprung“ ausprobieren oder „Links und Sprung“ durchführen.

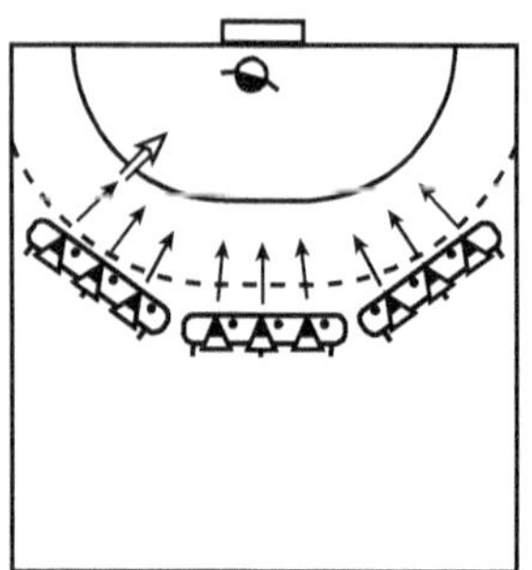

SPRUNGWURF:
Bälle erst wieder nach einem Durchgang holen.
Torwart holt die Bälle nicht heraus!
Problemkinder sollten einzeln vormachen.

2) SPRUNGWURFSTATIONEN: 10 Min.

Wieder die drei Langbänke hinter der Freiwurflinie benutzen. Für je zwei (maximal drei) Spieler eine Station aus verschiedenen Geräten aufbauen: blaue Turnmatte, Sprungbrett, Minitrampolin. Unterschiede klarmachen: Matte dämpft, Sprungbrett und Trampolin werfen mich hoch usw. Mit links-rechts-links von der Langbank herunter Sprungwürfe machen. Achtung: Kleine Spieler müssen den zweiten Schritt knapp neben das Sprungbrett setzen, um den Absprung vorne auf dem Brett voll zu treffen. Beim Minitrampolin ein Sprungbrett o. ä. als „Steighilfe“ vorschalten.

➪ Nach jedem Wurf zur nächsten Station wechseln.

➪ Torwart öfter wechseln, soll auch werfen dürfen!

➪ Variante für eine einfachere Kombination zum schnelleren Aufbauen: Turnmatte, normaler Hallenboden (Reifen), Sprungbrett.

SPRUNGWURFSTATIONEN:
Achtung: Oft Schrittfehler beim Minitrampolin!

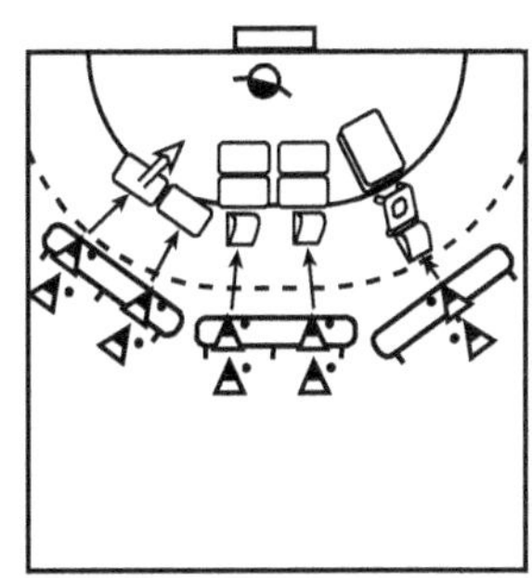

3) PARCOURS MIT SPRUNGWURF: 10 Min.

Drei Langbänke entlang der Mittellinie aufbauen. Dort starten und über die Langbänke Sprünge etc. ausführen. Dann aus umgedrehtem kleinem Kasten einen Ball entnehmen, Rolle über Turnmatte, Sprungwurf mit Minitrampolin und „Steighilfe" Sprungbrett. Konzentration auf die Rolle zwecks richtigem Start für den Schlusssprungwurf! Die Spieler starten mit größerem Abstand. Leichter ist es, wenn der Ball erst nach der Rolle vorwärts vom Trainer gereicht wird.

➪ Laufen über die Langbänke.

➪ Jede Langbank dreimal überspringen.

➪ Wechselsprünge auf die Langbank und wieder herunter machen (mind. dreimal pro Bank).

➪ Weitere Sprungvarianten sind möglich.

➪ Oder die Langbänke einfach quer überspringen.

PARCOURS MIT SPRUNGWURF:
Vorsicht beim Ball-aus-dem-Tor-Holen, evtl. kurz unterbrechen.

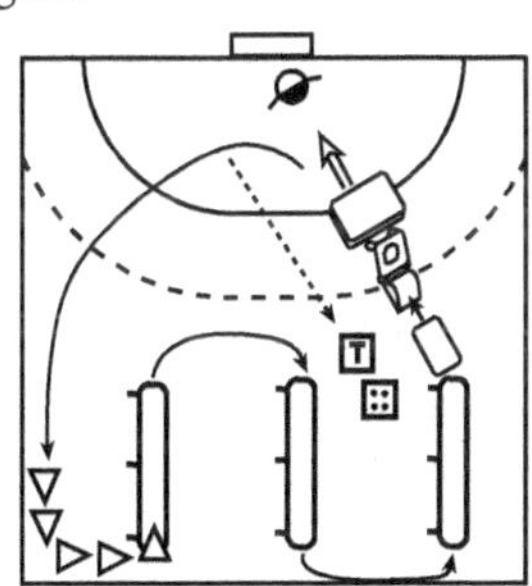

III. Schlussteil:

1) ZIELSPIEL: 15 Min.

Handballspiel mit zwei Mannschaften.

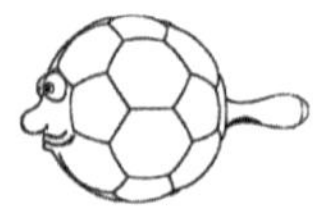

Trainingseinheit Nr. D 9: Zwei gegen zwei

Trainingseinheit D 9, Zwei gegen zwei: getestet mit 8 + 10 Teil. / 90 Min. / D1 + 2 /Hallenhälfte

Viele Kinder bleiben nach dem Abspiel stehen. Nur wenn sie weiterlaufen, entstehen freie Räume oder Anspielmöglichkeiten. Daher unbedingt das Bewegen im Zwei-gegen-Zwei (hier mit hintereinander gestaffelten Verteidigern) schulen!

Benötigte Materialien: Handbälle für jeden Spieler, Überziehhemdchen, sieben Hütchen, vier große Kästen, eine Langbank, ein Volley- oder Weichschaumball.

I. Auftakt:
Vorbemerkung:
Das Aufwärmen kann in einer Hallenhälfte stattfinden, durch das nachfolgende Aufwärmspiel empfiehlt es sich aber, sofort den Hallenvorhang herunterzulassen und sich auf ein Hallendrittel zu beschränken.

1) PRELLEN: 15 Min.

Hinter der Seitenlinie nebeneinander aufstellen, jeder einen Ball. Nach dem Prellen dorthin zurückkehren. Es sind vier große Kästen und sieben Hütchen im Hallendrittel verteilt.

➪ Mit dem Wurfarm prellen, jedes Hütchen einmal umrunden, dann zur Seitenlinie zurückkehren. Die Kästen auslassen. Zwei- bis dreimal durchführen.

➪ Mit dem anderen Arm prellen. Ebenfalls zwei- bis dreimal.

➪ Jetzt jeden Kasten einmal umprellen (mit dem Wurfarm). Die Hütchen auslassen. Zwei- bis dreimal.

➪ Dasselbe mit dem Nichtwurfarm. Hinweis geben: Es ist besser, jetzt den Kasten (als Rechtshänder) von der linken Seite beginnend zu umprellen. Zwei- bis dreimal. Es darf auch mit der Faust einmal auf den Kasten geschlagen werden.

➪ Jedes Hütchen und jeden Kasten mit einer Hand berühren, die Reihenfolge ist egal. Wer ein Hütchen umwirft, stellt es sofort wieder auf! Es darf mit linker und rechter Hand geprellt werden. Zwei- bis dreimal.

⇨ Je nach Spielerzahl zwei bis drei Gruppen mit jeweils drei bis vier Spielern bilden. Sie sollen als Schlange hintereinander prellen. Der Weg ist egal, kreativ sein! Nicht zusammenstoßen! Ab und zu den Anführer wechseln.

⇨ Kreativ sein, aber mindestens alle Kästen umrunden.

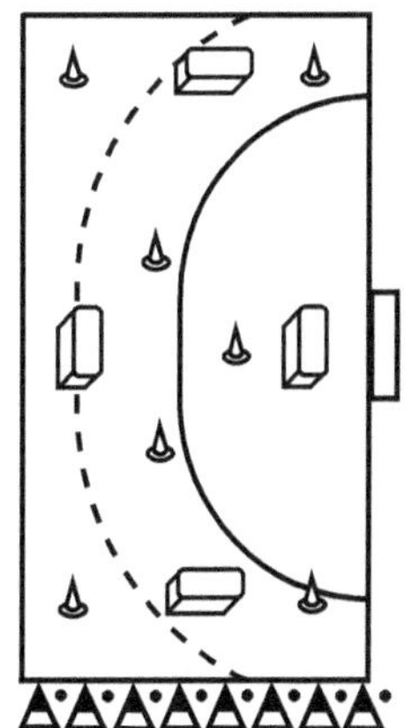

PRELLEN:
Kein Wettrennen! Es sollen nicht alle sofort den nächsten Kasten oder das nächste Hütchen anlaufen, sondern es kann überall begonnen werden!

2) ABWERFSPIEL: <u>20 Min.</u>

Eine Langbank als „Strafbank“ bereitstellen. Hütchen wegräumen, die Kästen stehen lassen. Evtl. noch Vorhang herunterlassen.

Zwei Spieler sollen die Mitspieler mit einem Volleyball (oder Weichschaumball) abwerfen. Möglichst nur auf die Beine werfen! Aufsetzer und Abpraller von der Wand zählen auch als Treffer. Die Spieler dürfen den Ball nicht berühren. Jeder Werfer darf maximal zweimal prellen. Abgeworfene Spieler setzen sich auf die Langbank. Es sollen alle Spieler mindestens einmal Werfer sein.

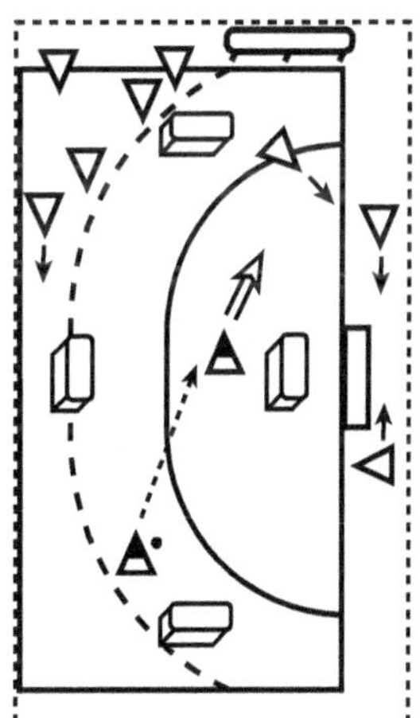

ABWERFSPIEL:
Ist hinter dem Tor noch Platz, darf auch dort hinduchgerannt werden. Verstecken hilft meistens nicht. Dauert das Abwerfen zu lange, kann der Trainer auch abbrechen, damit die Nächsten drankommen.

3) TRINKPAUSE: 5 Min.

Die Kästen abräumen, die Hütchen neu aufstellen.

II. Hauptteil:

1) ZWEI GEGEN ZWEI GESTAFFELT: 25 Min.

Den Vorhang hochziehen, die ganze Hallenhälfte nutzen. Mit vier Hütchen einen Korridor begrenzen. Weitere zwei Hütchen markieren den Start nahe der Mittellinie. Paare bilden, je ein Ball. Dazu kommen noch ein Torwart, ein Verteidiger und als vorgezogener zweiter Verteidiger der Trainer. Systematisch vorgehen, klare Vorgaben, am Anfang noch keine Kreativität zulassen.

⇨ Das Paar startet gleichzeitig, der Ballbesitzer prellt, bis er angegriffen wird. Zuerst greift der Trainer zwei bis drei Meter vor der Freiwurflinie immer den Ballführenden an, sodass dieser abspielen muss. Der Trainer bleibt dann stehen und der Spieler soll weiterlaufen zum Torraum, erhält den Ball zurück und wirft auf das Tor. Jedes Paar läuft drei- bis viermal.

⇨ In der nächsten Phase täuscht der Trainer einen Angriff auf den Ballbesitzer an, orientiert sich aber zum zweiten Spieler und versucht, den Pass abzufangen. Der Ballbesitzer soll möglichst schnell weiterprellen und mit Torwurf abschließen. Greift der zweite Verteidiger ihn zu schnell an, kann er auch abspielen (Trainer lässt dann den Pass zu). Achtung: bei Prellfehler sofort abpfeifen.

⇨ In der dritten Phase soll hinter dem Trainer gekreuzt werden. Der Trainer greift (wie am Anfang) den prellenden Ballbesitzer an, dieser spielt ab. Der Mitspieler zieht dann prellend diagonal zur Seite, der erste Spieler löst sich vom Trainer, kreuzt hinter ihm, bekommt den Ball zurück und wirft.

⇨ Zum Schluss darf kreativ alles Mögliche gemacht werden, z.B. zweimal Kreuzen oder Lauftäuschung. Besonders schwierig wird es, wenn der Trainer nicht mehr Verteidiger macht, sondern ein Spieler und dann beide gestaffelte Verteidiger Manndeckung spielen. Jetzt sollte der Angreifer ohne Ball immer zum Ballbesitzer hinlaufen und trotz Festmachversuchen den Ball übernehmen.

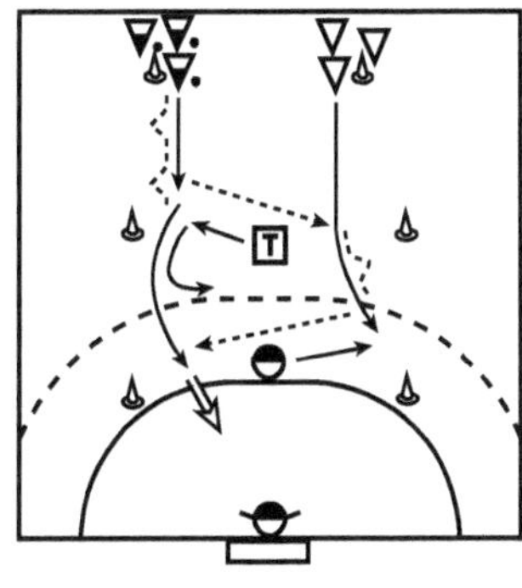

ZWEI GEGEN ZWEI GESTAFFELT:
Immer wieder alles erklären. Es geht um „selbst weiterprellen oder abspielen". Zuerst nicht einen Spieler als vorgezogenen Verteidiger einsetzen, da dieser sofort enge Manndeckung spielt.

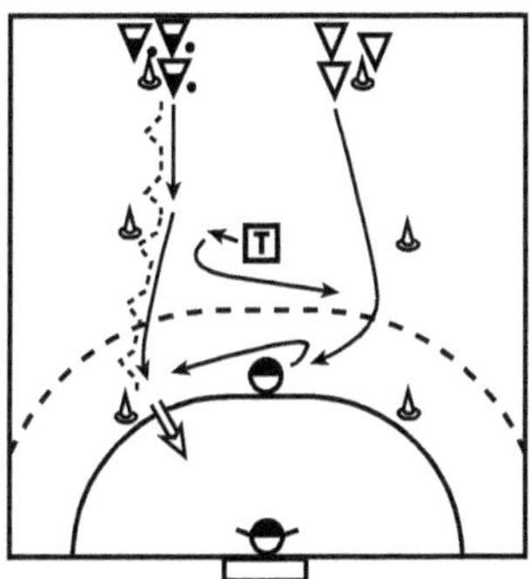

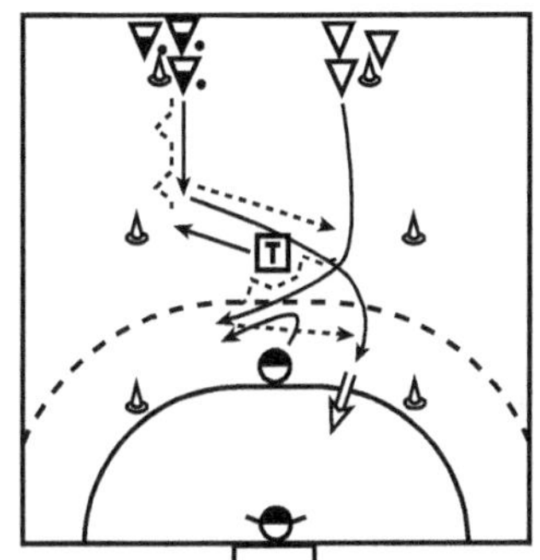

Hinweis: Man kann auch nach zwei Phasen aufhören, sie im nächsten Training wiederholen und dann einen Schritt weitergehen.

III. Schlussteil:

1) ZIELSPIEL: <u>25 Min.</u>
Normales Handballspiel mit zwei Mannschaften. Offensive Verteidigung anwenden, damit das Gelernte umgesetzt werden kann.

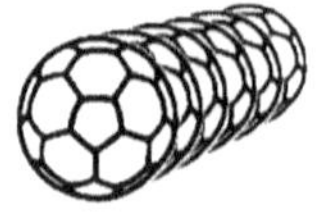

Trainingseinheit Nr. D 10: Prelltäuschung

Trainingseinheit D 10, Prelltäuschung: getestet mit 12 +15 Teiln. / 90 Min. / D 1 / gr. Halle

Die Prelltäuschung wird vorwiegend gegen offensive Verteidiger eingesetzt. Im Sprint kann der Geschwindigkeitsvorteil genutzt und der Gegner leicht umdribbelt werden. Allerdings muss viel Platz vorhanden sein.

Benötigte Materialien: Handbälle für jeden Spieler, zwölf Reifen, vier Hütchen (Pylone), zwei Unihockeytore, ein Weichschaumball, Überziehhemdchen, evtl. Kreppband zum Abkleben.

I. Auftakt:

1) BESPRECHUNG: 5 Min.

Organisatorisches im Mannschaftskreis besprechen.

2) AUFWÄRMSPIEL: 20 Min.

Zwei Mannschaften bilden. Hemdchen verteilen. Spielziel: den Handball hinter den Torauslinien links und rechts vom Tor (im Tor zählt nicht) ablegen. Es gelten die Handballregeln (Torräume dürfen betreten werden). Überschreitet der Ball die Torauslinie ohne Ablegen, wird mit Einwurf weitergespielt. Zusätzliche Einschränkung: Jeder Spieler darf nur einmal prellen!

➪ Evtl. Zusatzregel: Der Ball muss bei jedem Spieler der Mannschaft mindestens einmal gewesen sein.

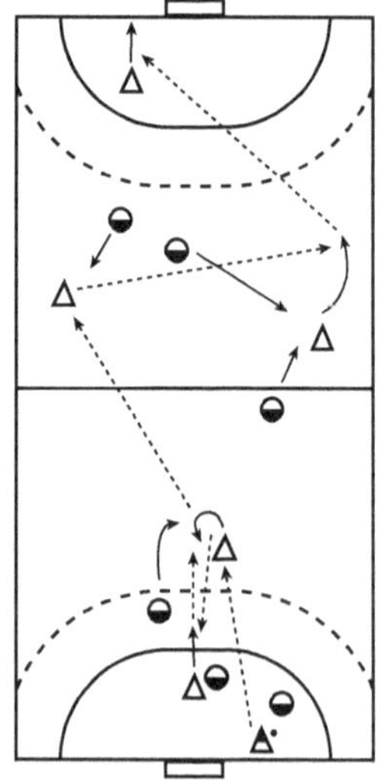

AUFWÄRMSPIEL:

Freilaufen ist gefordert, nicht schnelle Tempogegenstöße! Festhalten und Klammern bedeuten Zeitstrafe!

3) TRINKPAUSE: 2 Min

II. Hauptteil:

1) PRELLEN: 3 Min.

Jeder einen Ball. In einer Hälfte durcheinander laufen, mit links, mit rechts prellen usw., der Trainer kann gleichzeitig dabei den Prellparcours in der anderen Hälfte aufbauen.

2) PRELLPARCOURS: 15 Min.

Einen Parcours mit 2 x 6 Reifen in gleichem Abstand (plus vier Markierungshütchen) aufbauen, welcher in einer Schlange mit genügend Abstand hintereinander durchlaufen wird. Jeder einen Ball. Jeweils zwei bis drei Durchgänge.

➪ Die Spieler laufen an allen Reifen links vorbei und prellen dabei mit der rechten Hand. Sie prellen mindestens auch einmal in jeden Reifen.

➪ Jetzt rechts vorbei und mit links prellen.

➪ Alle Reifen innen anlaufen, in den 1., 3. und 5. Reifen mit links hineinprellen, in den 2., 4. und 6. Reifen mit rechts.

➪ Zwischen den Reifen sich mit Seitstellschritten bewegen und dabei prellen, zum 1. Reifen mit links (und hineinprellen), dann sich drehen und mit rechts zum 2. Reifen prellen usw. Nicht falsch herumdrehen!

➪ Zum Schluss einmal um jeden Reifen herumlaufen und dabei prellen, aber nicht mehr hineinprellen.

PRELLPARCOURS:
Den Parcours bei wenigen Spielern halbieren.

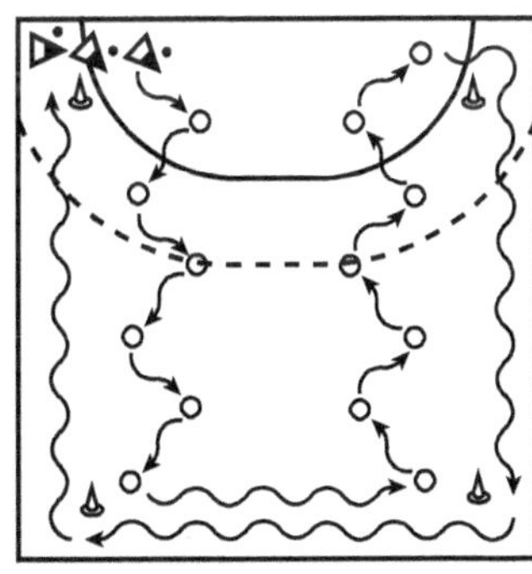

3) LINKS-RECHTS-PRELLEN: <u>10 Min.</u>

Jeder einen Ball, alle Spieler sind in einem Torraum. Sie sollen auf einer geraden Linie genau in der Mitte von Siebenmeter zu Siebenmeter prellend laufen. Viermal je zwei Reifen abwechselnd rechts und links auslegen. Der Abstand der jeweiligen zwei Reifen darf nicht zu groß sein, es soll kein Prellen dazwischen erfolgen. Zuerst mit rechts einmal in die ersten zwei Reifen prellen, dann Handwechsel, wieder einmal in jeden Reifen prellen usw.. Mit mittlerer Geschwindigkeit bis zum anderen Torraum, dann mit Torwurf auf ein Ziel (z. B. Volleyball im Ballnetz unter die Latte hängen oder Hütchen ins Tor stellen) abschließen. Ein Torwart ist nicht so ideal, da Chaosgefahr im Torraum besteht. Wenn alle durch

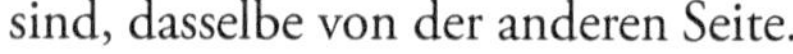

sind, dasselbe von der anderen Seite.

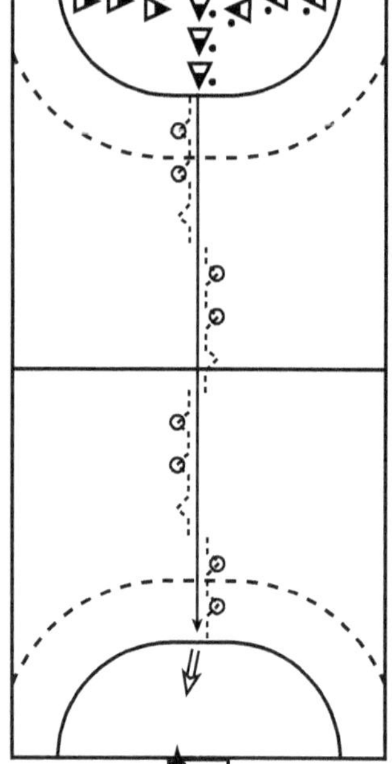

Fortgeschrittene Spieler sollten idealerweise den Krafteinsatz beim Prellen so steuern können, dass sie nur einmal in jeden Reifen prellen (auch bei unterschiedlichen Abständen) sowie im Zwischenraum zu den nächsten zwei Reifen auch nur einmal prellen müssen.

⇨ Evtl. später Abstände der Reifen etwas verändern.

LINKS-RECHTS-PRELLEN:
Nicht über die Reifen laufen, sondern seitlich prellen! Unbedingt auf den Handwechsel achten! Schwächere Spieler dürfen auch öfter als vorgesehen prellen, aber Handwechsel verlangen!

4) PRELLTÄUSCHUNG: <u>15 Min.</u>

Die Spieler stellen sich mit je einem Ball am Mittelkreis auf. Ein Torwart, Trainer steht als passiver Verteidiger an der Freiwurflinie. Einen

Reifen an die Mittellinie legen. Der Spieler (Rechtshänder) prellt mit rechts in den Reifen und weiter auf den Trainer zu, prellt dann mit der linken Hand einmal schräg nach rechts (Prelltäuschung nach rechts), prellt wieder ein- oder zweimal mit rechts und wirft dann auf das Tor. Linkshänder üben dasselbe gespiegelt zur anderen Seite. Der Trainer demonstriert die Prelltäuschung einmal.

⇨ Nach zwei bis drei Durchgängen (mit Einzelkorrektur) kann an zwei Stationen mit je einem Verteidiger geübt werden.

⇨ Der Trainer bzw. der Verteidiger macht dann einen Ausfallschritt und zwingt damit den Spieler zu größerem Abstand.

⇨ Wenn möglich, den Anlauf auf die ganze Halle ausdehnen.

⇨ Anfangs in einem Training die Prelltäuschung nur nach einer Seite üben.

⇨ Im nächsten Training Prelltäuschung nach links üben: Mit rechts prellen (RH), letztes Prellen vor dem Trainer schräg nach links, mit linker Hand ein- oder zweimal weiterprellen, Ball aufnehmen und Torwurf.

PRELLTÄUSCHUNG:

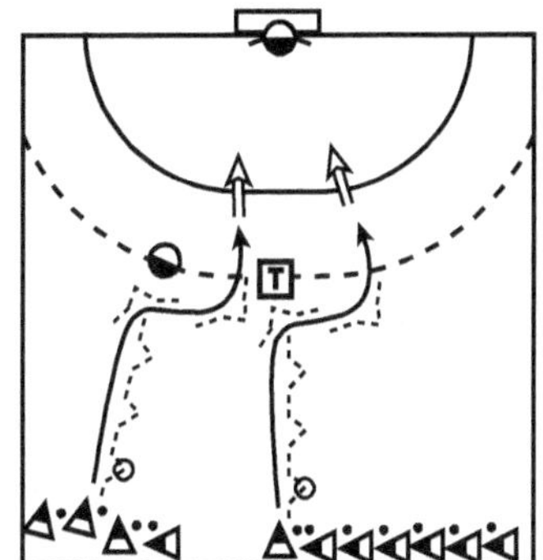

III. Schlussteil:

1) SOFTHANDBALL: <u>20 Min.</u>

In einem Hallendrittel (evtl. Trennvorhang runterlassen) zwei Unihockeytore an den Seitenlinien aufstellen. Falls keine Wurfkreise dort sind, mit Kreppband zwei Torräume abkleben. Notfalls reicht auch eine gerade Linie und Hütchen o. ä. Falls keine Hockeytore vorhanden sind, große Kästen nehmen. Einen Weichschaumball als Spielball verwenden. Falls viele Spieler, drei oder vier Teams bilden, und wenn eine Mannschaft zwei Tore Vorsprung erzielt hat, immer wechseln. Anspiel vom Torwart aus.

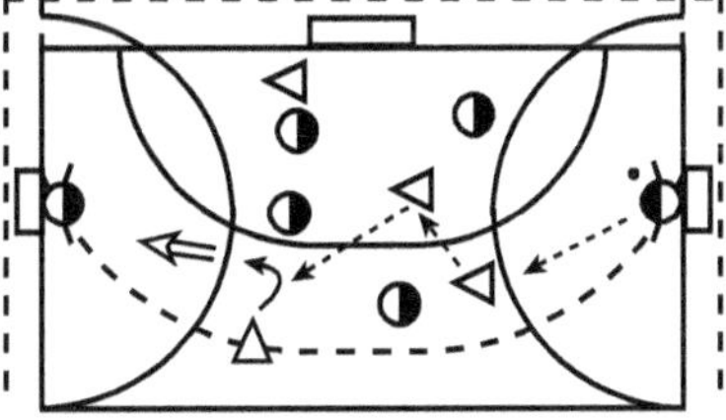

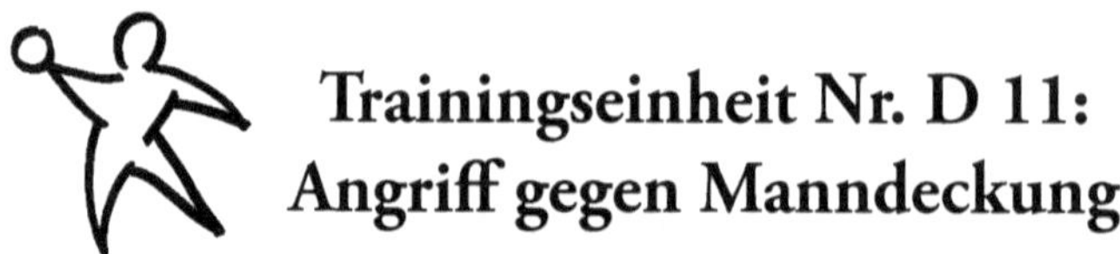

Trainingseinheit Nr. D 11: Angriff gegen Manndeckung

Trainingseinheit D 11, Angriff gegen Manndeckung: getestet 11 + 14 Teiln. / 90 Min. / D 2 / kl. Halle

Bei einer offensiven Manndeckung müssen die Abwehrspieler mit Freilaufen ohne Ball, Lauftäuschungen und Kreuzen abgeschüttelt werden. Dann kann man auch gegen körperlich überlegene Mannschaften genügend Tore erzielen.

Benötigte Materialien: Handbälle für jeden Spieler, Überziehhemdchen, sechs Langbänke, ein kleiner Kasten als Ballkiste, sechs Stangen oder Hütchen.

I. Auftakt:

1) PRELLEN MIT LANGBÄNKEN: 15 Min.

Jeder einen Ball. In einer Schlange neben (oder über) 3 x 2 Langbänke laufen. Je zwei bis vier Durchgänge.

⇨ Zuerst um die Langbänke herumprellen. Linke und rechte Hand einsetzen beim Prellen. Bei der Führung die Spieler abwechseln.

⇨ Tempo erhöhen. Abstand vergrößern.

⇨ Mehrmals mit Prellen im Zickzack die Bänke queren, nur ein Bein soll auf die Bank gesetzt werden. Linke und rechte Hand beim Prellen einsetzen.

⇨ Jetzt konzentriert über die Langbänke laufen, den Ball mit beiden Händen über dem Kopf halten. Zuerst langsam, dann schneller.

⇨ Mit Sidesteps und prellend wie anfangs um die Langbänke herumprellen. Nach jeweils drei Schritten sich drehen.

⇨ Wieder über die Langbänke laufen, Ball fest in einer Hand nach unten halten. Arm in verschiedene Richtungen strecken. Dann Handwechsel.

⇨ In Sidesteps auf den Bänken konzentriert bewegen, Ball nach vorne und oben strecken.

⇨ Zum Abschluss wie anfangs um die Langbänke prellen.

PRELLEN MIT LANGBÄNKEN:
Bei weniger als zehn Spielern reichen auch 2 x 2 Langbänke. Vorsicht! Langbänke können kippen! Deutlich darauf hinweisen. Nicht auf die Kante treten.

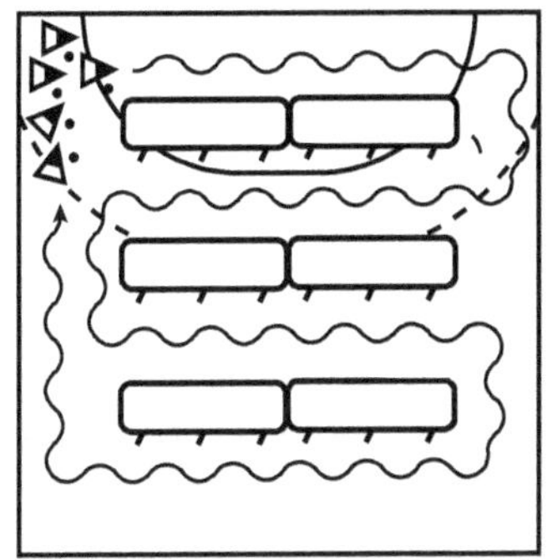

2) ABLEGESPIEL: 10 Min.

Zwei Mannschaften bilden mit Hemdchen. Der Handball (auch Tennisball o.ä.) muss hinter der Torauslinie (auch hinter die Torlinie ist möglich) abgelegt werden. Nach Handballregeln spielen, aber ohne Torräume. Gerät der Ball hinter die Torauslinie ohne Ablegen, bedeutet dies Ballverlust für den Angreifer.

ABLEGESPIEL:
Es soll schnell gespielt werden.
Achtung: Abstauber bleiben vorne stehen und bewegen sich nicht! Dann gezielt Verteidiger gegen den Abstauber stellen, sodass sie sich freilaufen müssen. Oder mindestens vier Pässe vor dem Ablegen als Bedingung einführen.

3) TRINKPAUSE UND ORGANISATORISCHES: 5 Min.

II. Hauptteil:

1) BALLÜBERGABE VORBEREITUNG: 15 Min.

Die Spieler stellen sich (ohne Ball) in zwei Reihen an der Mittellinie auf LA und RA (oder auch RR und RL in großer Halle) auf, zusätzlich ein Torwart. Vier Hütchen setzen. Ein Angreifer mit einem Ball steht zusätzlich (mit dem Rücken zum Tor) in der Mitte, hinter ihm steht die Ballkiste mit Bällen. Nun läuft ein Spieler von RA los, schlägt am Hütchen einen extremen Haken zur Mitte, läuft am Ballhalter vorbei, nimmt den Ball mit, prellt zum Tor und schließt mit Torwurf ab. Er holt den Ball wieder, legt ihn in die Ballkiste und schließt sich der anderen Reihe an. In der Zwischenzeit ist der nächste Spieler von LA losgelaufen und macht dasselbe.

⇨ Der Trainer (oder ein Verteidiger) stellt sich hinter den Ballhalter und behindert ihn bei der Ballabgabe.

⇨ Zusätzlich zwei Verteidiger aufstellen. Der jeweilige Verteidiger begleitet den Angreifer bis zum Ballhalter in der Mitte und kehrt dann auf die Ausgangsposition zurück.

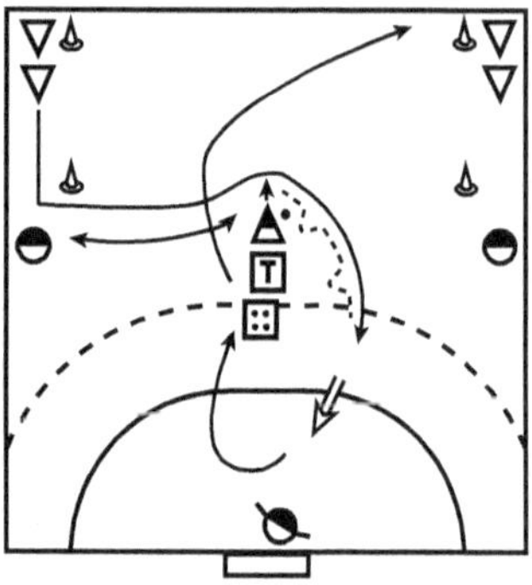

BALLÜBERGABE VORBEREITUNG:
Es soll eine eckige Laufbewegung zur Seite erfolgen (evtl. mit Lauftäuschung). Notfalls wird der Ball direkt aus beiden Händen mitgenommen. Der Trainer hilft beim Verstauen und Holen der Bälle aus der Ballkiste.

2) BALLÜBERGABE AUS DEM LAUF: 20 Min.

Torwart ins Tor, Paare mit einem Ball bilden. Sie starten gegen zwei Verteidiger, welche in ca. acht Meter Entfernung warten. Ein Angreifer mit Ball auf RM prellt bis zum Verteidiger, bremst und dreht ab. Er versucht trotz dem nun festmachenden Verteidiger, den Ball seinem Mitspieler, der hinter ihm kreuzt, zu übergeben. Das Abspiel ist auch noch aus dem Handgelenk möglich (demonstrieren!) oder wenn der Ballarm weggestreckt wird. Verteidiger mit Hemdchen kennzeichnen. Der zweite Angreifer soll möglichst eine explosive Richtungsänderung durchführen, nach der Ballübernahme prellend zum Tor durchbrechen und mit Torwurf abschließen.

⇨ Um „Schlaumeier-Aktionen“ und nicht willkommene Antizipationen zu verhindern, sollen der zweite Angreifer und der zweite Verteidiger sich zuerst mit beiden Händen abschlagen.

⇨ Der zweite Verteidiger soll am Anfang nur bis zum klammernden Verteidigerkollegen mitgehen.

➪ Fortführung: Der zweite Verteidiger versucht jetzt, bis zum Torraum mitzugehen und den Abschluss zu verhindern. Es empfiehlt sich, einen dritten Verteidiger hinzuzunehmen.
➪ Die Verteidiger ab und zu wechseln.
➪ Jetzt ist der Ball auf RR und die ganze Übungsreihe wird spiegelbildlich wiederholt.

BALLÜBERGABE AUS DEM LAUF:
Je enger der Abstand zwischen den Partnern ist, desto schneller und leichter gelingt die Übergabe. Je besser das Abspiel gelingt, desto mehr Schwung nimmt der Angreifer mit.

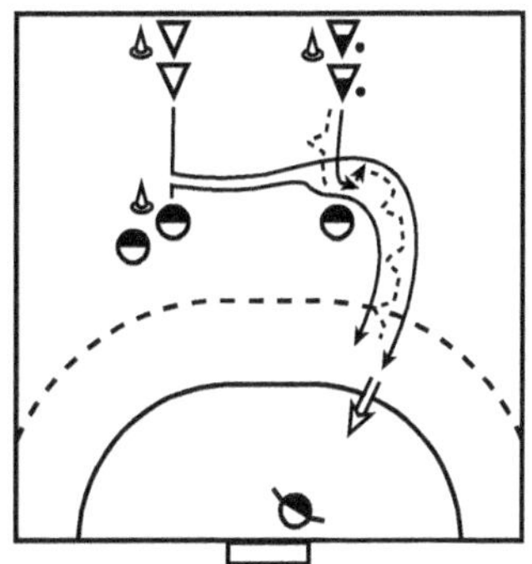

3) BALLÜBERGABE UND DOPPELPASS: 10 Min.

Die obige Übung wird variiert. Sie kann über die ganze Hallenlänge oder aber auch von der Mittellinie aus gespielt werden. Ein Torwart. Es werden RL, RM und RR mehrfach besetzt, die Spieler auf RM haben immer Bälle. Es starten abwechselnd Paare (RL + RM, dann RM + RR usw.). Der RM prellt mit dem Ball über die Mittellinie und wird dann vom ersten Verteidiger (der die Mittellinie nicht überschreiten darf) angegriffen. RM muss dann den Ball zum hinter ihm kreuzenden RL abspielen. RL wird vom zweiten Verteidiger angegriffen. RL und RM müssen versuchen, sich mit Prellen und Doppelpässen durchzuspielen. Dann spielen RR und RM das Gleiche.
➪ Die Verteidiger öfter wechseln.
➪ Zuerst den Doppelpass vorschreiben.
➪ Dann ohne Vorgabe.

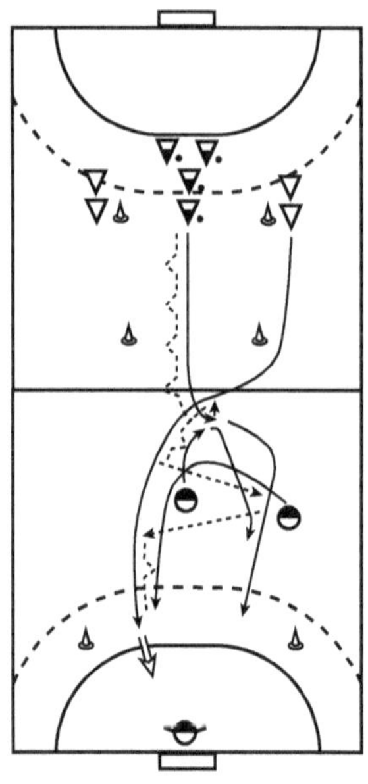

BALLÜBERGABE UND DOPPELPASS:

III. Schlussteil:

1) HANDBALLSPIEL: 15 Min.

Ein Torwart, zwei Mannschaften (Hemdchen). Es werden immer Angriffe auf ein Tor gespielt. Der Trainer steht mit einer gefüllten Ballkiste im anderen Torraum und startet mit einem Anspiel den neuen Angriff. Er wartet mit dem nächsten Anspiel, bis alle Angreifer wieder in ihre Spielfeldhälfte zurückgekehrt sind. Die Verteidigung spielt spätestens ab der Mittellinie Manndeckung.

⇨ Nach sechs Angriffen Verteidiger und Angreifer tauschen. Dann auch wieder die Ballkiste füllen.

⇨ Es sollten die stärksten Spieler gegen einander gestellt werden.

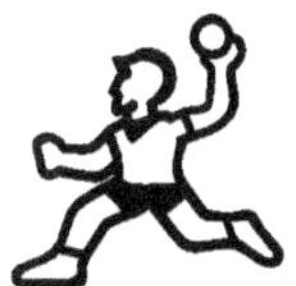

Trainingseinheit Nr. D 12: Lauftäuschung mit Drehung

Trainingseinheit D 12, Lauftäuschung mit Drehung: getestet mit 11 Teiln. / 90 Min. / D 2 / kl. Halle

Die Lauftäuschung mit Drehung wird hier positionsspezifisch für die Rückraum-Halbspieler eingesetzt. Sie kann bei offensiven Deckungsarten, also z. B. Manndeckung oder einer 3-2-1-Deckung, angewandt werden.

Benötigte Materialien: Handbälle für jeden Spieler, Überziehhemdchen, ein Hallenfußball, fünf Hütchen oder Stangen

1. Auftakt:

1) WARMLAUFEN: 5 Min.

Zu zweit ein Ball. Sich im ganzen Spielfeld bewegen und sich auf verschiedene Arten den Ball zuspielen (linker, rechter Arm; nahe, weit; Aufsetzer, zweimal aufsetzen; mit Sidesteps, Hopserlauf usw.)

2) FUSSBALL: 23 Min.

Zwei Spieler auswählen und zwei Mannschaften bilden lassen. Hemdchen verteilen. Mit weichem Hallenfußball oder Volleyball über das ganze Spielfeld auf die Handballtore spielen. Bandenspiel ist erlaubt, Tackling, Stoßen und Torwartattacken sind verboten. Bei großer Gruppe wird ein fester Torwart bestimmt, nach einiger Zeit (evtl. nach jedem Tor) darf dieser wechseln. Der Torwart darf den Ball nur im Torraum mit der Hand aufnehmen. Deckenberührung des Balles zieht Freistoß für die andere Mannschaft nach sich.

FUSSBALL:
Natürlich darf auch der Trainer die kompletten Teams bestimmen. Besonders ist dies bei einer Cliquenbildung zu empfehlen. Ansonsten dürfen z.B. die zwei schwächsten oder stärksten, die zwei kleinsten oder größten, zwei Linkshänder, zwei Torhüter usw. einmal wählen. Wer mit der Wahl beginnen darf, kann ausgespielt werden (Schere-Stein-Papier etc.). Oder es darf der Erstwähler nur einen Spieler auswählen, der Kollege dann zwei usw.

3) TRINKPAUSE: 2 Min.

Es darf sich auch jeder Spieler während des gesamten Trainings immer mal ganz kurz ausklinken und aus seiner mitgebrachten Flasche trinken. Dies sollte aber nicht länger als einige Sekunden dauern und den Ablauf der Übung nicht behindern. Eine offizielle Trinkpause dient der kurzen Erholung, sollte aber nicht zu lange dauern.

II. Hauptteil:

1) LAUFTÄUSCHUNG MIT DREHUNG: 15 Min.

Die Spieler stellen sich in zwei Reihen auf RL und RR (mit je einem Ball) auf. Dazu kommt je ein Anspieler auf RA bzw. LA sowie ein Torwart. Mit fünf Hütchen (Stangen etc.) unbedingt Positionshilfen bieten. Es wird in zwei Spielfeldvierteln abwechselnd dasselbe trainiert. Die Spieler bleiben vorerst bei ihrer Gruppe. Die Übung entwickelt sich in mehreren Stufen:

⇨ Der Rückraumspieler RL passt zum Außen LA und läuft quer zur Spielfeldmitte, um nach fünf bis sieben Schritten plötzlich zu stoppen und nach einer Drehung weg vom Tor in Richtung LA zu sprinten. Dieser hat in der Zwischenzeit einmal geprellt und spielt den RL mit einem Aufsetzerpass wieder an. Der RL prellt ein- bis zweimal Richtung Tor und schließt mit Torwurf ab.

⇨ Dann läuft dasselbe seitenverkehrt im anderen Viertel ab. Die Anspieler müssen darauf achten, dass nicht auf beiden Seiten gleichzeitig losgelaufen wird.

⇨ Je zwei offensive VERTEIDIGER werden hinzugenommen, die sich beim Decken abwechseln. Es empfiehlt sich für den Rückraumspieler, beim Prellen die vom Verteidiger abgewandte Hand zu benutzen.

⇨ Es ist sehr darauf zu achten, dass der Rückraumspieler nicht nur zwei Schritte läuft, sondern länger antritt, da der Verteidiger sonst nicht richtig mitläuft und er die Täuschung zu früh erkennen kann.

⇨ Je nach Schnelligkeit des Halbspielers kann das Prellen beim Außen auch weggelassen werden.

⇨ Nach mehreren Durchgängen wechselt die gesamte Gruppe zur anderen Seite. Auch den Anspieler öfter wechseln.

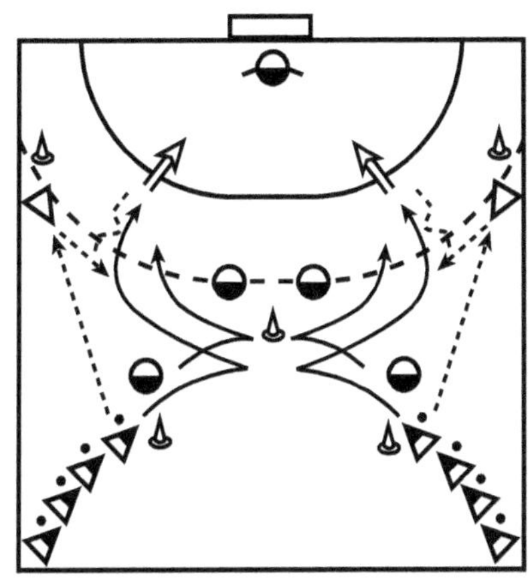

LAUFTÄUSCHUNG MIT DREHUNG:
FEHLER: Je länger der Rückraumspieler ansetzt, desto weniger kann der Verteidiger antizipieren und die Übung torpedieren. Körperkontakt (Hände anlegen) des Abwehrspielers verlangen!
FEHLER: Eine Drehung zum Verteidiger hin führt fast immer zu einem Stürmerfoul!

FEHLER: Der Außen spielt nicht im richtigen Moment in den Lauf.
FEHLER: Der Rückraumspieler bricht nicht durch, sondern dribbelt und läuft nach dem Rückpass an der Torraumlinie Richtung Siebenmeter.
FEHLER: Die Lauftäuschung erfolgt nicht mit Stoppen und plötzlicher Richtungsänderung, sondern als Kreisel.

2) LAUFTÄUSCHUNG MIT KREUZEN: <u>15 Min.</u>

Wenn die Lauftäuschung mit Drehung gekonnt wird, stellt man noch einen Verteidiger gegen den Außen. Der Flügelspieler prellt nach dem Auftaktpass mehrmals und spielt wie gehabt den angetretenen Rückraumspieler an, läuft dann jedoch zur Mitte ein, bekommt den Ball zurück und versucht sich durchzusetzen. Der RL darf ebenfalls auf das Tor werfen (Zwei-gegen-zwei-Variante).

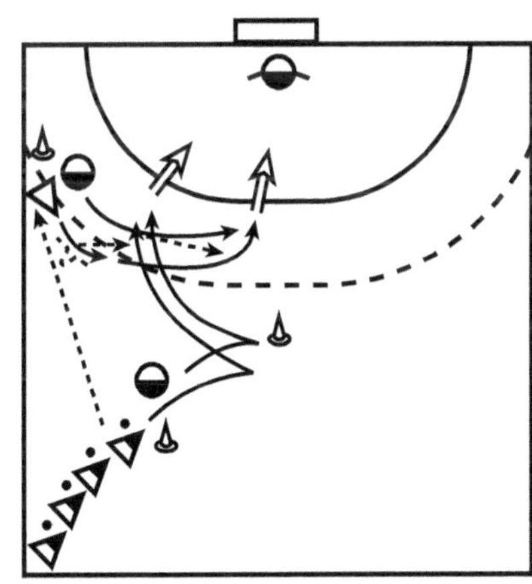

III. Schlussteil:

1) SIEBENMETERWERFEN: <u>10 Min.</u>

Siebenmeterwerfen ohne Vorgabe, dann mit einmal Antäuschen, dann mit Wettbewerb und ausscheiden.

SIEBENMETERWERFEN:

Kann auch gleichzeitig auf zwei Tore erfolgen, erfordert dann aber einen zweiten Schiedsrichter mit Pfeife (Co-Trainer, durchsetzungsfähiger Spieler)!

2) ZIELSPIEL: <u>20 Min.</u>

Möglichst mit Manndeckung oder einer 3-2-1-Deckung spielen und die Mannschaften auffordern, die Lauftäuschung auch einmal anzuwenden.

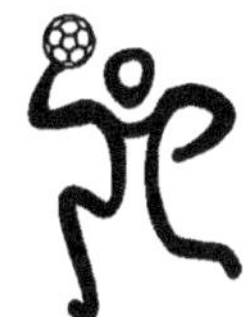

Trainingseinheit Nr. D 13: Lauftäuschung I

Trainingseinheit D 13, Lauftäuschung I: getestet mit 11 Teiln. / 90 Min. / D 2 / gr. Halle / Hälfte

Die Lauftäuschung beruht auf der Gewichtsverlagerung auf ein Bein sowie dem Abstoßen in eine andere Richtung. Sie bildet eine wichtige 1:1-Fähigkeit, ist leicht zu lernen und bringt Bewegung in den Angriff.

Benötigte Materialien: Handbälle für jeden Spieler, Überziehhemdchen, für je zwei Spieler eine Turnmatte, fünf bzw. neun kleine Kästen, zwei Stangen bzw. Hütchen.

I. Auftakt:

1) WARMLAUFEN: 6 Min.

Auf Torauslinie aufstellen, jeder einen Ball. Bis zur anderen Torauslinie (oder Mittellinie) traben (nicht rennen), dann wieder zurück.

- ⇨ Mit Wurfarm prellen / mit anderem Arm prellen.
- ⇨ Links und rechts abwechselnd prellen / Hopserlauf.
- ⇨ Rückwärts bis zur Mittellinie prellen und seitlich an der Hüfte prellen, dann umdrehen und normal weiterprellen.
- ⇨ Zweimal links / zweimal rechts abwechselnd prellen.
- ⇨ Zweimal prellen, dann Wurftäuschung / Passtäuschung seitwärts.
- ⇨ Evtl. Sprints mit und ohne Prellen.

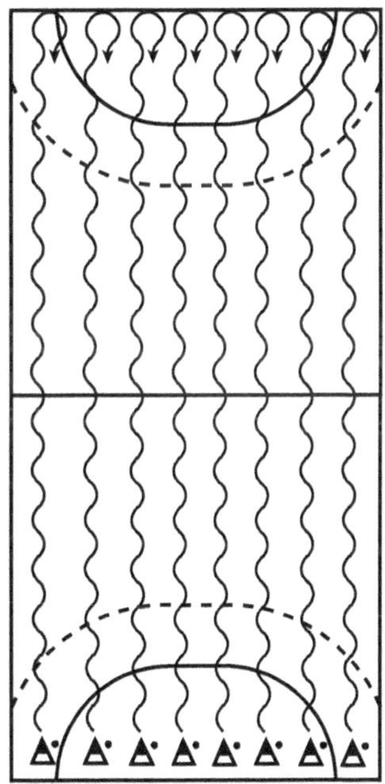

2) GYMNASTIK UND BEINARBEIT: 15 Min.

Mattenwagen bereitstellen. Zu zweit (ohne Ball) je eine Turnmatte holen und mit Abstand in Hallenhälfte auslegen. Sich gegenüber mit Gesicht zur Matte aufstellen. Wichtig: Immer mal wieder die Partner wechseln lassen.

⇨ Die Matte umrunden. Kein Kreis, sondern eckig steppen mit Seitstellschritten. Auf Pfiff Richtungsänderung.

⇨ Sich über die Matte die Hand geben und nach Startzeichen den Partner herüberziehen. Dann Handwechsel. Partnerwechsel.

⇨ Jetzt mit dem Rücken zur Matte Sidesteps machen. Vorsicht, nicht über die Matte stolpern! Bei Pfiff Richtungsänderung.

⇨ Mit dem Gesicht zur Matte Sidesteps machen, aber seitlich über die Ecken springen, kleine Schritte, Knie hochziehen.

⇨ Fangen: Einer ist Fänger, einer Gejagter. Den anderen abschlagen. Nicht über Matte springen, nicht abdriften. Guter Trick: zweimal antäuschen und die Richtung ändern. Dann Aufgabenwechsel. Start selbst bestimmen. Partner wechseln.

⇨ Matte hochkant stellen. Beide Spieler stehen gebückt in der Mitte der Matte und drücken mit der Schulter gegeneinander. Matte soll nicht umfallen! Oben mit einer Hand die Matte festhalten. Partner wechseln, Trainer unterstützt reihum schwächere Spieler beim Drücken.

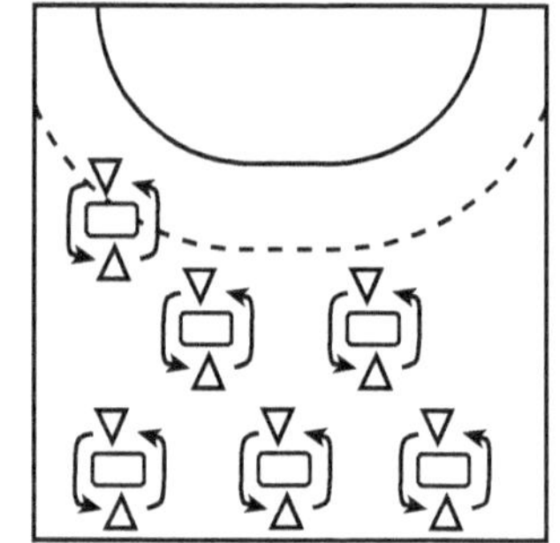

⇨ Nochmals Sidesteps, bei Pfiff Richtungsänderung.

3) MATTENSITZBALL:

12 Min.

Zwei Teams bilden, Hemdchen. In Hallenhälfte Matten (eine mehr als Anzahl Spieler eines Teams) verteilt auslegen. Handballregeln, aber KEIN Prellen. Punkt ist erzielt, wenn ein Spieler sich mit Ball auf eine Matte setzt.

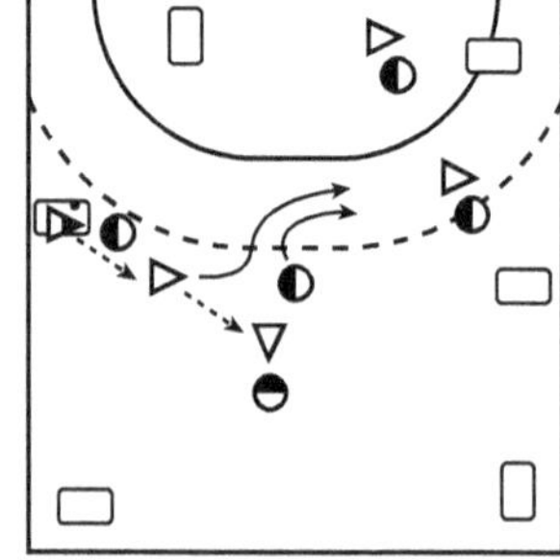

Der nächste Punkt muss auf einer anderen Matte erzielt werden. Es wird immer weitergespielt.

Der Ball kann gut abgefangen werden, wenn der Spieler auf der Matte sitzt.

4) TRINKPAUSE: 2 Min.

II. Hauptteil:

1) LAUFTÄUSCHUNG GRUNDBEWEGUNG: 10 Min.

Jeweils zwei kleine Kästen aufeinanderstapeln. Die Bälle in einen umgedrehten kleinen Kasten ablegen. In einer Reihe aufstellen. Ohne Ball anlaufen, linkes Bein vor den Kasten setzen und belasten, dann stoppen, mit der rechten Hand schräg auf die linke Ecke fassen (Wackler). Alsdann sich nach rechts abdrücken und vorbeigehen. Dasselbe bei den nächsten Kästen. Die Linkshänder machen dasselbe seitenverkehrt (als Gruppe zusammenfassen).

➪ Einzelkorrektur, falls nötig.

➪ Nach drei bis vier Durchgängen erklären, dass die Kästen einen Verteidiger darstellen sollen. Dieser schaut nicht auf die Füße, sondern achtet auf Kopf und Schultern. Wenn ich daher die Schulter nach links neige und stoppe (der Verteidiger braucht ja Zeit zum Reagieren), dann täusche ich nach links an.

➪ Nach sechs bis acht Durchgängen erklären, dass es auf den explosiven Antritt nach rechts ankommt. Das Stoppen darf aber nicht aufgegeben werden!

➪ Der Parcours kann bei vielen Spielern auf der anderen Spielfeldseite als Erweiterung nochmals zusätzlich aufgebaut werden. Erfordert jedoch hohe Aufmerksamkeit des Trainers.

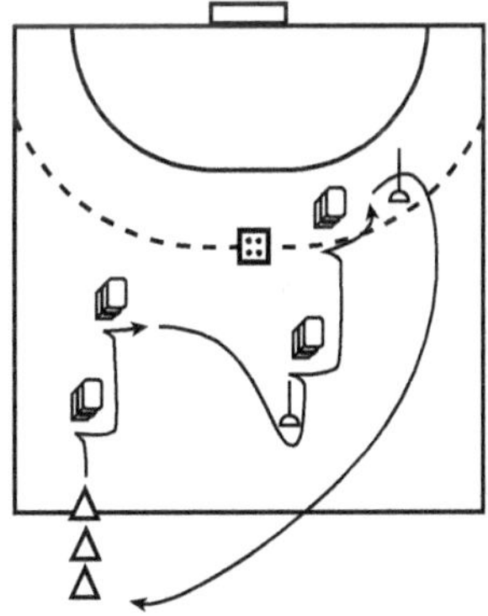

LAUFTÄUSCHUNG GRUNDBEWEGUNG:
Immer wieder alles nochmal erklären.

2) LAUFTÄUSCHUNG: 15 Min.

Aufstellung wie in der vorigen Übung. Jeweils zwei kleine Kästen aufeinanderstapeln. Die Bälle liegen in einem umgedrehten kleinen Kasten. In einer Reihe aufstellen. Jetzt stellt sich zusätzlich der Trainer als passiver Verteidiger an die Freiwurflinie, an dem ebenfalls eine Lauftäuschung vorzunehmen ist. Er streckt die rechte Hand in Brusthöhe seitlich aus, die der Spieler mit der rechten Hand abschlägt, während er das linke Bein belastet und sich damit abstößt.

➪ Auf genügend Abstand achten.

➪ Nach drei bis fünf Durchgängen erweitern mit Torwurf und Torwart. Ein Anspieler stellt sich an den umgedrehten Kasten und spielt nach der Lauftäuschung beim Trainer mit einem Bodenpass den Spieler an. Der Ball wird aus dem Tor geholt und wieder in den Kasten gelegt (nicht zugeworfen). Dasselbe gilt für die Linkshänder, welche die Lauftäuschung nach links machen, den zweiten Kasten und den Trainer schräg anlaufen und hinter dem Trainer lang mit Aufsetzer angespielt werden.

➪ Die Kästen abbauen. Trainer wird Anspieler, ein Spieler ist halbaktiver Verteidiger. Langer Anlauf von Mittellinie, trotzdem eine konzentrierte Täuschung am Verteidiger verlangen.

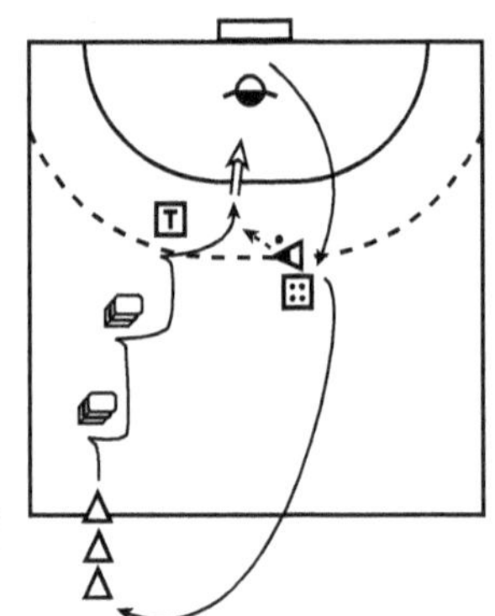

LAUFTÄUSCHUNG:
Die Bälle müssen wieder in den Kasten gelegt und dürfen keinesfalls zugeworfen werden.

III. Schlussteil:

1) ZIELSPIEL: 30 Min.

Normales Handballspiel mit zwei Mannschaften.

➪ Variante: Es kann auch nur mit vier Feldspielern gespielt werden, um große Räume zu erhalten, sodass die Lauftäuschungen ab und zu angewandt werden können.

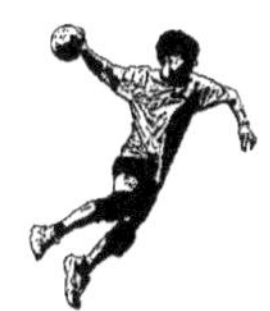

Trainingseinheit Nr. D 14: Lauftäuschung II

Trainingseinheit D 14, Lauftäuschung II: getestet mit 10 Teiln. / 90 Min. / D 2 / gr. Halle / Hälfte

Die Lauftäuschung erfolgt mit einer Gewichtsverlagerung auf ein Bein sowie das Abstoßen in eine andere Richtung. Sie verlangt eine gute allgemeine und auch noch eine spezielle koordinative Ausbildung.

Benötigte Materialien: Handbälle für jeden Spieler, Überziehhemdchen, ein Hallenfußball, Stangen bzw. Hütchen je nach Spielerzahl.

I. Auftakt:

1) FUSSBALL: 20 Min.

Zwei Mannschaften bilden. Dazu zwei Spieler (z.B. die Torhüter, die zwei schwächsten Spieler, die zwei größten o. ä.) bestimmen. Den Anfang auslosen (mit Geldstück oder Schere-Stein-Papier-Spiel). Es kann auch folgendes Verfahren angewandt werden: Bei der ersten Wahl wird ein Spieler hinzugewählt, dann immer zwei Spieler. Als Ball eignet sich ein leichter Hallenfußball oder auch ein Volleyball.

FUSSBALL:
Steht nur eine Hallenhälfte zur Verfügung, können Langbänke, Unihockeytore, zwei große Kästen, Weichschaummatten oder Ähnliches als Tore benutzt werden.

2) TRINKPAUSE: 2 Min.

3) ORGANISATORISCHES: 8 Min.

Zur Besprechung sich am besten hinsetzen, Bälle müssen weggelegt oder festgehalten werden. Dann die nächsten Termine bekannt geben, Vereinsaktivitäten vorstellen usw. Etwaige Zettel erst am Schluss verteilen (Namen daraufschreiben), jedoch jetzt schon ankündigen und bereitlegen.

II. Hauptteil:

1) VORÜBUNG 1 – BALL FESTHALTEN: 5 Min.

Nebeneinander auf der Torauslinie mit je einem Ball aufstellen. Der Trainer läuft in der Mitte vorneweg bis zur Mittellinie und wieder zurück.

➪ Ball fest in einer Hand halten (Ball ist unten, Hand oben), Hand nach links, dann nach rechts ausstrecken.

➪ Dito nach vorne + hinten, oben + unten, Hand kreisen, andersherum, Arm kreisen mit Ball, Ball um Körper wandern lassen.

➪ Täuschbewegungen nach schräg vorne links und rechts machen, zweimal prellen und Wurftäuschung.

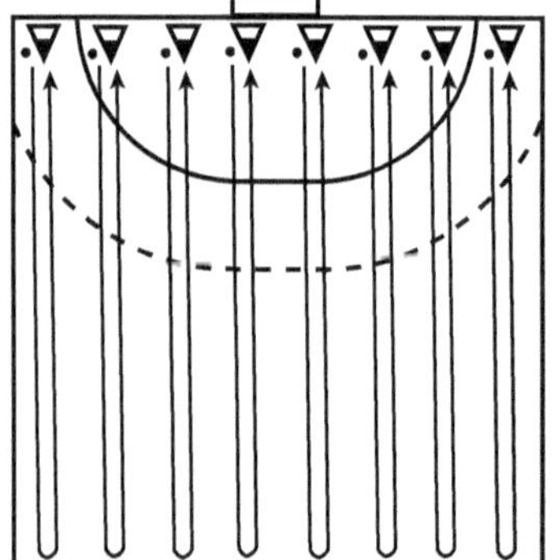

VORÜBUNG 1 – BALL FESTHALTEN:

Es kommt auf den Daumen und den kleinen Finger beim Festhalten an!

2) VORÜBUNG 2 – RICHTUNG ÄNDERN (EINZELN): 10 Min.

Mit 2 x 2 Hütchen zwei Bahnen markieren. Starten mit Drei-Schritt-Folge schräg nach links, also: links-rechts-links (und stoppen), dann weiter mit rechts-links-rechts (und stoppen) usw. Beim Anhalten das Gewicht auf das Bein außen verlagern und auf der Fußspitze stehen, kurz verharren. Dann normal zur nächsten Bahn traben, sich aufstellen und konzentriert wieder Schrittfolgen absolvieren. Nicht zu schnell!

➪ Sitzt der Bewegungsablauf, kann noch eine Wurftäuschung dazukommen. Jeder einen Ball. Rechtshänder machen mit dem dritten Schritt nach links eine Wurftäuschung, Linkshänder beim dritten Schritt nach rechts. Wurftäuschung nicht zu spät durchführen!

➪ Leider wird die Täuschbewegung mit dem Ball bald wieder vergessen. Also mehrmals darauf hinweisen, wie wichtig es ist, dass jeder sich dies selber merkt! Und im Spiel ausprobiert!

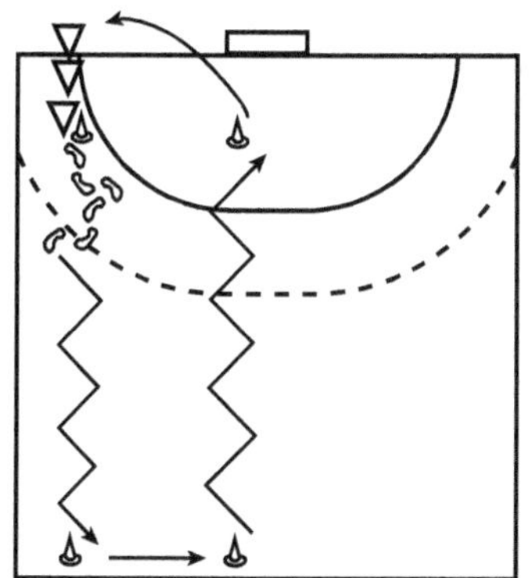

VORÜBUNG 2 – RICHTUNG ÄNDERN (EINZELN): Probleme gibt es meist am Start, bis der richtige Fuß gefunden wird!

3) LAUFTÄUSCHUNG IM 1:1: 15 Min.

Je nach Spielerzahl Dreiergruppen oder Vierergruppen bilden mit einem Ball. Pro Gruppe ein Hütchentor (etwa drei bis vier Meter groß) aufstellen. Ein Verteidiger steht ca. 1,5 Meter vor dem Hütchentor, ein Angreifer mit Ball stellt sich gegenüber auf (Abstand ca. fünf Meter), ein Anspieler steht seitlich (bei Vierergruppen zwei Angreifer). Nach dem Doppelpass mit dem Anspieler macht der Angreifer mit dem Wurfarm eine Täuschbewegung und soll sich dann zur Wurfarmseite mit einer Lauftäuschung (prellen nicht vergessen) absetzen. Nicht mit brutaler Kraft Verteidiger wegdrücken, sondern das Hütchen berühren reicht! Nach zwei Versuchen soll der Durchbruch dann zur Wurfarmgegenseite ausprobiert werden.

⇨ Auf genügend Abstand achten.

⇨ Ausdrücklich nach beiden Seiten Lauftäuschung zulassen.

⇨ Nach vier bis sechs Versuchen Rotation in der Gruppe um eine Position.

⇨ Variante: Auch einmal eine Doppeltäuschbewegung probieren lassen!

⇨ Wichtig: An die Spieler appellieren, dass sie selbst an die Täuschung denken müssen und sie immer wieder anwenden sollen.

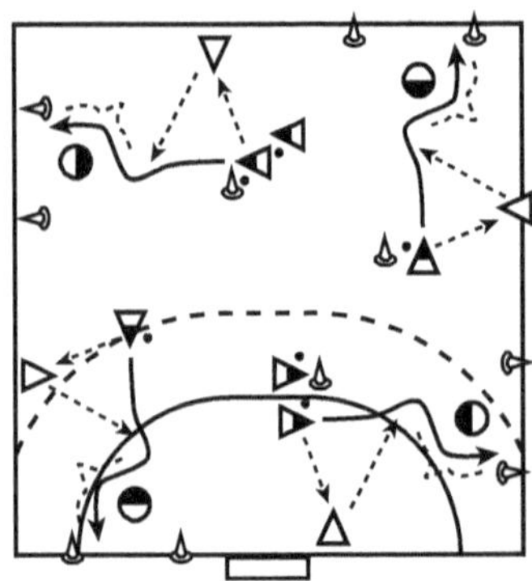

LAUFTÄUSCHUNG IM 1:1:
Der Angreifer soll mit Schwung kommen und mindestens einen Meter vom Verteidiger entfernt die Lauftäuschung ausführen.

III. Schlussteil:

1) ZIELSPIEL: <u>30 Min.</u>

Normales Handballspiel mit zwei Mannschaften.

➪ Variante: Es kann auch nur mit vier Feldspielern gespielt werden, um große Räume zu erhalten, sodass die Lauftäuschungen ab und zu angewandt werden können.

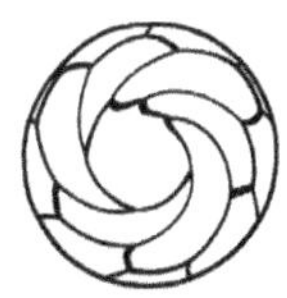

Trainingseinheit Nr. D 15: Lauftäuschung III

Trainingseinheit D 15, Lauftäuschung III: getestet mit 11 Teilnehmern / 90 Min. / D 2 / gr. Halle

Hier werden noch einmal intensive Vorübungen zur Lauftäuschung trainiert. Aus dieser entwickelt sich dann eine Körpertäuschung ohne Nullschritt.

Benötigte Materialien: Handbälle für jeden Spieler, Überziehhemdchen, vier Stangen bzw. Hütchen.

I. Auftakt:

1) PRELLEN: 5 Min.

Paare bilden, jeder einen Ball. Die Paare bewegen sich in der ganzen Halle und sollen immer (!) beide synchron prellen.

➪ Nebeneinander laufen und die Bälle (synchron) prellen.

➪ Mit linker Hand / rechter Hand / abwechselnd prellen.

➪ Spiegellaufen: Einer prellt vorne, der andere folgt ihm. Nicht zu schnell rennen! Wechseln.

➪ Dito, mit linker Hand / rechter Hand / abwechselnd prellen.

2) PASSEN: 10 Min.

Paare, jeder einen Ball. Paare an der Torauslinie voreinander aufstellen. Sie laufen zur anderen Torauslinie und zurück. Jede Übung zwei- bis dreimal.

➪ Vordermann läuft immer rückwärts, die Bälle sich gleichzeitig zuspielen (einer Aufsetzer, der andere Druckpass).

➪ Beide stehen jetzt hintereinander (max. zwei Meter Abstand) mit dem Gesicht zum anderen Tor. Hintermann wirft sanft seinen Ball über Vordermann, dieser prellt seinen Ball nach hinten. Dann prellen beide, bis Hintermann wieder nach vorne wirft usw.

➪ Beide stehen hintereinander und prellen los, auf Zuruf („Achtung!") dreht der Vordermann sich um, läuft rückwärts und spielt mit Aufsetzer seinen Ball zum Hintermann, dieser wirft seinen Ball mit beidhändigem Druckpass oben zum Vordermann. Dann dreht der Vordermann zurück und beide prellen bis zum nächsten Zuruf.

➪ Beide stehen hintereinander und prellen so langsam los, dass der Hintermann überholen kann, verlangsamt, wieder überholt wird usw..

PASSEN:

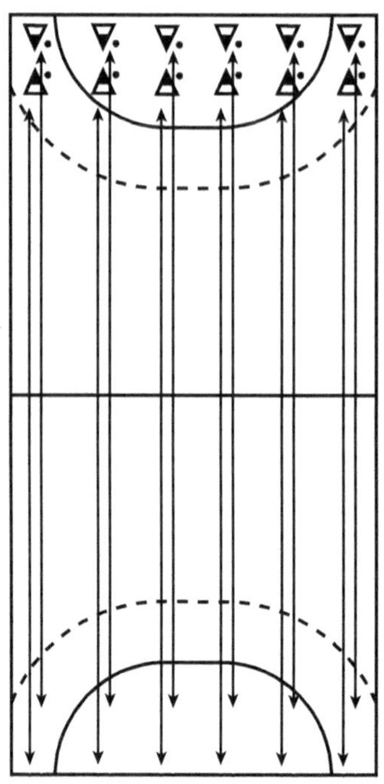

PASSEN UND TEMPOGEGENSTOSS:

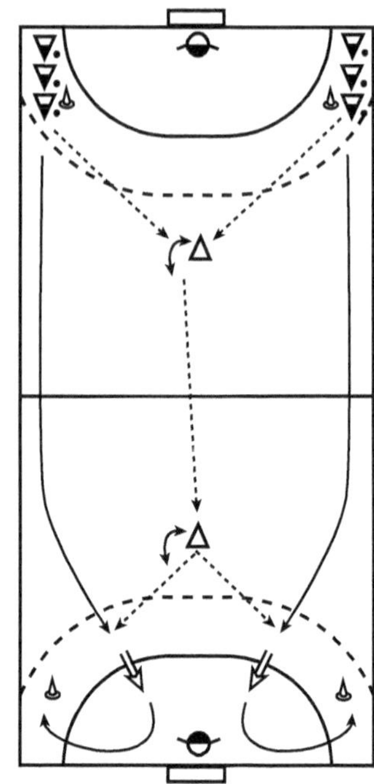

3) PASSEN UND TEMPOGEGENSTOSS: 13 Min.

Vier Hütchen oder Stangen in der Nähe der Spielfeldecken aufstellen. Mit einem oder zwei Torhütern möglich. Zwei Reihen auf LA und RA, jeder mit einem Ball. Je einen Passgeber in jeder Hälfte etwa auf RM platzieren. Ball wird von der linken Reihe auf ersten Passgeber gespielt, dieser passt zum zweiten Passgeber, dieser mit Aufsetzer zum außen mitgelaufenen Spieler zurück. Dasselbe dann von der rechten Seite usw. Die Außenspieler werfen auf das Tor, holen den Ball wieder und stellen sich an den anderen zwei Hütchen auf. Die Übung wird dann vom anderen Tor aus wiederholt, die Passgeber bleiben stehen. Wenn nur ein Torwart vorhanden ist, wechselt dieser schnell ins andere Tor. Möglichst so lange passen und laufen, bis alle als Passgeber in der Mitte waren.

4) TRINKPAUSE: 2 Min.

II. Hauptteil:

1) VORÜBUNG RICHTUNG ÄNDERN EINZELN: 10 Min.

Wir wiederholen diese Vorübung noch einmal. Mit 2 x 2 Hütchen zwei Bahnen markieren. Starten mit Drei-Schritt-Folge schräg nach links, also: links-rechts-links (und stoppen), dann weiter mit rechts-links-rechts (und stoppen) usw.. Beim Stoppen das Gewicht auf das Bein außen verlagern und auf der Fußspitze stehen, kurz verharren. Nach dem Hütchen normal zur nächsten Bahn laufen, sich aufstellen und konzentriert wieder Schrittfolgen absolvieren. Nicht zu schnell absolvieren.

⇨ Sitzt der Bewegungsablauf, kann noch eine Wurftäuschung (oder Armbewegung) dazukommen. Jeder einen Ball. Rechtshänder machen mit dem dritten Schritt nach links eine Wurftäuschung, Linkshänder beim dritten Schritt nach rechts. Wurftäuschung nicht zu spät durchführen!

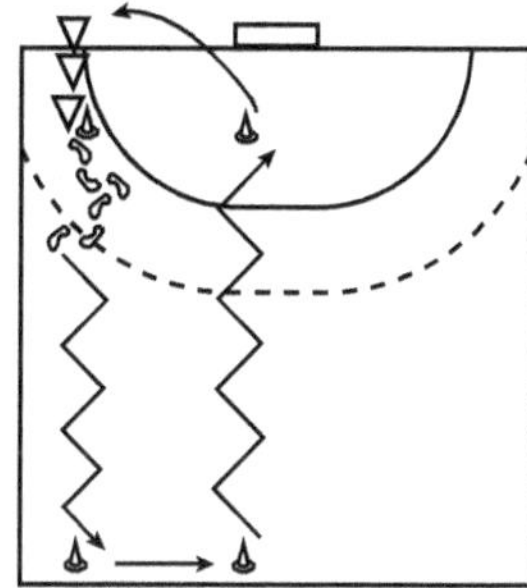

VORÜBUNG RICHTUNG ÄNDERN EINZELN:
Probleme gibt es meist am Start, bis der richtige Fuß gefunden wird!

2) VORÜBUNG RICHTUNG ÄNDERN GRUPPE: 5 Min.

In zwei bis drei Reihen nebeneinander zu dritt, viert oder fünft mit viel Abstand untereinander an der Torauslinie aufstellen. Wieder die Drei-Schritt-Folge schräg nach links, also: links-rechts-links (und stoppen), dann weiter mit rechts-links-rechts (und stoppen) durchführen. Einer jedoch übernimmt die lautstarke Ansage „Links, rechts, links" und beim Stoppen klatschen alle in die Hände, dann „Rechts, links, rechts" und Klatschen. Wenn alle es richtig zusammen machen, hört man es! Bis zur Mittellinie, drehen und wieder zurück. Auch mal unterbrechen und Einzelkorrektur, wenn nötig.

⇨ Auch mit Ball und Armbewegung (ohne Klatschen) machen lassen.

VORÜBUNG RICHTUNG ÄNDERN GRUPPE:

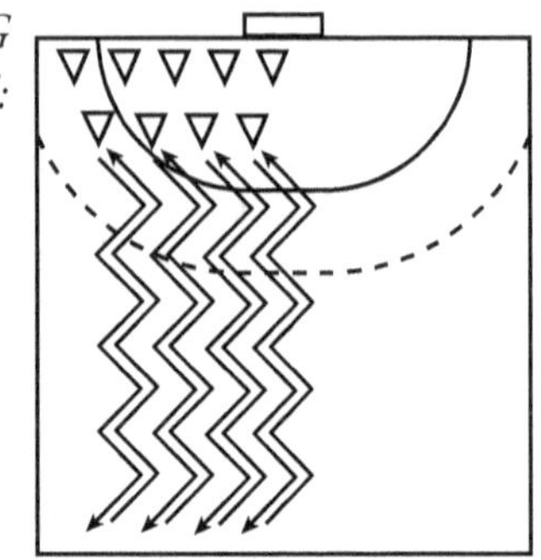

3) LAUF- / KÖRPERTÄUSCHUNG: <u>15 Min.</u>

Spieler mit je einem Ball in zwei Reihen (Linkshänder rechte Reihe) kurz vor der Mittellinie aufstellen, dazu einen Anspieler auf RM. Gegenüber stehen zwei Verteidiger an der Freiwurflinie. Nach Doppelpass mit dem Anspieler wird eine Wurftäuschung (Armbewegung) versucht sowie mit einer Lauftäuschung am Verteidiger auf der Wurfarmseite vorbeigegangen. Prellen und mit Sprungwurf abschließen. Dann außen zur Reihe zurück. Durchwechseln.

⇨ Verteidiger sollen halbaktiv bleiben.

⇨ Der Anspieler muss gut getimte Pässe liefern.

⇨ Auf genügend Abstand vom Verteidiger achten.

⇨ Variante: Die Spieler sollen nach der Lauftäuschung mit einem Schritt hin zur Wurfarmseite überraschend doch zur anderen Seite durchbrechen (mit Prellen!). Probieren!

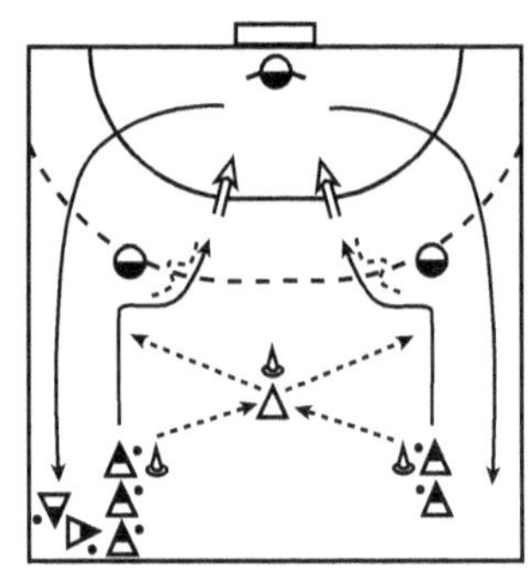

III. Schlussteil:

1) ZIELSPIEL: <u>30 Min.</u>

Normales Handballspiel mit zwei Mannschaften.

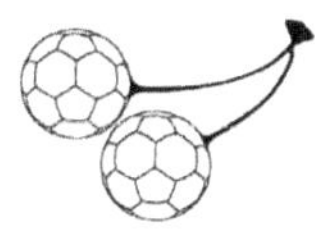

Trainingseinheit Nr. D 16: Körpertäuschung I

Trainingseinheit D 16, Körpertäuschung I: getestet mit 11 + 16 Teiln. / 90 Min. / D 1 / gr. Halle

In der D-Jugend kann im zweiten Jahr mit guten Spielern die Körpertäuschung (mit Nullschritt) gelernt werden. Dann in der C-Jugend wiederholen ...

Benötigte Materialien: Handbälle für jeden Spieler, Überziehhemdchen, sechs Hütchen, vier Stangen, neun oder achtzehn Reifen, drei bis vier Schaumgummibalken.

I. Auftakt:

1) AUFWÄRMEN: 25 Min.

Mit sechs Hütchen einen sehr großen Kreis kennzeichnen, die Spieler verteilen sich außen herum, jeder einen Ball. Rundenzahl je nach Können wählen.

➪ Mehrere Runden im Kreis laufen, prellen. Dann andersrum.

➪ Im Kreis laufen, Ball in der Wurfhand halten und mit diesem Arm kreisen.

➪ Andersherum, Ball in anderer Hand halten und kreisen.

➪ Mit beiden Armen synchron kreisen, Ball kreist in einer Hand mit.

➪ Jetzt 180 Grad versetzt mit beiden Armen kreisen; Ball kreist in einer Hand mit.

➪ Eine Runde Sidesteps, dabei alle zwei Schritte drehen (ohne Prellen).

➪ Prellen im Uhrzeigersinn mit linkem Arm, auf Signal Richtung und Arm wechseln, also mit rechts prellen.

➪ Immer nach außen schauen, Arme halten Ball immer oben, Sidesteps, auf Signal vom Trainer Richtung wechseln.

➪ Hopserlauf (ohne Prellen).

➪ Hopserlauf mit Prellen in harmonischem Rhythmus; auch andersherum.

➪ Alle stehen mit Abstand, halten die Bälle fest. Trainer zeigt immer wieder auf einen Spieler, dieser prellt im Slalom um die anderen Spieler herum, bis er wieder seinen Platz erreicht.

➪ Im Stehen werden zwei (später vier bis sechs) Bälle von unterschiedlichen Startorten immer zum übernächsten Mann gepasst; gerade / ungerade Spielerzahl beachten.

⇨ Dito, aber auf Signal Richtungswechsel.

⇨ Evtl. Wettbewerb: Wer holt den anderen Ball beim Passen ein?

⇨ Evtl. die ersten Übungen wiederholen.

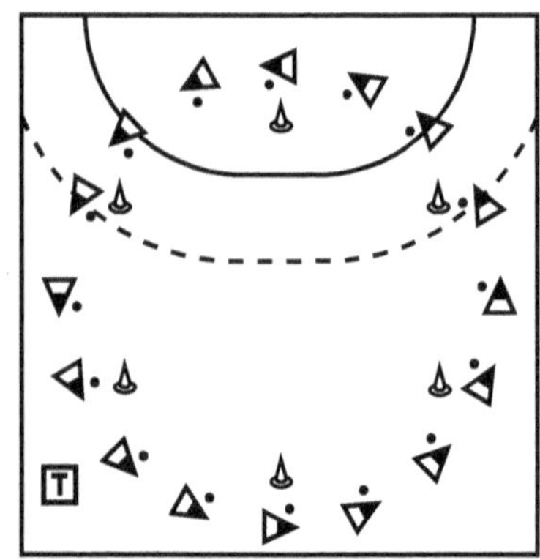

AUFWÄRMEN:
Anfangs wird nicht auf gleichbleibenden Abstand geachtet und mal zu schnell, mal zu langsam gerannt, auch manchmal überholt. Das sollte nicht sein! Besonderheit beim Passen: Wenn eine gerade Spielerzahl vorhanden ist, wird der Ball immer nur unter denselben Kindern gepasst – also aufpassen, wo ich weitere Bälle hinzugebe. Bei ungerader Zahl werden in zwei Runden alle Kinder einbezogen und angespielt.

2) STAFFELN: <u>8 Min.</u>

Gruppen zu dritt, viert oder fünft bilden, von Weichschaumbalken aus (oder hinter Langbänken) starten, dann einen Malstab umrunden, die transportierten Bälle direkt über dem Balken an den nächsten Spieler übergeben (nicht werfen). Zuerst einen Probedurchgang durchführen und Spieler tauschen, um ausgeglichene Teams zu bekommen.

⇨ Wettbewerb: mit zwei Handbällen, dann mit drei Handbällen, dann mit vier usw. Auch Mischung mit anderen Bällen ist möglich.

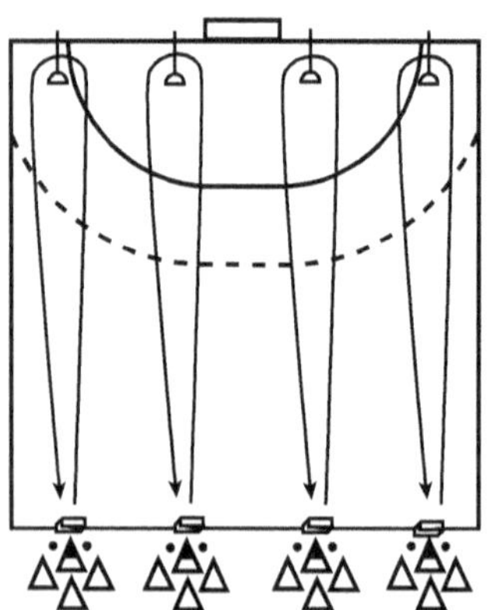

STAFFELN:
Das Entscheidende ist die gelungene Ballübergabe, sonst gerät man sofort in Rückstand.

3) TRINKPAUSE: 2 Min.

In der Pause den Körpertäuschungsparcours mit den Reifen und den Stangen aufbauen.

II. Hauptteil:

1) KÖRPERTÄUSCHUNG: 30 Min.

Die Körpertäuschung, von der es ja einige Varianten gibt, wird hier in der klassischen Form mit dem Einspringen in den Nullschritt gelernt. Da verschiedene Bewegungen zusammengefügt werden, muss man Schritt für Schritt vorgehen. Außerdem ist die Körpertäuschung nach rechts komplexer (Prellen erforderlich) als nach links. Es bedarf also vieler Erklärungen und eines präzisen Vorgehens. Anfangs ohne Torwart üben.

⇨ ERKLÄRUNG 1: Mit neun (2 x 9) Reifen Bahn(en) auslegen. Jetzt muss das Einspringen in den Nullschritt erläutert werden. Wichtig ist, dass der Ball im Sprung zugespielt wird und (beim gleichzeitigen Landen auf beiden Füßen) dies nicht als Schritt gezählt wird. Mit kurzer Ballübergabe im Reifenparcours demonstrieren.

⇨ VORÜBUNG 1: Mit dem Sprungbein in den ersten Reifen treten und in die beiden nächsten Reifen springen. Beidbeinig zugleich landen, ziemlich in die Knie gehen, dann abstoppen. Zweimal wiederholen.

⇨ ERKLÄRUNG 2 (Körpertäuschung nach rechts): Nun neigt man nach dem Einspringen und dem Abstoppen in den letzten beiden Reifen – der Verteidiger erkennt noch nicht, wohin ich will – die Schulter nach links, der rechte Fuß hebt ab, der Spieler stößt sich mit dem linken Bein nach rechts ab und der rechte Fuß wird nach rechts gesetzt. Da eine Schrittfolge rechts-links-rechts einen Wurf vom falschen Bein nach sich ziehen würde, muss einmal geprellt werden (beim zweiten Schritt). Dann darf man 4 Schritte machen und (als Rechtshänder) mit dem gewohnten linken Sprungbein zum Wurf abspringen. Demonstrieren!

⇨ VORÜBUNG 2: Ohne Ball in den letzten beiden Reifen nach dem Abstoppen mit der linken Hand eine Stange (oder kleinen Kasten o. ä.) auf der linken Seite berühren, rechten Fuß abheben und vier Schritte nach rechts machen lassen. Zuerst ohne Ball und ohne Prellen.

⇨ VORÜBUNG 3: Dito, mit Ball und einmal Prellen. Jeder einen Ball. Achtung: Manche Spieler „wackeln“ nicht mit dem Oberkörper, sondern bevorzugen eine Täuschbewegung seitlich mit dem Ballarm zur Stange. BEIDES ZULASSEN!

➪ KÖRPERTÄUSCHUNG: Jeder einen Ball. Dem Trainer zupassen, dann die Sprünge machen, der Spieler bekommt beim letzten Einspringen in die Reifen den Ball aus kurzer Entfernung überreicht, dann Schulter nach außen, Fuß abheben, dann nach rechts antreten und einmal prellen. Mit Torwurf.

VORÜBUNG:

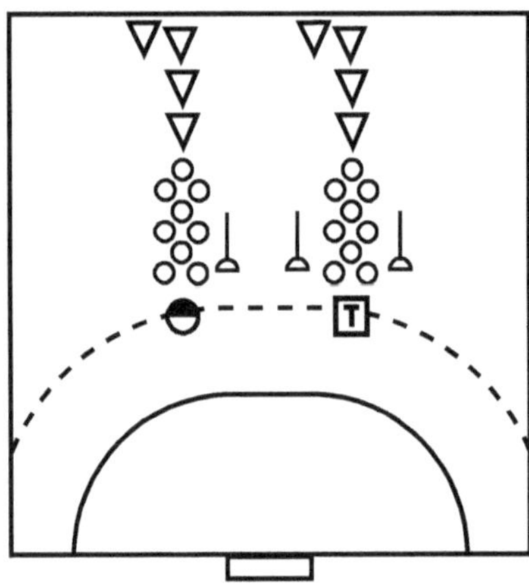

Sollte nicht mit zu vielen Spielern geübt werden, da viel Feinarbeit erforderlich ist. Für die Linkshänder einen zweiten Stab aufstellen. Sie machen die Körpertäuschung natürlich zu ihrer Wurfarmseite! Sie sollten nur auf RL üben, sonst gibt es einen Zusammenstoß in der Mitte.

KÖRPERTÄUSCHUNG:

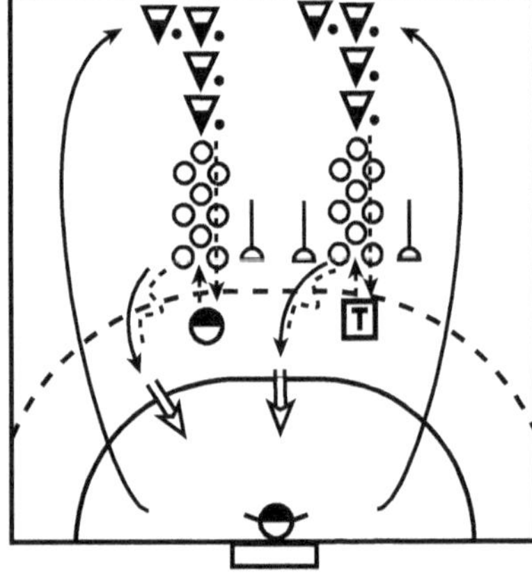

Wichtig: In die Knie gehen, abstoppen und etwas verharren. Schulter nach außen neigen, Fuß abheben. Prellen nicht vergessen!
Und los geht's nach rechts. Am Anfang sollte in einer Trainingseinheit die Täuschung nur zu einer Seite trainiert werden (Wurfarmseite).

III. Schlussteil:

1. ZIELSPIEL ALS POSITIONSSPIEL: 25 Min.
Handballspiel mit zwei Mannschaften. Es wird grundsätzlich nach jedem Ballverlust ein Anspiel an der Mittellinie durchgeführt.
⇨ Zusatzaufgabe: Ball muss beim Linksaußen und beim Rechtsaußen gewesen sein, bevor abgeschlossen werden darf.
⇨ Am Schluss: freies Spiel ohne Vorgaben.

ZIELSPIEL ALS POSITIONSSPIEL:
Eventuell abpfeifen und durch Zuruf Anspiel einfordern. Durch das Anspiel an der Mittellinie werden Tempogegenstöße unterbunden und ein Spielaufbau im Positionsangriff erzwungen. Es dürfen dann Körpertäuschungen angewandt werden.

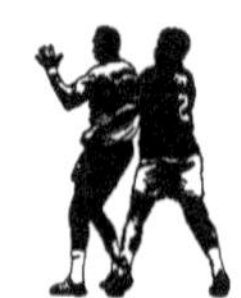

Trainingseinheit Nr. D 17: Körpertäuschung II

Trainingseinheit D 17, Körpertäuschung II: getestet mit 14 Teiln. / 90 Min. / D 1 / gr. Halle

Die Körpertäuschung muss immer wieder geübt werden. Jeder Spieler sollte sie nach links und rechts ausprobiert und schließlich gelernt haben. Materialintensive Einheit.

Benötigte Materialien: Handbälle für jeden Spieler, Überziehhemdchen, acht Hütchen, neun oder achtzehn Reifen, drei Stangen.

I. Auftakt:

1) AUFWÄRMSPIEL FUSSBALL: 25 Min.

Die zwei schwächsten Spieler wählen zwei Teams. Überziehhemden anlegen, Fußball in der ganzen Halle spielen.

2) TRINKPAUSE: 1 Min.

In der Pause anfangen, den Körpertäuschungsparcours aufzubauen.

3) TORWART AUFWÄRMEN: 9 Min.

Während der Trainer weiterhin aufbaut, wird in der anderen Hallenhälfte das Torwarttraining begonnen. Jeder einen Ball, Spieler in einer Reihe am Siebenmeter. Falls zwei Torhüter, nach jeder Serie wechseln.

⇨ Zuerst Wurfserien, die der Torhüter, an der Vier-Meter-Linie stehend, ansagt (überm Kopf beidhändig, zwischen den Füßen durch, einen Arm auf dem Rücken, Bein halbhoch links + rechts, auf ausgestreckte Arme links + rechts abwechselnd).

⇨ Torwart steht im Tor, die Spieler in einer Reihe auf Rechtsaußen (Linienaußen). Der zweite Torwart oder ein Spieler steht als passiver Verteidiger auf AL, mit dem Doppelpass gespielt wird. Außen vorbeigehen. Nach zwei Serien Wechsel auf die andere Seite.

II. Hauptteil:

1) KÖRPERTÄUSCHUNG 1: <u>10 Min.</u>

Anfangs ohne Torwart und ohne Ball üben.

➪ Ohne Ball. Mit dem Sprungbein in den ersten Reifen treten und in die beiden nächsten Reifen springen. Beidbeinig zugleich landen, ziemlich in die Knie gehen, dann abstoppen. Zweimal wiederholen.

➪ Ohne Ball in den letzten beiden Reifen nach dem Abstoppen mit der linken Hand eine Stange (oder zwei aufeinanderstehende kleine Kästen o. ä.) auf der linken Seite berühren, rechten Fuß abheben und vier Schritte nach rechts machen lassen. Zuerst ohne Ball und ohne Prellen.

➪ Dito, mit Ball und einmal Prellen. Jeder einen Ball. ACHTUNG: Manche Spieler „wackeln“ nicht mit dem Oberkörper, sondern bevorzugen eine Täuschbewegung seitlich mit dem Ballarm zur Stange. BEIDES ZULASSEN!

Zuerst genau hinschauen und Einzelkorrektur machen, dann einige Wiederholungen.

➪ Jeder einen Ball. Mit Torwart und Torwurf. Jetzt dem Trainer zupassen, dann die Sprünge machen, der Spieler bekommt beim letzten Einspringen in die Reifen den Ball aus kurzer Entfernung überreicht, dann Schulter nach außen (oder Armbewegung), Fuß abheben, dann nach rechts antreten und einmal prellen, mit Sprungwurf abschließen.

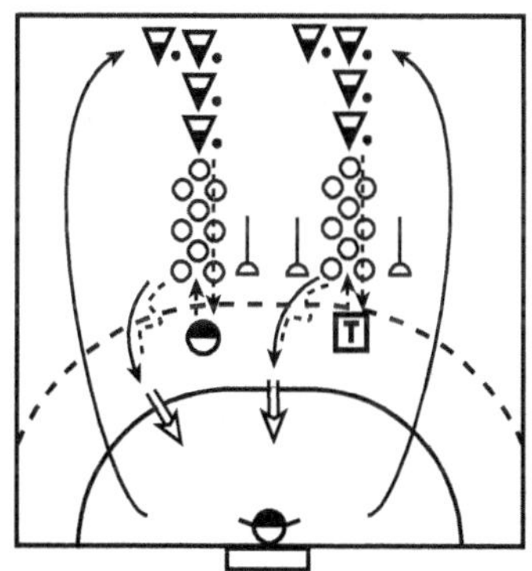

KÖRPERTÄUSCHUNG 1:
Für die Linkshänder zweiten Stab aufstellen. Sie machen die Körpertäuschung natürlich zu ihrer Wurfarmseite und üben nur auf RL, sonst Zusammenstoß in der Mitte.

2) KÖRPERTÄUSCHUNG 2: 15 Min.

Nun drei Stationen mit je drei Reifen und je einem Zuspieler aufbauen. Jetzt wird die Körpertäuschung nach links (Wurfarmgegenseite RH) erklärt: Nullschritt, stoppen, dann linken Fuß abheben und nach außen setzen, dann mit rechts und links am Verteidiger vorbeigehen, mit linkem Bein abspringen (Prellen ist nicht nötig, aber möglich). Armbewegung oder mit Schulter wackeln nicht vergessen. Auch Überzieher (Arm oben herum) zulassen.

⇨ Idealerweise wird an zwei Stationen die Körpertäuschung nach rechts, an der dritten Station nach links geübt.

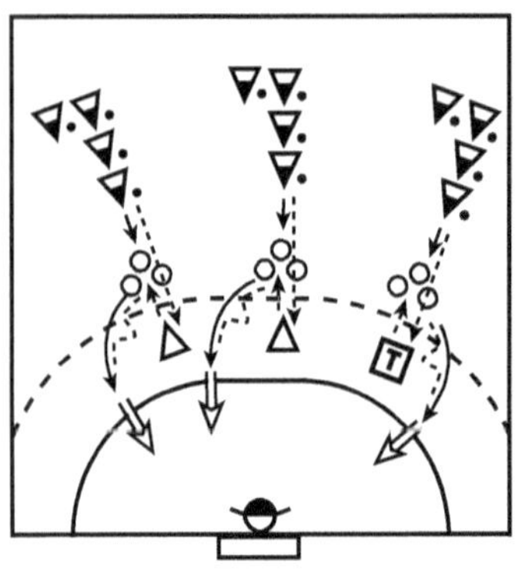

KÖRPERTÄUSCHUNG 2:
Wichtig: In die Knie gehen, abstoppen und etwas verharren. Schulter nach außen neigen, Fuß abheben. Prellen nicht vergessen!

3) KÖRPERTÄUSCHUNG WETTKAMPF: 15 Min.

Sechs Spieler, davon zwei Zuspieler, zwei Angreifer, zwei Verteidiger, als Gruppe aufstellen, dazu zwei Hütchen, einen Ball. Bei vielen Spielern die Übung doppelt aufstellen. Du brauchst viel Zeit und Geduld, bis jeder genau auf seinem Platz steht! Der erste Angreifer läuft an, bekommt vom Zuspieler den Ball gepasst und macht eine Körpertäuschung, will also gegen den Verteidiger durchs Hütchentor. Er spielt nach dem Versuch den Ball zum gegenüberstehenden Zuspieler und das Ganze erfolgt von der anderen Seite. Der Angreifer geht immer auf seine Ausgangsposition zurück. Die Täuschung darf nach links oder rechts erfolgen. Nach drei Versuchen in der Gruppe rotieren.

⇨ Es kann auch so geübt werden, dass jeder Angreifer einen Ball hat (kein Pass zum anderen Zuspieler). Siehe Grafik (rechte Seite).

⇨ Ein rollierendes System (der Angreifer läuft nicht zurück, sondern auf die andere Seite) funktioniert auch, allerdings besteht die Gefahr, dass man dem zweiten Angreifer in die Quere kommt.

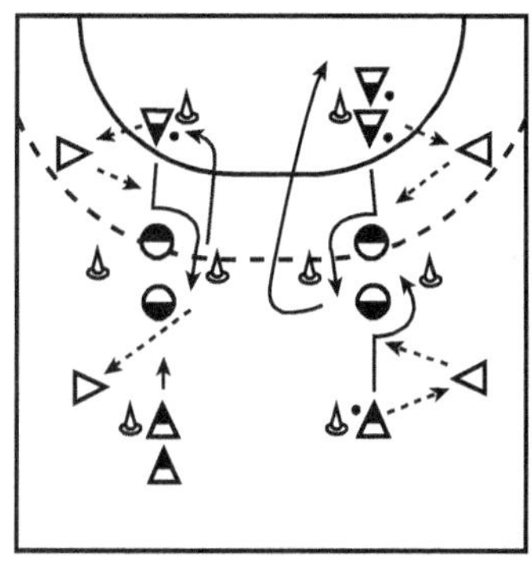

KÖRPERTÄUSCHUNG WETTKAMPF:
Viel Platz auf jeder Seite und dazwischen lassen.
Wichtig: Immer wieder die Zuspieler einweisen. Nur sanfte, genaue Zuspiele im Einspringen in den Nullschritt sind zulässig, sonst klappt es nicht! Keine Aufsetzer oder zu frühen Pässe.

III. Schlussteil:

1. SIEBENMETER WERFEN: 12 Min.

   Jeder einen Ball. Siebenmeter werfen mit Anpfeifen. Nach der Probeserie einen Wettbewerb mit Ausscheiden bei Fehlwürfen durchführen. Achtung: Nachwurf ist erlaubt!

2. ABSCHLUSSBESPRECHUNG: 3 Min.

   Kurze Besprechung der Organisation für das Spiel am Wochenende. Evtl. Zettel verteilen.

   ➪ Am Schluss: Einschwören im Teamkreis. Trainer hält die Hand mit ausgestrecktem Arm in die Mitte, alle Spieler legen eine Hand darauf. Dreimal Schlachtruf und Verabschiedung.

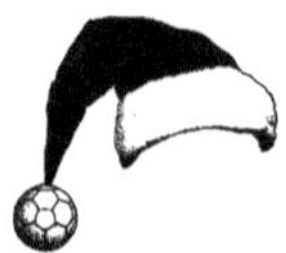

Trainingseinheit Nr. D 18: Kreuzen + Übergeben

Trainingseinheit D 18, Kreuzen + Übergeben: getestet mit 12 Teiln. / 90 Min. / D 1 / gr. Halle / Hälfte

Kreuzen fällt in diesem Alter schwer, denn der Spieler muss für den Mitspieler etwas tun. Es wird oft erst in der C-Jugend (14 – 15 Jahre) akzeptiert und begriffen. Das Übergeben bzw. Übernehmen als Abwehrhandlung lernen alle gleich mit.

Benötigte Materialien: Handbälle für jeden Spieler, neun Hütchen, zwölf Schaumstoffbalken/-streifen, Überziehhemdchen.

I. Auftakt:

1) PRELLEN MIT KOORDINATION: 25 Min.

Einen Parcours mit zwölf Schaumstoffbalken (immer ca. einen Meter auseinanderlegen) und sieben Hütchen in gleichem Abstand (plus zwei Markierungshütchen) aufbauen, welcher mit genügend Abstand in einer Schlange hintereinander durchlaufen wird. Jeder einen Ball. Jeweils zwei bis vier Durchgänge.

⇨ Hütchen und Balken im Slalom langsam durchprellen. Kein Hindernis berühren!

⇨ Neben den Balken geradeaus vorbeilaufen, dazwischen immer einmal prellen. Durch die Hütchen abwechselnd mit linker und rechter Hand prellen. Zuerst links vorbei.

⇨ Jetzt rechts vorbei, mit linker Hand zwischen den Balken prellen.

⇨ Über die Balken laufen, Fersen hochnehmen! Ball rechts außen neben den Balken prellen. Zuerst mit rechter Hand.

⇨ Jetzt mit der linken Hand links außen prellen.

⇨ Die sieben Hütchen so verschieben, dass sie (in einer Linie hintereinander) unregelmäßigen Abstand haben (siehe Abb.).

⇨ Mit Sidesteps durch die Balken von links und rechts hin- und hersteppen, Ball mit einer Hand nach links und rechts ausgestreckt halten, durch die Hütchen prellen.

⇨ Sich am Start um 90 Grad drehen. Zwischen zwei Balken vorwärts prellen, dann rückwärtslaufend durch die nächsten Balken zurück usw.

Es kann ein Probedurchgang ohne Prellen gemacht werden.

➪ Nun die Hütchen seitlich verschieben (siehe Abb.). Auch die Balken seitlich verschieben (siehe Abb.). Dieselbe Übung wie vorher durchführen. Schwierig!

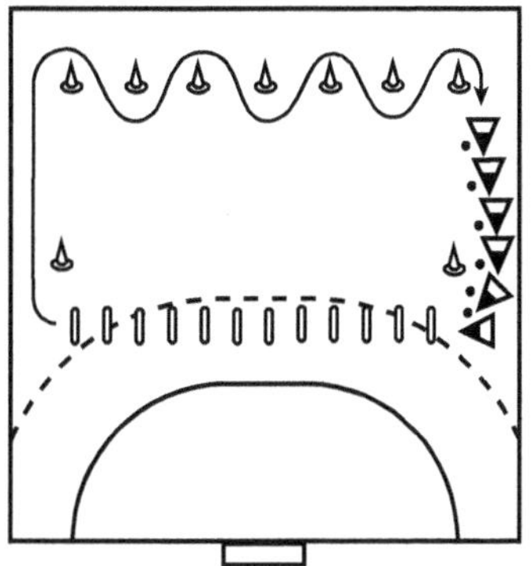

PRELLEN MIT KOORDINATION:
Den Parcours schon vor dem Training aufbauen. Wird ein Hindernis umgeworfen oder verschoben, soll der Spieler das Prellen unterbrechen und es wieder korrekt hinstellen. Trotzdem bleibt noch genügend Arbeit für den Trainer übrig!

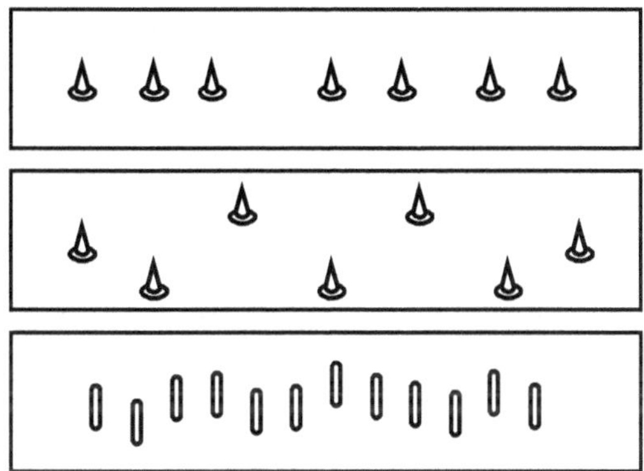

2) TRINKPAUSE: <u>2 Min.</u>

3) TORWART AUFWÄRMEN: <u>5 Min.</u>

Zwei Reihen bilden, jeder einen Ball. Sechs bis acht Wurfserien (tief, hoch, Aufsetzer, hoch / tief, durch die Beine) auf den Torwart, Wurfstärke mittel, Torwart soll jeden Wurf halten können!

4) WURFTRAINING: 15 Min.

Der Trainer steht mit dem Rücken zum Tor auf dem Siebenmeter. Rechts und links von ihm liegt je ein Schaumstoffbalken. Die Spieler (jeder einen Ball) stehen ihm in zwei Reihen gegenüber.

➪ Der erste Spieler spielt einen Doppelpass mit dem Trainer, läuft schräg zum Schaumstoffbalken und wirft mit Sprungwurf. Dann läuft der erste Spieler der anderen Reihe schräg an usw. VORGABEN: Nur ins kurze Eck werfen, nur ins lange Eck, dann ist beides möglich (sehr schwer für den Torwart, die Würfe zu halten).

➪ Variante: Dieselbe Aufstellung und derselbe Ablauf, nur stoppt der Spieler nach dem Pass zum Trainer vor ihm, ändert die Laufrichtung um 90 Grad, bekommt den Ball zurück und schließt mit Sprungwurf über den Balken ab. Dieselben Vorgaben (wichtig für den Torwart!). Nach einiger Zeit tauschen die Spieler die Position.

WURFTRAINING:

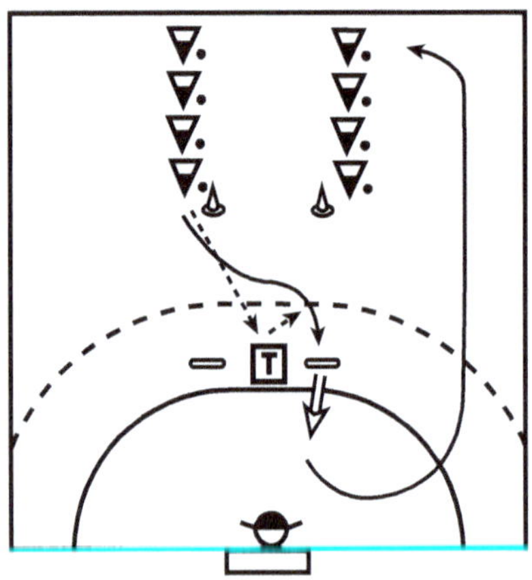

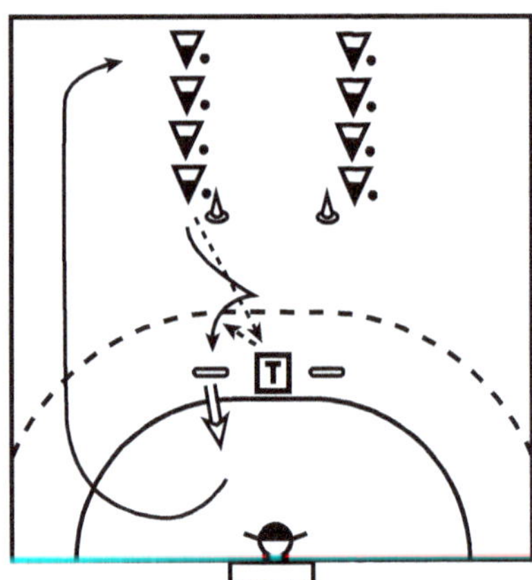

II. Hauptteil:

1) KREUZEN VORÜBUNG 1: 7 Min.

Ab zwölf Spielern kann auch gesplittet und die Übung zweimal nebeneinander abgehalten werden. Zwei Reihen in ca. neun Meter Abstand aufstellen, nur ein Ball.

Mit fünf Hütchen Startpunkte und Kreuzpunkt markieren. Der Ballbesitzer prellt ein- bis dreimal schräg nach vorne und passt bei den Hütchen den Ball zur anderen Reihe. Der nächste macht dies von der anderen Seite und so weiter. WICHTIG: Keinen Schlagwurfpass zulassen, sondern der Ball soll nach dem Prellen mit beiden Händen von unten heraus nach schräg hinten gepasst werden. Der Ballführende läuft immer vor dem Entgegenkommenden vorbei.

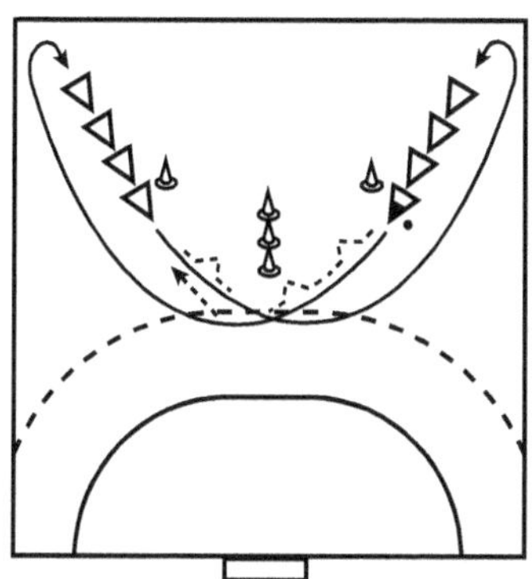

KREUZEN VORÜBUNG 1: Durch das Prellen werden Timingfehler (zu spätes oder zu frühes Loslaufen) ausgeglichen.

2) KREUZEN VORÜBUNG 2: <u>8 Min.</u>

Dieselbe Aufstellung wie bei der vorigen Übung, nur wird die Entfernung zwischen den Startpunkten auf fünf bis sechs Meter verringert und das Laufdreieck insgesamt verkleinert. Das Prellen jetzt verbieten (nur wenn einer schläft, wird geprellt).

ERKLÄRUNG 1: Es muss deutlich gesagt werden, dass der Ballbesitzer VOR dem Nachfolgenden kreuzt, um ihn gegenüber der attackierenden Verteidigung abzuschirmen. Wieder den Ball von unten heraus zupassen.

➪ Die Laufgeschwindigkeit nach einiger Zeit erhöhen.

➪ Variante: Werden die Hütchen in der Mitte entfernt (im Spiel stehen ja auch keine mehr da), wird nicht mehr zum Tor gestoßen, sondern immer flacher zum Entgegenkommenden gelaufen. Der Trainer kann sich dann zum Siebenmeter stellen und verlangen, dass nach dem Abspiel bei ihm mit der linken bzw. rechten Hand abgeschlagen wird.

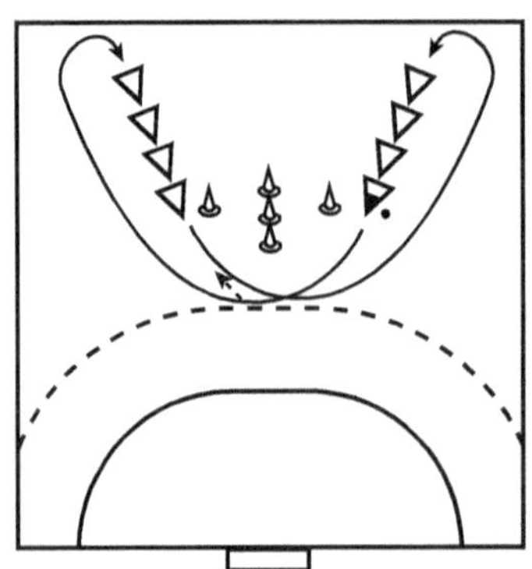

KREUZEN VORÜBUNG 2:
Bitte ausnahmsweise tolerant sein: Manche Spieler sind erfahrungsgemäß unkonzentriert und laufen nicht immer vor dem nachfolgenden vorbei – die meisten machen es nach dem Korrigieren richtig, aber einer oder zwei verhaspeln sich doch oft noch.

3) KREUZEN UND ÜBERGEBEN: 15 Min.

Im Anschluss muss noch etwas erklärt werden. Wenn das Kreuzen gekonnt wird, kannst du nämlich auch sofort das Übergeben / Übernehmen trainieren.

ERKLÄRUNG 2: Dasselbe ist leicht zu lernen, denn die beiden betroffenen Spieler bleiben einfach stehen und übernehmen den Angreifer vom Nebenmann. WICHTIG ist die Ansage dabei: „Übernehmen!" Am besten schreien dies alle inklusive Trainer ein paarmal laut! Die praktische Übung dazu: Paare mit einem Ball treten gegen ein Verteidigerpaar an und spielen als Auftakt ein Kreuzen (am besten mit Prellen). Die offensiven Verteidiger sollen dies mit Übergeben und dem Ruf „Übernehmen!" beantworten. Torwart! Mit zwei Hütchen den Durchbruchsraum begrenzen.

⇨ Zuerst ist der Ball immer auf der rechten Auftaktseite, dann links.

⇨ Nach dem Kreuzen soll der Angriff schnell (freies Spiel) zu Ende gespielt werden. Sonst abpfeifen.

⇨ Nach drei bis vier Angriffen das Verteidigerpaar wechseln.

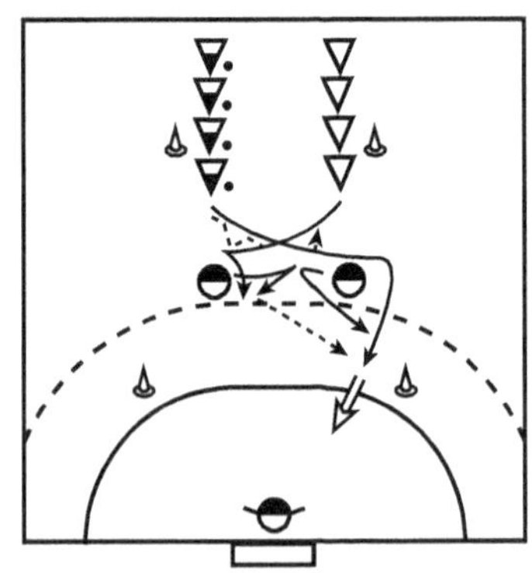

III. Schlussteil:

1) ZIELSPIEL: 13 Min.

Zum Schluss lässt man Dreier- oder Vierergruppen gegen drei / vier Verteidiger Angriffe spielen, welche in Verteidigernähe (!) möglichst in jeden Angriff ein Kreuzen einbauen sollen.

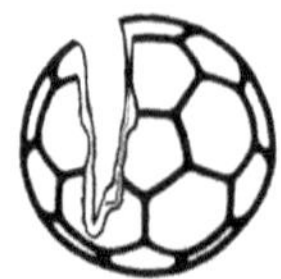

Trainingseinheit Nr. D 19: Kreisläufer

Trainingseinheit D 19, Kreisläufer: getestet mit 12 Teiln. / 90 Min. / D 1 / gr. Halle / Hälfte

Der Kreisläufer steht meistens mit dem Rücken zum Tor. Wie soll er werfen? Wie wird er angespielt? Diese Besonderheiten müssen bewältigt werden.

Benötigte Materialien: Handbälle für jeden Spieler, zwei große Kästen, vierzehn Stangen oder Hütchen (je nach Spielerzahl), fünf Schaumstoffbalken, Überziehhemdchen.

I. Auftakt:

1) BESPRECHUNG: <u>10 Min.</u>

Der nächste Spieltag steht bevor. Treffpunkt, Fahrer, Trikots, wer fehlt? Unsere Taktik, was ist das für ein Gegner usw.

2) STANGENTORBALL: <u>15 Min.</u>

Es werden zwei Teams gebildet. Mit je zwei Stangen oder Hütchen (ein Meter Abstand) Tore in der ganzen Hallenhälfte verteilt aufstellen. Es muss mindestens ein Tor mehr als die Anzahl Spieler eines Teams sein. Nach Handballregeln spielen. Spielziel: Mit einem Aufsetzer durchs Stangentor zum Mitspieler einen Punkt erzielen. Manndeckung verlangen. Es kommt darauf an, die Pässe abzufangen und vor seinem Gegenspieler zu stehen.

⇨ Auch mehrfaches Hin- und Herspielen durch ein Tor ist möglich.

⇨ Variante: Ein Punkt ist erst erzielt, wenn der Aufsetzer als Rückpass durch das Tor zum selben Spieler gelingt.

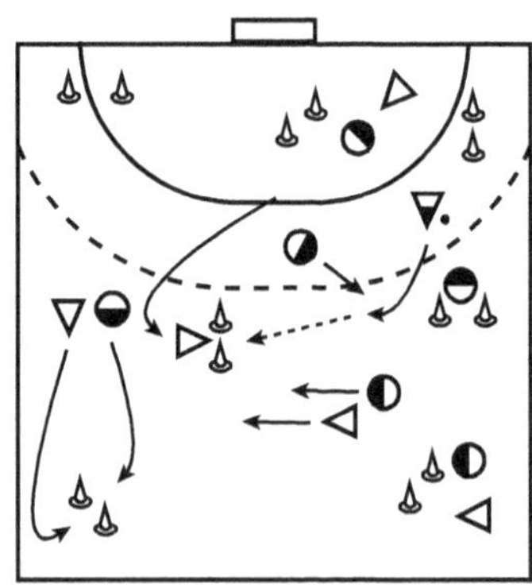

STANGENTORBALL:
Darauf aufmerksam machen, dass es nicht reicht, immer in einem Tor stehen zu bleiben, weil es mehr Tore als Spieler gibt.

3) TORWART AUFWÄRMEN KOORDINATION: 13 Min.

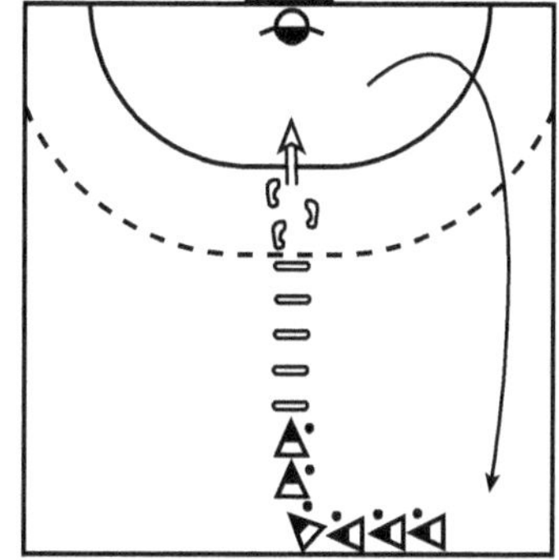

Es werden zwischen der Neun-Meter-Linie und der Mittellinie fünf Schaumstoffstreifen oder -balken im Abstand von ca. einem Meter ausgelegt. Jeder einen Ball, eine Reihe, ein bis zwei Torhüter. Immer eine Wurfserie gekoppelt mit Koordinationsaufgabe durchführen. Evtl. noch Wurfziel (oben / unten, diagonal, Aufsetzer) vorgeben.

⇨ Schlusssprünge, mit Schlagwurf abschließen. Mit rechtem Arm, linkem Arm, beidhändig überm Kopf werfen.

⇨ Schlusssprünge, mit Sprungwurf werfen.

⇨ Beim Start 90 Grad gedreht; ein Sidestep, dann rückwärts zwischen zwei Balken hindurch, wieder ein Sidestep, dann vorwärts hindurch usw., mit linkem / rechtem Arm werfen.

⇨ Mit großen Kreuzschritten (links-rechts-links-rechts und vor sowie rechts-links-rechts-links und vor usw.) im Slalom durch die Balken.

⇨ Abwechselnd Spreizsprung und Schlusssprung.

⇨ Einbeinige Sprünge (schwer).

⇨ Zum Abschluss einfaches Überlaufen der Schaumstoffbalken.

4) TRINKPAUSE: 2 Min.

II. Hauptteil:

1) KREISLÄUFER VORÜBUNG: 10 Min.

In zwei Reihen (jeder einen Ball) bei zwei Hütchen neben den beiden Torpfosten aufstellen. Zwei Hütchen (oder Stangen) an Torraumlinie platzieren. Vortreten bis neben das Hütchen mit Rücken zum Tor, dann in richtiger Schrittkombination LINKS-RECHTS-LINKS (Rechtshänder) im Halbkreis um das Hütchen zum Tor antreten, mit Sprungwurf abschließen (etwa fünf bis sieben Durchgänge). Auf ein gutes Drehen des Fußes achten. Linkshänder machen es andersherum. Kein Torwart. Achtung: Nur nach einer Seite (hier nach LINKS) üben lassen bei beiden

Reihen, sonst kommen die Spieler bei der Schrittkombination durcheinander.

➪ Die zwei Reihen tauschen die Seiten.

➪ Evtl. nach einiger Zeit mit Torwart.

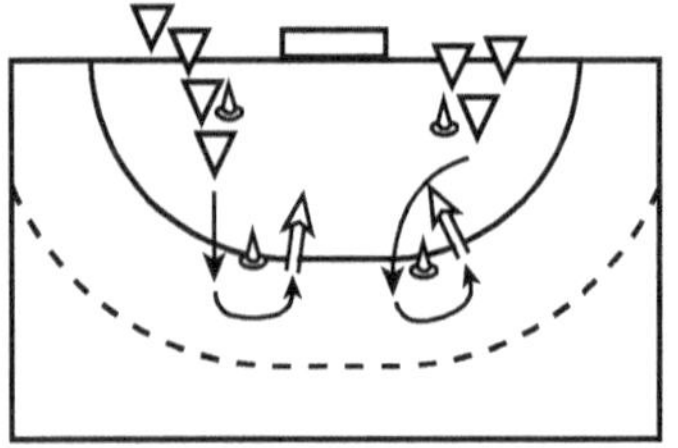

KREISLÄUFER VORÜBUNG:
Nicht zur Seite, sondern zur Mitte des Tores springen! Bei Fehlern sofort wiederholen lassen. Vorsicht beim Holen der Bälle aus dem Tor.

2) KREISLÄUFER MIT ABSETZEN: <u>20 Min.</u>

In zwei Reihen aufstellen, jeder einen Ball, nur der erste Spieler in der einen Reihe nicht. Ein Torwart, zwei Verteidiger (können durch Stangen bzw. Trainer ersetzt werden). Der vorderste Spieler mit Ball passt zum Nebenmann der zweiten Reihe und bekommt den Ball zurückgepasst, der Spieler ohne Ball läuft dann zum ersten Verteidiger und dreht diesem den Rücken zu, setzt sich ab zum zweiten Verteidiger und stellt eine Rückensperre. Der Ballbesitzer hat derweil ein- bis zweimal geprellt und passt nun zum sich absetzenden Spieler, welcher nach Links-rechts-links-Schrittkombination mit Sprungwurf abschließt. Der Ablauf bleibt bei den nächsten Paaren gleich, es läuft immer der balllose Spieler ein.

➪ Die Verteidiger sind anfangs passiv.

➪ Der Trainer als zweiter Verteidiger kann das Stören des Kreisläufers schrittweise erhöhen.

KREISLÄUFER MIT ABSETZEN:
Die Sperre wird meistens ohne Körperkontakt gestellt, das ist auch nicht notwendig.

3) KREISLÄUFERANSPIEL: 20 Min.

Die Spieler bilden eine Reihe, jeder einen Ball. Torwart. Aus zwei großen Kästen wird ein besonders hoher Kasten gebaut, über den die Spieler nicht drüberschauen können. Zwei Kreisläufer stehen verdeckt hinter dem Kasten, der Trainer ist Passgeber und sollte für die Kreisläufer sichtbar sein. Der Erste in der Reihe spielt einen Doppelpass mit dem Trainer, macht einen Sprungwurf (ohne Prellen) über einen Schaumstoffbalken (o. ä.), spielt dabei aber den Ball im Sprung zum Kreisläufer. Dieser schließt mit Sprungwurf ab. Die Kreisläufer wechseln sich immer ab.

⇨ Die beiden Kreisläufer nach sechs bis acht Würfen austauschen.

⇨ Wenn die Zeit reicht, das Anspiel auch von der anderen Seite des Kastens üben lassen.

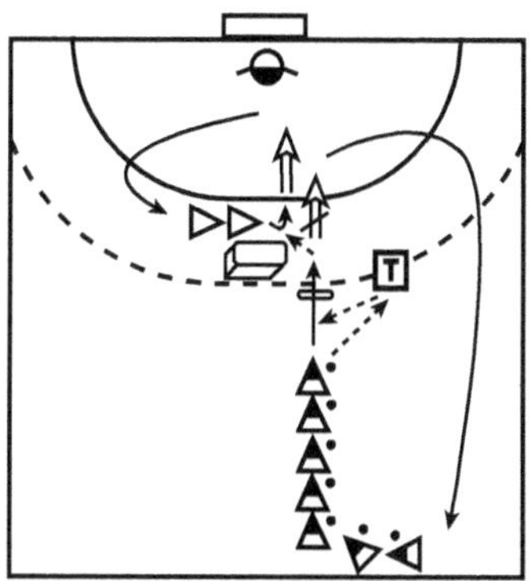

KREISLÄUFERANSPIEL:
Außerdem hier noch ergänzen: Der Kreisläufer hinter dem Kasten erkennt durch den Pass zum Trainer, dass er jetzt loslaufen kann.

III. Schlussteil:

1) VERABSCHIEDUNG 1 Min.

Einschwören im Teamkreis. Trainer hält die Hand mit ausgestrecktem Arm in die Mitte, alle Spieler legen eine Hand darauf. Dreimal Schlachtruf und dann Verabschiedung.

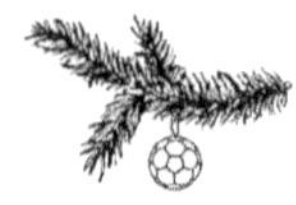

Trainingseinheit Nr. D 20: Abwehr I

Trainingseinheit D 20, Abwehr I: getestet mit 10 Teilnehmern / 90 Min. / D 1 / gr. Halle / Hälfte

In der D-Jugend sollten die grundlegenden Abwehrtechniken gelernt werden, wobei die Erfahrung aus vielen Spielen sehr hilft, aber auch manches systematisch aufgearbeitet werden muss.

Benötigte Materialien: Handbälle für jeden Spieler, Überziehhemdchen, neun Hütchen oder Stangen, sechs Reifen, zwei Weichschaummatten (Weichböden).

I. Auftakt:

1) PASSEN: 8 Min.

Die Spieler in Vierer- / Fünfergruppen aufteilen. Jede Gruppe einen Ball.
➪ Es stehen sich zwei bzw. drei Spieler in einer Entfernung von ca. zehn Metern gegenüber (siehe Grafik). Der erste Spieler passt zum Gegenüber, läuft hinterher und stellt sich hinten wieder an.
➪ Mit dem linken / rechten Arm passen, Aufsetzer, Schlagwurf, Entfernung vergrößern / verkleinern.
➪ Variante: Der Spieler mit dem Ball prellt einmal, passt zum Gegenüber, zieht sich wieder zurück und stellt sich hinten an.
➪ Wurfaufgaben wie vorher.

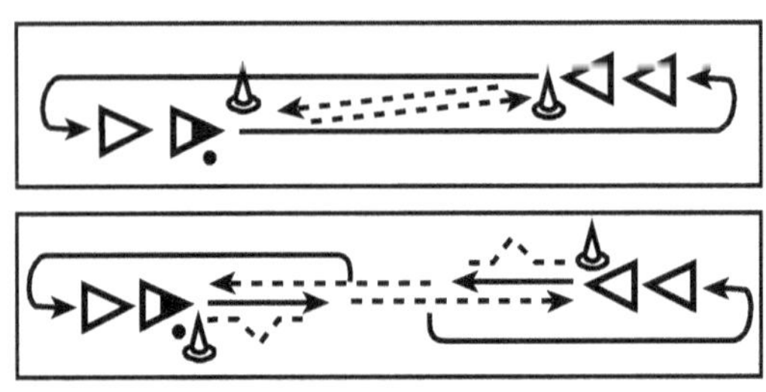

2) PRELLEN: 15 Min.

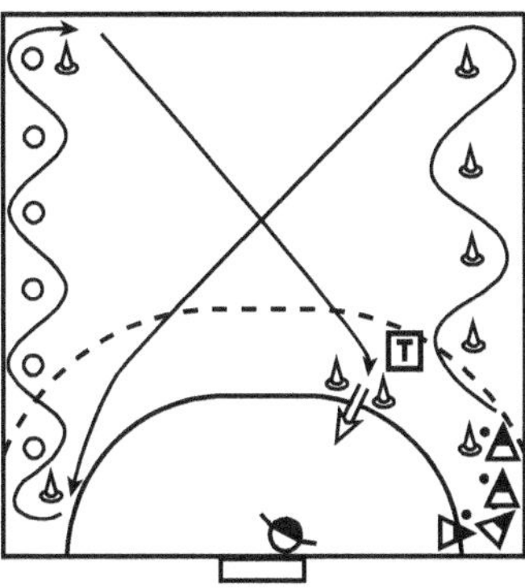

Mit fünf Hütchen (insges. neun) und sechs Reifen zwei Slalomstrecken entlang den Seitenlinien anlegen. Jeder einen Ball, zuerst ohne Torwart.

➪ Zuerst ohne Torwurf um die Hütchen mit linker und rechter Hand prellen, dann diagonal zu den Reifen prellen, in jeden Reifen einmal hineinprellen (langsamer laufen, evtl. einmal dazwischen prellen), dann wieder diagonal zum Start zurück. Mehrere Durchgänge, auf Ballführung links / rechts achten.

➪ Variante: jetzt um die Reifen prellen.

➪ Torwart einsetzen. Jetzt mit zwei Hütchen am Torraum markieren, wo mit Sprungwurf auf das Tor geworfen werden soll. Der Trainer steht bei der Sprungmarkierung.

➪ Nach zwei Durchgängen Sprungmarkierung nach links, rechts oder zur Freiwurflinie versetzen.

3) TRINKPAUSE: 2 Min.

II. Hauptteil:

1) VORÜBUNG: 5 Min.

Paare bilden (ohne Ball) und entlang der Torraumlinie aufstellen. Ein Spieler steht im Torraum, der andere außerhalb. Beide fassen sich mit der linken Hand und versuchen nun, mit der flachen rechten Hand dem Mitspieler auf die Waden bzw. den Oberschenkel zu patschen. Vorsicht, nicht brutal schlagen! Beinarbeit!

➪ Nach ca. 20 bis 30 Sekunden den Partner wechseln.

➪ Tipp: den Gegner mit der Hand heranziehen.

2) ÜBERGEBEN: 10 Min.

Zwei Hütchen an der Freiwurflinie aufstellen, dazwischen drei bis vier Verteidiger platzieren. Die restlichen Spieler (ohne Ball) bei RL bzw.

RR aufstellen. Der erste Spieler stößt auf den ersten Verteidiger zu und nimmt Körperkontakt auf. Er soll immer einen leichten Druck zum Tor ausüben. Der Verteidiger drängt ihn nach rechts ab und übergibt ihn dem zweiten Verteidiger, dieser dann dem dritten. Darauf rücken die Verteidiger zurück und der nächste Spieler läuft an. Dann von der anderen Seite.

⇨ Bei der Übergabe soll der entsprechende Verteidiger laut „Übergeben!" rufen.

⇨ Mindestens so lange üben, bis jeder einmal Verteidiger war.

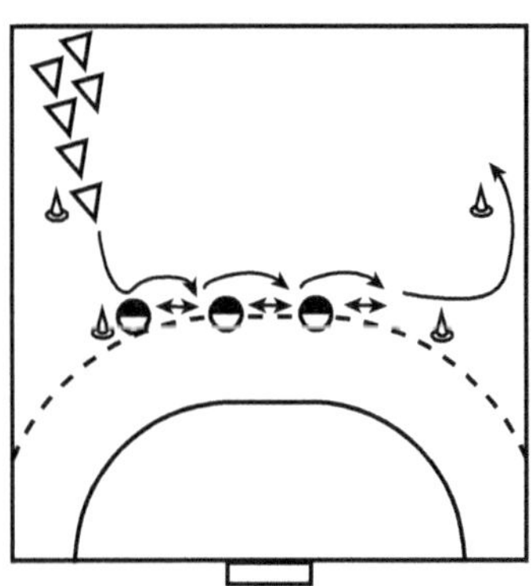

ÜBERGEBEN:
Der Angreifer darf nicht zwischen zwei Verteidigern durchbrechen! Nach vorne und seitlich wegschieben!

3) BEGLEITEN: 25 Min.

Die vier Hütchen der vorhergehenden Übung bleiben stehen. Je ein Verteidiger steht bei den Hütchen an der Neun-Meter-Linie, die restlichen Spieler stehen in zwei Gruppen (ohne Ball) auf RR bzw. RL. Der erste Spieler auf RR stößt auf den ersten Verteidiger zu und nimmt Körperkontakt auf. Dann läuft er zur linken Seite an der Neun-Meter-Linie entlang. Der Verteidiger begleitet ihn bis zum anderen Hütchen. Derweil macht der erste Angreifer auf RL dasselbe zur rechten Seite hin. Die zwei Angreifer müssen nicht immer gleichzeitig starten.

⇨ Die Verteidiger nach fünf bis sieben Läufen austauschen.

⇨ Jetzt sollen die Angreifer mit Täuschungen arbeiten, also unterwegs stoppen und wieder schnell antreten oder sogar umdrehen und kurz rückwärtslaufen. Die Verteidiger müssen möglichst eng dranbleiben.

⇨ Nun soll ein Angreifer den entgegenkommenden Spieler so ausnutzen, dass er seinen Verteidiger abstreifen kann (keine Sperre stellen!).

➪ Als Reaktion auf dieses Verhalten sollen die Verteidiger mit Übergeben (bitte laut rufen) reagieren.

➪ WICHTIG: Es muss am Schluss noch einmal ausführlich erklärt werden, welche Möglichkeiten die beiden Einlaufenden haben (durchbrechen, stoppen und antreten, umdrehen, Verteidiger am Mitspieler abstreifen) und was die Abwehrspieler dagegen unternehmen können (eng decken, unauffällig festhalten, wegschieben, übergeben).

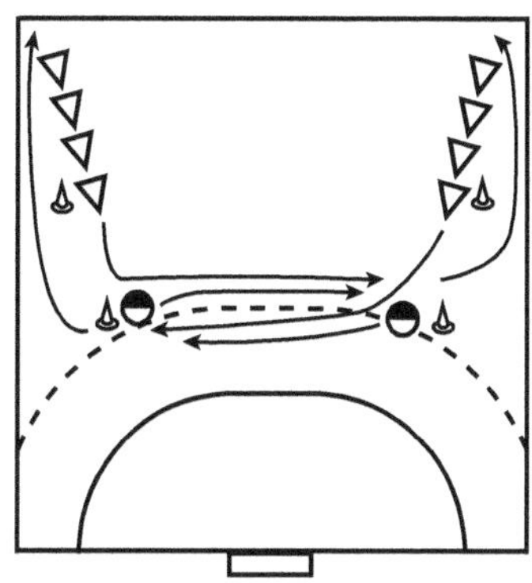

BEGLEITEN:
Die Spieler vermeiden in diesem Alter noch gerne jeden Körperkontakt. Desto wichtiger ist es für die Verteidiger, am Gegenspieler direkt dranzubleiben und mit den Armen zu arbeiten. Es müssen die Hände immer am Angreifer Körperkontakt haben.

III. Schlussteil:

1) SPIEL ABLEGEHANDBALL: <u>25 Min.</u>

In der Hallenhälfte zwei Weichschaummatten auslegen, und zwar diagonal in zwei Ecken innerhalb des Spielfeldes, Abstand zu den Außenlinien etwa zwei Meter. Zwei Teams bilden (Hemdchen). WICHTIG: Es darf niemand auf die Matten springen oder sie überqueren oder draufstehen oder mit Ball daraufhechten. Ein Punkt ist erzielt, wenn der Ball auf der Matte abgelegt wird.

SPIEL ABLEGEHANDBALL:
Je weniger Spieler vorhanden sind, desto mehr Tore fallen. Bei vielen Spielern (ab ca. 14) empfiehlt es sich, mit 2 x 2 Matten zu spielen, da es sonst ein Gedränge vor der Matte gibt. Fouls konsequent ahnden! Nicht erst an der Matte abwehren, sondern schon vorher!

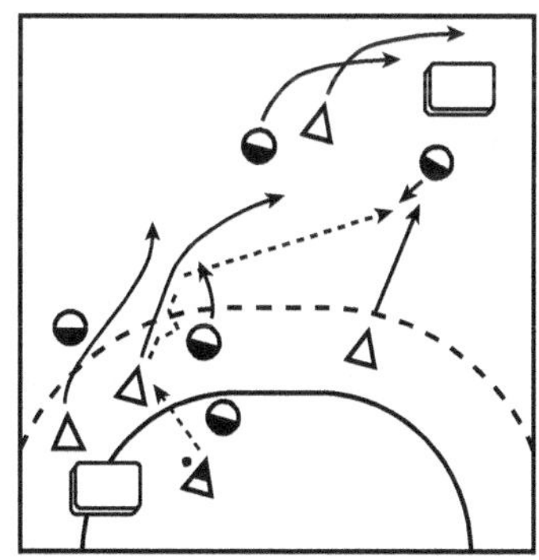

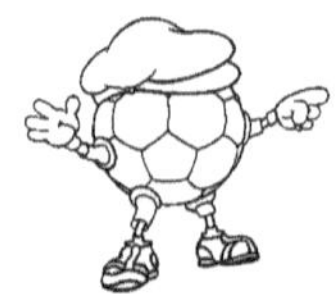

Trainingseinheit Nr. D 21: Abwehr II

Trainingseinheit D 21, Abwehr II: getestet mit 24 Teiln. / 90 Min. / D 1+2 / gr. Halle / zwei Trainer

In der D-Jugend sollten die grundlegenden Abwehrtechniken (hier: Das Festmachen) bereits gekonnt werden, da sich im Spiel eins gegen eins sonst große Lücken auftun. Anfangs ist viel Einzelkorrektur nötig, was sehr viel Zeit verbraucht. Aber es lohnt sich.

Benötigte Materialien: Handbälle für jeden Spieler, Überziehhemdchen, zwölf Hütchen oder Stangen, vier Schaumstoffbalken.

I. Auftakt:

1) PRELLEN: 5 Min.

Alle Spieler prellen mit einem Ball frei durch die ganze Halle. Wer sich begegnet, soll sich mit der freien Hand abschlagen.

2) PASSEN: 18 Min.

Zu zweit einen Ball. Rechts neben dem Tor paarweise aufstellen, zum anderen Tor passen, um eine Stange / Hütchen herumprellen und auf der anderen Seite wieder zurückpassen. Anfangs Aufsetzer / Bodenpässe, dann Schlagwurfpässe.

➪ Zuerst ohne Torwurf.

➪ Dann mit Torwart und abschließendem Torwurf über vier Schaumstoffbalken o. ä.

➪ Die Seite wechseln.

➪ Siehe Detail-Grafik: Einem Spieler hinter der Mittellinie zupassen, kreuzen, nach Ballerhalt noch einmal passen und mit Torwurf abschließen.

➪ Seite wechseln.

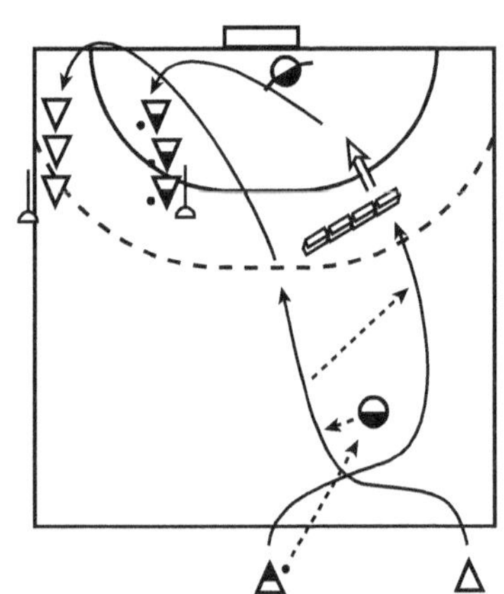

3) TRINKPAUSE: 2 Min.

PASSEN: *KOORDINATION:*

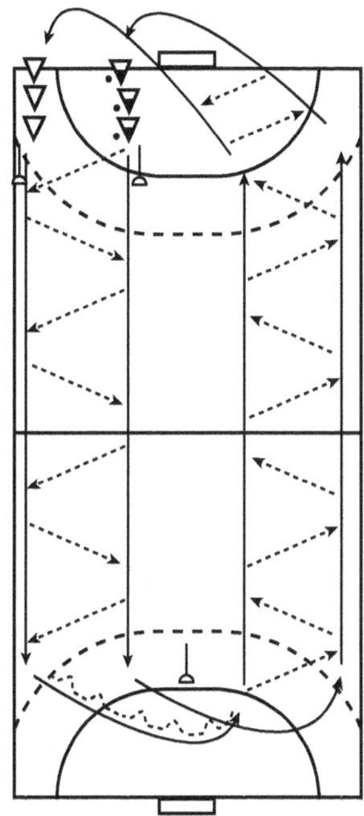

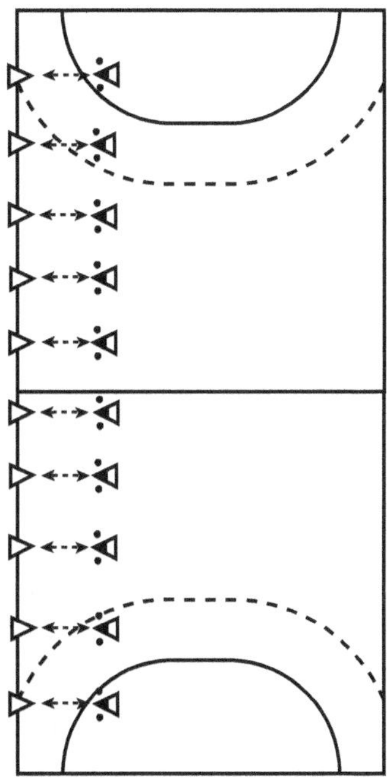

4) KOORDINATION: 8 Min.

Paarweise (mit zwei Bällen bei einem Spieler) in drei Metern Entfernung an der Seitenlinie in einer langen Reihe nebeneinander aufstellen.

➪ Beide Bälle (im Stehen) auf dem Boden nebeneinander und zeitgleich dem Partner zurollen.

➪ Beide Bälle als Aufsetzer / Bodenpass zeitgleich zupassen.

➪ Einen Ball zuwerfen, zweiten Ball mit dem Fuß spielen, stoppen.

➪ Einen Ball hochwerfen, mit Kopfball passen, mit dem Köpfen zeitgleich den zweiten Ball zuwerfen.

➪ Von oben (beide Hände hochstrecken) Bälle gleichzeitig im Bogen sanft zuwerfen, beide Bälle mit hochgestreckten Händen fangen.

➪ Einen Ball zweimal aufhüpfen lassen, gleichzeitig den zweiten Ball einmal per Bodenpass aufprellen lassen (schwierig);

➪ Nochmals beide Bälle zeitgleich mit Aufsetzer zuspielen.

II. Hauptteil:

1) FESTMACHEN GRUNDFORM: 10 Min.

Aufstellung wie bei der Koordinationsübung. Die Bälle weglegen. Nochmals zu zweit gegenüber aufstellen, einer macht (nur) einen Ausfallschritt und nimmt Wurfhaltung ein, der andere geht an ihn ran und macht ihn fest. Auf Details achten: Fußstellung wurfarmseitig versetzt, linkes Bein beim Rechtshänder vorne, ein Arm vorgestreckt zum (Wurf-)Oberarm, zweiter Arm um Körpermitte zum Festhalten. Diese Dinge immer wieder ansprechen, außerdem Einzelkorrektur bei jedem (verbraucht viel Zeit).

⇨ Mit Ball.

⇨ Aufgabenwechsel. Auch Partner wechseln.

2) FESTMACHEN IM SPIELFELD: 12 Min.

Etwa zwei Meter hinter den beiden Neun-Meter-Linien je drei Angreifer mit je einem Ball aufstellen. Diese nehmen mit einem (!) Schritt die Wurfauslage ein. 2 x 5 Stangen aufstellen. Die restlichen Spieler starten aus der Ecke und berühren die erste Stange, sprinten rückwärts und hinter der nächsten Stange herum bis zum ersten Angreifer und machen diesen fest (zwei Sekunden genügen). Dies bei den nächsten beiden Angreifern wiederholen. Dann Sprint zum anderen Torraum, sich einreihen und dasselbe noch einmal machen.

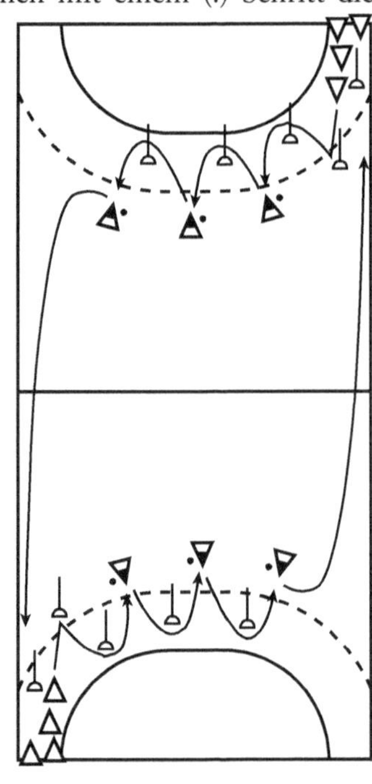

⇨ Wichtig: Linkshänder einbauen (es genügt auch, wenn von einem Rechtshänder die Wurfauslage mit links eingenommen wird).

⇨ Der Trainer muss nicht unbedingt einer der drei Angreifer sein.

⇨ Eventuell auf vier oder fünf Angreifer ausbauen.

⇨ Durch Austauschen einer Stange gegen eine Langbank kann ein längerer seitlicher Laufweg eingebaut werden.

3) FESTMACHEN IN STATIONEN: 15 Min.

Jetzt vier Stationen mit je drei Stangen / Hütchen aufbauen. Dazu je einen Verteidiger und einen Zuspieler. Der Spieler passt zum Zuspieler und läuft auf den Verteidiger zu. Der Zuspieler / Passeur soll den Pass so spät zurückspielen, dass der Verteidiger heraustreten und den Angreifer festmachen kann (max. zwei Sekunden). Dann zur nächsten Station wechseln. Etwas Abstand einhalten, sodass der Verteidiger immer zurückgehen kann. Der Zuspieler kann „Linkshänder" oder „Rechtshänder" rufen, um dem Verteidiger das Einstellen auf die Wurfarmseite zu erleichtern.

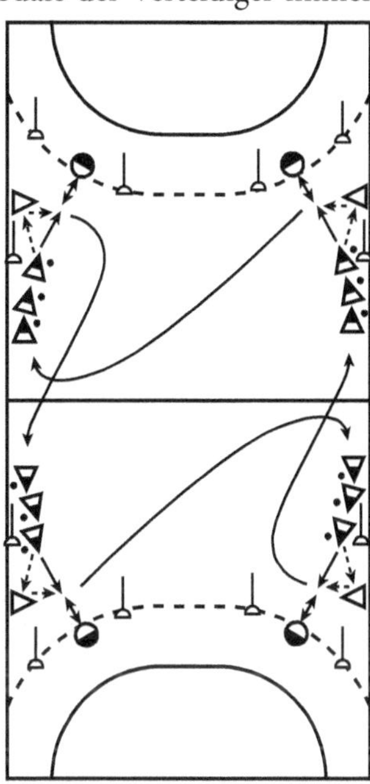

⇨ Verteidiger und Zuspieler regelmäßig (alle acht bis zwölf Angriffe, je nach Leistungsvermögen) wechseln.

ACHTUNG: Nach dem Wechseln müssen beide wieder instruiert werden: Bitte spät Zuspielen, der Verteidiger muss außerdem dem Angreifer entgegenlaufen und ihn sofort nach dem Zuspiel festmachen.

⇨ Trainer wandert von Station zu Station, Einzelkorrektur. Wenn der Angreifer abdreht, ihn um die Oberarme „umarmen" und festhalten, eine Hand soll möglichst auf dem Ball liegen.

III. Schlussteil:

1) ZIELSPIEL: 20 Min.

Als Belohnung für das fleißige Üben kann frei gespielt werden.

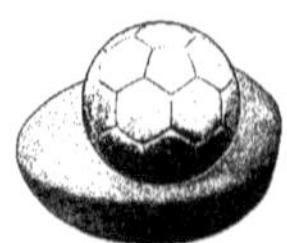

Trainingseinheit Nr. D 22: Abwehr III

Trainingseinheit D 22, Abwehr III: getestet mit 10 + 17 Teilnehmern / 90 Min. / D 1 / gr. Halle

In dieser Altersstufe ist Körperkontakt noch problematisch. Aber Handball ist eine „Vollkontaktsportart" mit strengen Regeln und daher muss der Einstieg in verschiedene Abwehrtechniken gemacht werden. Hier geht es um das Abdrängen.

Benötigte Materialien: Handbälle für jeden Spieler, Überziehhemdchen, sechs Hütchen oder Stangen.

I. Auftakt:

1) BESPRECHUNG: 5 Min.

Alle sitzen im Kreis. Der Trainer bespricht die anstehenden Termine und beantwortet Fragen der Spieler.

2) PRELLEN: 10 Min.

Jeder einen Ball. Alle prellen im Torraum in mittlerem Tempo.

➪ Mit der linken Hand prellen; mit rechts prellen.

➪ Abwechselnd links / rechts prellen. Zweimal links, dann zweimal rechts prellen. Prellhöhe verringern bis runter in Kniehöhe, dann hoch in Kopfhöhe usw.

➪ Sich im Stand im Kreis drehen und prellen. Linksherum, dann rechtsherum, mit linker Hand, rechter Hand.

➪ Etwa zwei Meter hoch prellen, Ball aufnehmen (nicht fangen!), dann viermal in normaler Höhe prellen usw.

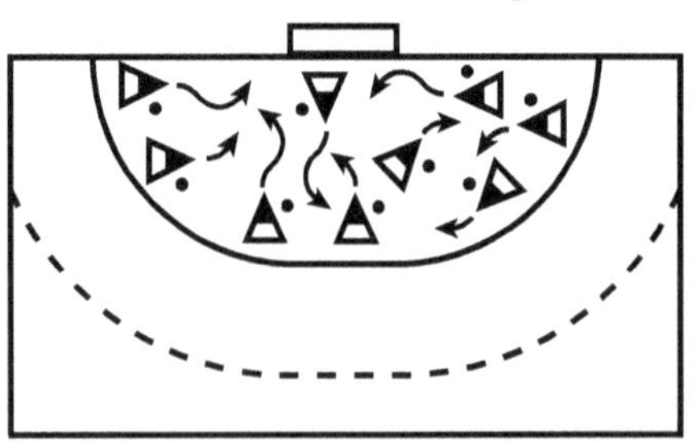

➪ Dreimal prellen, dann durch gespreizte Beine prellen usw.

➪ Auf den Boden setzen und prellen, aufstehen, wieder hinsetzen, immer prellen dabei. Auch hinknien.

➪ Nochmals prellen wie in der Anfangsübung.

➪ Zum Schluss im Laufen mit Prellen dem Entgegenkommenden mit Aufsetzerpass den Ball zuprellen, den erhaltenen Ball zurückprellen, zum nächsten Mitspieler laufen usw..

3) TORWART AUFWÄRMEN: 10 Min.

In zwei Reihen links und rechts neben der Siebenmetermarke (jeder einen Ball) aufstellen. Bei zwei Torhütern Wurfserien wiederholen.

➪ Torwart an Vier-Meter-Linie. Mit Schrittkombination nach links und rechts hohe Würfe mit beiden Händen abwehren.

➪ Torwart wehrt abwechselnd mit linkem und rechtem Arm ab.

➪ Die beiden Reihen rücken bis zur Vier-Meter-Linie vor. Torwart steht auf der Torlinie, eine Hand am Pfosten. Entfernte Reihe wirft, wenn Torwart ins Eck läuft. Wurfserien hoch, tief, Aufsetzer. Nicht bolzen!

➪ Torwart startet vom anderen Pfosten aus.

➪ Eine Reihe bleibt links neben der Vier-Meter-Linie, die zweite Reihe schließt sich hinten an. Torwart berührt vor jedem Wurf einen vom Trainer in verschiedene Höhen gehaltenen Ball neben dem Torpfosten, soll Blick lösen von den Werfern!

➪ Seite wechseln (Reihe nach rechts verschieben, Torwart startet vom anderen Pfosten aus).

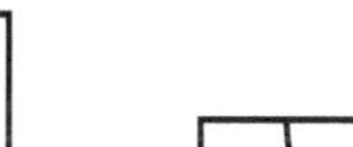

TORWART AUFWÄRMEN:

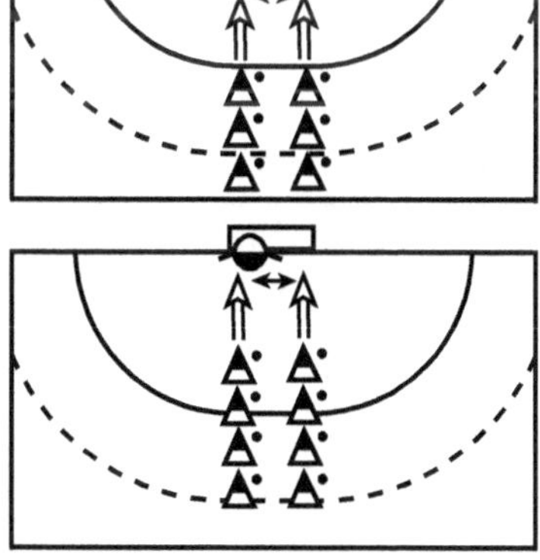

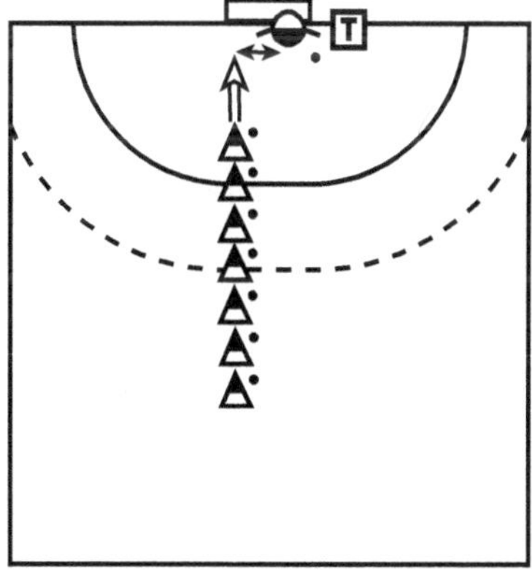

4) AUFWÄRMSPIEL: 18 Min.

Spielfeld mit Torräumen erforderlich. Zwei Teams bilden (Hemdchen). Handballregeln, aber ohne Prellen. Der Ball soll immer weiter bis zu einem Mitspieler im gegnerischen Torraum gepasst werden, welcher den Ball sofort auf den Boden legt. Ball dann wegrollen o. ä. gibt Zeitstrafe! Nach Ablegen wechselt der Ballbesitz. Dauert alles zu lange, Passzahl auf maximal zehn Pässe begrenzen.

5) TRINKPAUSE: 2 Min.

II. Hauptteil:

1) VORÜBUNG 1 KÖRPERKONTAKT: 8 Min.

Auch „Spießrutenlaufen" genannt. Die Spieler stellen sich in einem Abstand von ca. vier Metern im Zickzack an der Seitenlinie entlang auf (ohne Bälle). Nachdem der Trainer die Übung vorgemacht und der erste sie nachzuvollziehen versucht hat, muss eine ausführliche Erklärung folgen: „Handball ist ein Kontaktsport, ihr dürft keine Angst vor dem Körperkontakt haben! Ein auf dich zurennender Gegner kann gestoppt werden, aber nicht mit Festmachen, sondern nur mit Annehmen."

⇨ Der erste Spieler läuft mit den Händen auf dem Rücken frontal auf den gegenüberstehenden zweiten Spieler zu, der ihn mit ausgestreckten Armen, mit denen der Aufprall abgepuffert wird, aufhält. Er dreht sich um und läuft auf den dritten Spieler zu usw. Er stellt sich am Ende der Reihe als Fortsetzung links oder rechts weiter an (Grafik rechte Seite). In der Zwischenzeit beginnt der zweite.

⇨ Wichtig: die Arme nicht steif ausgestreckt lassen, sondern auf die Brust des Läufers legen und mit Gegendruck beugen.

⇨ Anstatt einer fortlaufenden Reihe können auch fünf oder sieben Spieler im Zickzack aufgestellt werden. Dann durchwechseln.

VORÜBUNG 1 KÖRPERKONTAKT:
Es soll nicht mit der Schulter voraus angelaufen werden, eine mittlere Geschwindigkeit einhalten. Der Verteidiger soll den Ankommenden nicht brutal wegstoßen. Disziplin fordern!

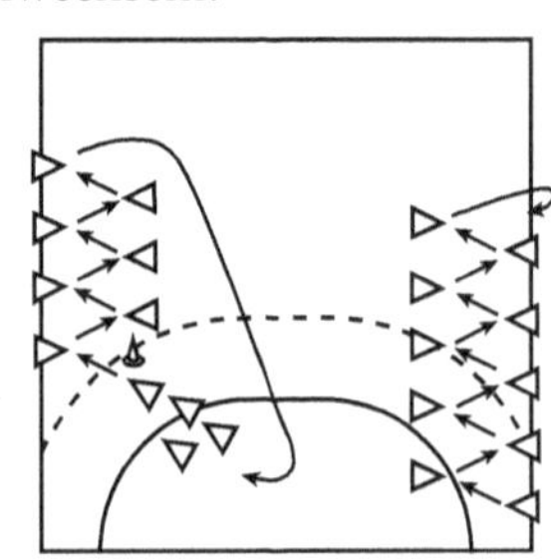

2) VORÜBUNG 2 KÖRPERKONTAKT: 10 Min.

2 x 2 Verteidiger zwischen Hütchen aufstellen. Jedes Paar steht eng beieinander und streckt wieder die Hände nach vorne. Die restlichen Spieler (ohne Ball) stehen in zwei Reihen gegenüber.

⇨ Der erste Spieler läuft mit den Händen auf dem Rücken frontal auf das gegenüberstehende Paar zu und versucht durchzubrechen. Die beiden Spieler puffern ihn gemeinsam ab oder drängen ihn nach außen. Dann tritt der nächste an.

⇨ Durchwechseln, bis alle mal Verteidiger gewesen sind.

VORÜBUNG 2 KÖRPERKONTAKT: *ABDRÄNGEN:*

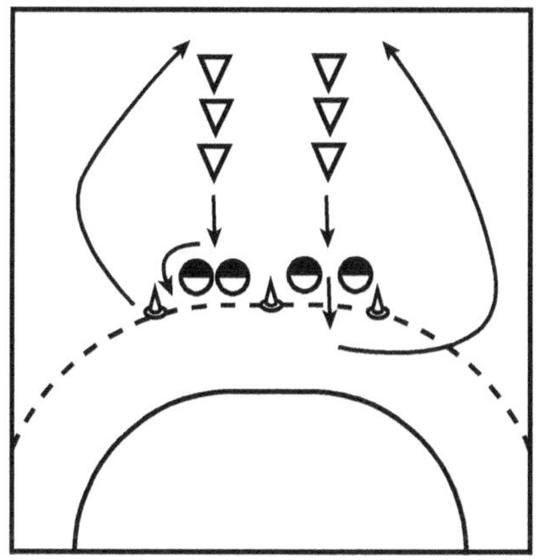

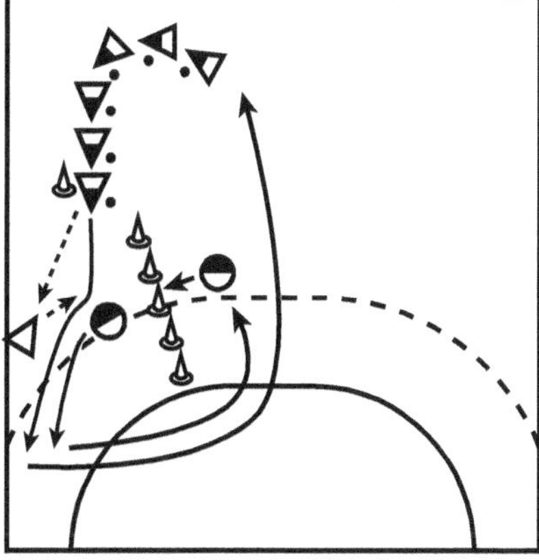

3) ABDRÄNGEN: 17 Min.

Auf der linken Abwehrseite wird mit Hütchen der Raum abgegrenzt. Ein Verteidiger stellt sich an die Freiwurflinie, ein zweiter Verteidiger steht hinter den Hütchen in Bereitschaft. Beide wechseln sich ab. Der Rest steht in einer Reihe auf RR mit je einem Ball. KEIN Torwart, der Torwart steht am besten als Anspieler auf der Seitenlinie. Bei vielen Spielern die Übung gleichzeitig auch auf der rechten Seite durchführen.

⇨ Der erste Spieler passt zum Anspieler, dieser spielt den Ball knapp vor dem Verteidiger als Aufsetzerpass wieder zu. Es soll anfangs kein Trick und keine Täuschung gemacht, sondern nur versucht werden, außen durchzugehen. Der Verteidiger begleitet den Angreifer und drängt ihn Richtung Seitenlinie ab.

⇨ Der Verteidiger muss etwas schräg stehen und den Raum nach außen anbieten.
⇨ Allmählich soll der Angreifer schneller antreten, dann auch Tricks zulassen.
⇨ Alle sollten Verteidiger gewesen sein.

III. Schlussteil:

1) ZIELSPIELHANDBALL: 10 Min.
Als Belohnung für das stressige Üben kann frei gespielt werden.

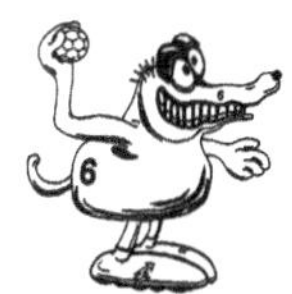

Trainingseinheit Nr. D 23: Einläufer I

Trainingseinheit D 23, Einläufer I: getestet mit 14 Teilnehmern / 90 Min. / D 2 / kl. Halle

Die wichtigsten Möglichkeiten einer Mannschaft bei einer offensiven Deckung sind neben den individuellen Fähigkeiten der Spieler auch einfache gruppentaktische Mittel. Hier werden das Kreisläuferanspiel und das Einlaufen des Außenspielers im Angriff geübt.

Benötigte Materialien: Handbälle für jeden Spieler, Überziehhemdchen, vier Langbänke, zwei Stangen oder Hütchen.

I. Auftakt:

1) PRELLEN: 6 Min.

Jeder einen Ball. Sich im ganzen Spielfeld bewegen und prellen. Mit rechter, linker Hand, abwechselnd, zweimal links + zweimal rechts, mit Sidesteps, rückwärts.

2) PASSEN UND STOSSEN: 7 Min.

Zu dritt im Dreieck aufstellen, Abstand ca. fünf bis sieben Meter. Deutliche Stoßbewegung drei bis vier Schritte vor und zurück.

⇨ Rechtsherum / linksherum passen.
⇨ Abspieltempo erhöhen.
⇨ Größerer Abstand.

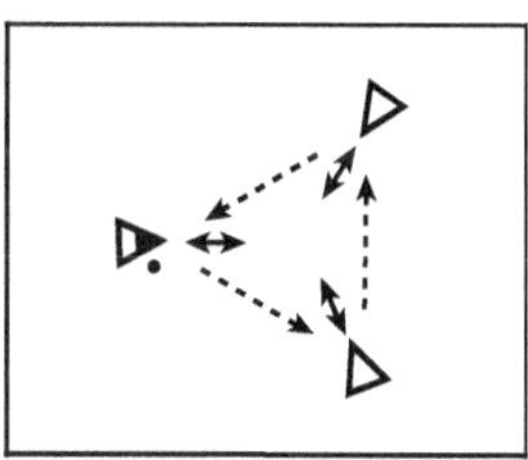

PASSEN UND STOSSEN:
Kann entsprechend der Spielerzahl auch noch zu viert (mit zwei Bällen) im Viereck geübt werden.

3) PARTEIBALLSPIEL: 17 Min.

Auf der Mittellinie je nach Hallenbreite drei bis vier Langbänke als Abgrenzung aufbauen. Zwei Mannschaften bilden (Überziehhemdchen!) und die Spieler halbe / halbe in beiden Hälften verteilen. Manndeckung! Jeder bleibt in seiner Hälfte. Spielziel: Den Ball in den eigenen Reihen halten und möglichst oft über die „Langbankgrenze" zur eigenen Mannschaft spielen. Gezählt werden die gelungenen Pässe über die Langbänke.
➪ Erreichte Punkte gelten. Bei erneutem Ballgewinn wird weitergezählt. Beim Erreichen von 20 (oder 30) Punkten wird neu angefangen.

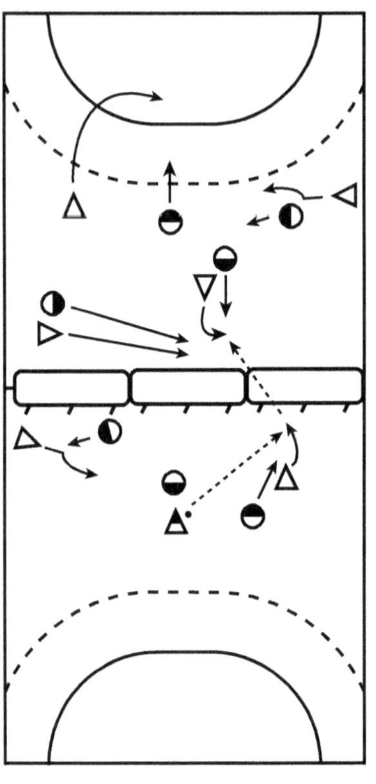

➪ Oder eine Mannschaft muss ohne Unterbrechung zehn Punkte erreichen.
➪ Verschärfung: Bei Freiwurf oder Seitenaus wird wieder bei null angefangen.

PARTEIBALLSPIEL:
Erfordert unbedingt Schiedsrichter. Zeitstrafen verhängen bei groben Fouls! Auf gleichstarke Spieler in einer Hälfte achten.

4) TRINKPAUSE: 3 Min.

II. Hauptteil:

1) KREISLÄUFER: <u>10 Min.</u>

In zwei Reihen ohne Ball neben den beiden Torpfosten aufstellen. Zwei Hütchen oder Stangen an Torraumlinie platzieren. Vortreten bis zum Hütchen mit Rücken zum Tor, dann in richtiger Schrittkombination LINKS-RECHTS-LINKS (Rechtshänder) im Halbkreis zum Tor antreten, mit Sprungwurf abschließen (etwa vier bis sechs Durchgänge). Linkshänder machen es andersherum.

➪ Ohne Ball, mit Sprungwurf.

➪ Mit Ball und Torwürfen aus dem Sprungwurf (ohne Torwart). Etwa sechs bis neun Durchgänge, mit Einzelkorrektur.

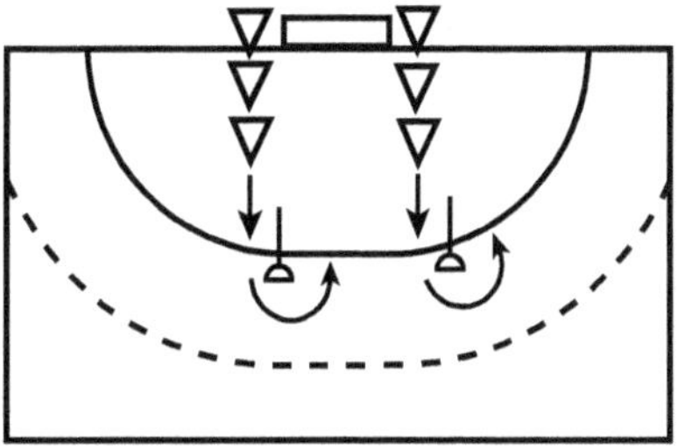

KREISLÄUFER:
Nicht zur Seite, sondern zur Mitte des Tores springen! Bei Fehlern sofort wiederholen lassen. Vorsicht beim Holen der Bälle aus dem Tor nach dem Sprungwurf.

2) KREISLÄUFERANSPIEL: <u>15 Min.</u>

Aufstellung mit einem Torwart und einem Kreisläufer sowie drei Verteidigern (Hemdchen) an der Freiwurflinie, die restlichen Spieler spielen mit je einem Ball in Dreiergruppen dauernd Angriffe. Nur der Kreisläufer darf auf das Tor werfen. Die Verteidiger müssen vor der Freiwurflinie bleiben. Die angreifenden Dreiergruppen füllen sich – falls die Spielerzahl nicht aufgeht – fortlaufend auf, sodass immer drei Angreifer starten. Durchwechseln nicht vergessen! Das Anspiel muss genau auf den Körper kommen.

➪ Dem Kreisläufer Vorgaben machen, z.B. in der Mitte stehen bleiben, weit nach außen laufen usw.

➪ Durchspielen von LA bis RA verlangen.

KREISLÄUFERANSPIEL:

Möglichst den Kreisläufer mit Aufsetzern oder Schlagwurf anspielen, nicht mit hohen Ballonpässen! Lücken können auch durch zwei Verteidiger versperrt werden!

EINLÄUFERANSPIEL:

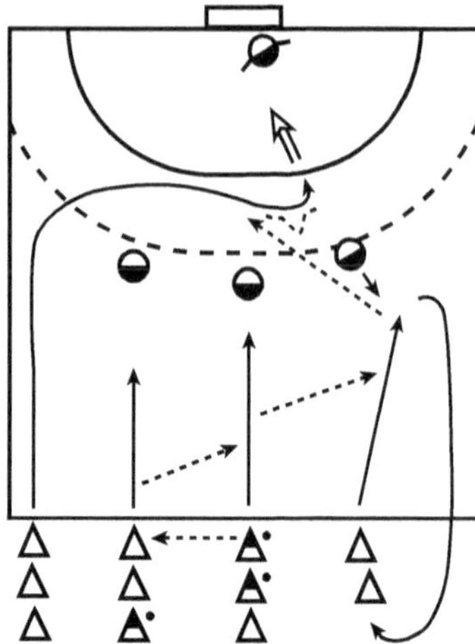

Bei den Angreifern sollen die Positionen immer gewechselt werden, damit jeder einmal Einläufer wird. Bei missglücktem Angriff abpfeifen und nächste Gruppe starten lassen.

3) EINLÄUFERANSPIEL: 12 Min.

Gleiche Aufstellung wie vorher, allerdings mit vier Angreifern und ohne Kreisläufer. Mit Torwart. Die Angreifergruppe entscheidet selbst, wer als LA oder RA einläuft. Wichtig ist das disziplinierte, schnelle Freimachen des Spielfeldes nach Anspiel des Außeneinläufers. Nochmals: Das Anspiel muss genau auf den Körper kommen.

⇨ Zuerst bleiben die drei Verteidiger vor der Freiwurflinie.

⇨ Dann darf mit dem Einläufer mitgegangen werden.

⇨ Zuletzt dürfen auch die anderen Angreifer Tore werfen, allerdings zählen Einläufertreffer doppelt (Anreiz zum Anspielen).

III. Schlussteil:

1) ZIELSPIEL MIT VORGABEN: 20 Min.

Handballspiel mit zwei Mannschaften (Überziehhemdchen). Es wird mit den „ersten Sieben“ gestartet. Die taktischen Vorgaben (bei einer offensiven 3:3-Abwehr) sind: Den Kreisläufer anspielen und Einlaufen der Außenspieler. Deren Tore zählen doppelt oder dreifach.

⇨ Verschiedene Spieler als Kreisläufer ausprobieren.

⇨ Freies Spiel ohne Vorgaben.

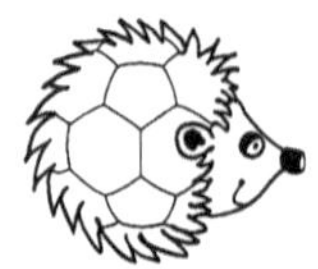

Trainingseinheit Nr. D 24: Einläufer II

Trainingseinheit D 24, Einläufer II: getestet mit 12 + 9 Teilnehmern / 90 Min. / D 2 / gr. Halle

Bei einer offensiven Deckung reichen bereits einfache gruppentaktische Mittel aus, um die Räume hinter den Verteidigern zu nutzen. Hier werden das Kreisläuferanspiel und das Einlaufen des Außenspielers als Entscheidungsverhalten im Angriff trainiert.

Benötigte Materialien: Handbälle für jeden Spieler, zwei blaue Turnmatten, vierzehn Stangen oder Hütchen, evtl. Schaumstoffbalken.

I. Auftakt:

1) PRELLEN: 5 Min.

Jeder einen Ball. Sich im ganzen Spielfeld bewegen und prellen.

PRELLEN:
Derweil Parcours (nächste Übung) aufbauen.

2) PRELLEN IM PARCOURS: 10 Min.

Prellparcours mit neun Stangen (oder Hütchen) und zwei blauen Turnmatten in einer Hallenhälfte (kann je nach Spielerzahl aber auch größer gestaltet werden) aufbauen. Jeder hat einen Ball. Der nächste Spieler startet, wenn der Vorgänger bei der dritten Stange ist. Je nach Prellrichtung immer rechte (Kurve nach links) oder linke (Kurve nach rechts) Hand benutzen.

⇨ Zuerst nur um die Matten und Stangen herumprellen. Die sechste und neunte Stange einmal prellend umrunden. Nach der neunten Stange außenherum wieder zurück zum Ausgangspunkt prellen.

⇨ Tempo erhöhen.

⇨ Jetzt die zwei Turnmatten einbauen. Abstände der Spieler etwas vergrößern! Es wird jeweils eine Rolle vorwärts (oder ein Purzelbaum) durchgeführt. Der Ball wird dabei zuerst neben der Matte nach vorne gerollt und nach dem Purzelbaum sofort wieder aufgenommen.

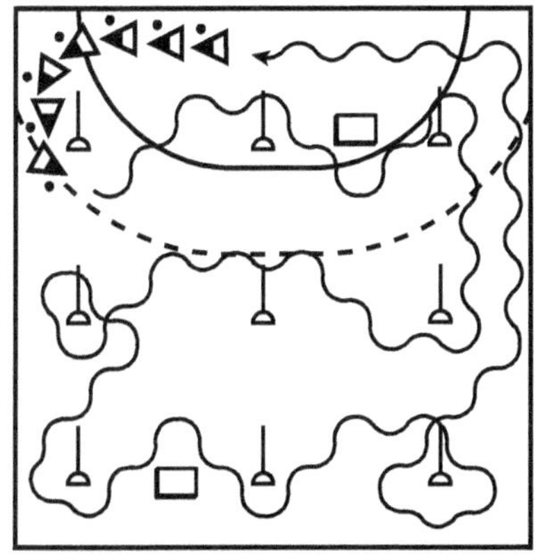

⇨ Den Ball beim Purzelbaum mit den Händen gefasst halten.
⇨ Am Ende hilft die ganze Mannschaft beim Abräumen.

PRELLEN IM PARCOURS:
Kontrollieren, ob abwechselnd mit linker und rechter Hand geprellt wird.

3) TRINKPAUSE: 2 Min.

4) FANGSPIEL: 15 Min.

Zwei Spieler werden als Fänger bestimmt. Sie halten sich an der Hand (Zweierkette). Aufstellung: Die Fänger befinden sich in einer Spielfeldhälfte an der Mittellinie, der Rest als „Hasen" in der anderen Hälfte. Diese müssen gegenüber über die Torauslinie (oder in den Torraum) gelangen. Wenn einer abgeschlagen wird, bilden die Spieler eine Dreierkette. Wird nochmals einer gefangen, gibt es zwei Zweierketten usw. Nach jedem Fangen Fänger und Hasen wieder in zwei Hälften trennen und dann anpfeifen. Unbedingt auf das Handhalten bestehen.

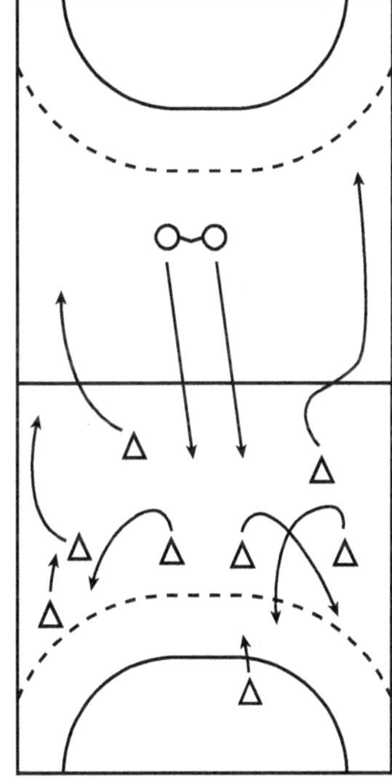

FANGSPIEL:
Die Zweier- / Dreierkette darf die Hände nicht loslassen, sonst abpfeifen. Die zwei (drei) Fänger müssen kooperieren und sich ein „Opfer" gezielt aussuchen.

5) STRETCHING UND KRÄFTIGUNG: 8 Min.

Zehn bis fünfzehn Standardübungen zum Dehnen und Kräftigen z. B. nach SÖLVEBORN (siehe Literaturliste) durchführen. Wichtig ist die Einzelkorrektur durch den Trainer. Die Spieler sollten nach einiger Zeit die Dehn- und Kräftigungsübungen korrekt und ohne Aufsicht ausführen können.

II. Hauptteil:

1) TORWART: 3 Min.

Jeder mit einem Ball. In einer Reihe am Siebenmeter antreten und kurz den Torwart mit Wurfserien (schwach – mittel – stark, hoch – tief etc.) aufwärmen. Derweil Parcours (nächste Übung) aufbauen.

2) PASSEN UND WERFEN: 12 Min.

Mit 14 Stangen (oder Hütchen) auf beiden Spielfeldseiten denselben Parcours aufbauen. Entlang der Seitenlinie stehen (mindestens) je vier Stangen, je ein Stangentor befindet sich am Torraum. In jedes Tor einen Torhüter stellen. Paarweise mit einem Ball passen, anfangs darf auch im Notfall einmal geprellt werden. Der Außenspieler läuft Slalom, der Mitspieler nebendran läuft geradeaus mit. Der Außen schließt mit Sprungwurf durch das Stangentor ab. Dann auf der anderen Seite dasselbe zum anderen Tor ausführen. Nach jeder Bahn werden die Positionen getauscht.

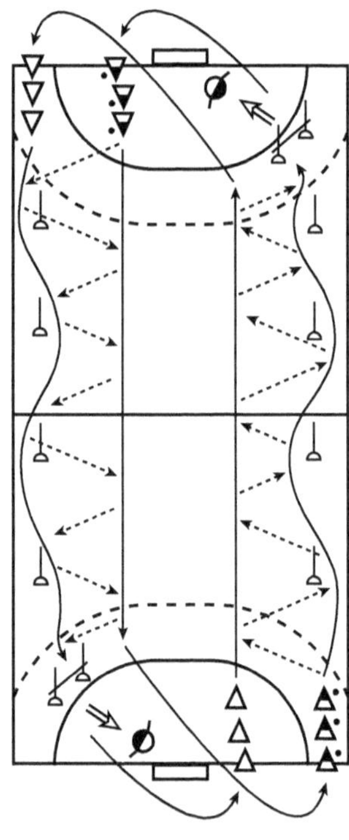

➪ Das Prellen verbieten.

➪ Die Stangentore nach innen zum Halbspieler verschieben.

➪ Die Stangentore mit je einer Querstange (oder Schaumstoffbalken) versehen, sodass ein hoher Sprungwurf gemacht wird.

➪ Am Ende hilft die ganze Mannschaft beim Abräumen.

3) EINLÄUFERANSPIEL: 25 Min.

Es werden ein Spieler auf RR mit einem defensiven Verteidiger, Trainer als Verteidiger auf HM, zwei Spieler auf LA, der Rest der Spieler mit je einem Ball auf RA positioniert. Außerdem ein Torwart. Drei Stangen oder Hütchen auf RA, RR und LA aufstellen. Die Angriffspositionen werden durchrotiert, d.h. der RA wird zum RR, der RR geht dann auf LA, der LA schließt sich nach dem Einlaufen und dem Ballholen wieder der Reihe auf RA an. Ballweg: Der RA spielt den Ball auf den RR, gleichzeitig läuft der LA ein. Der RR prellt (sein Verteidiger bleibt anfangs am Torraum) und spielt den Einläufer an, der mit Torwurf abschließt.

⇨ Zuerst immer den Einläufer von RR anspielen lassen.

⇨ Jetzt kann das Prellen vom RR weggelassen werden. Der Verteidiger von RR kommt offensiv heraus und behindert den Pass, attackiert aber nicht den RR.

⇨ Variante: Der Einläufer von LA soll durch den Rückraum einlaufen (zusätzliche Stangen aufstellen).

⇨ Erweiterung 1: Verteidiger steht offensiv, geht aber auf den Einläufer = RR muss selber durchgehen.

⇨ Erweiterung 2: Beim Trainer auf HM wird ein Kreisläufer postiert. Der Verteidiger geht offensiv auf RR, der Trainer geht mit dem Einläufer mit = RR soll möglichst Kreisläufer anspielen.

⇨ Ab und zu den Verteidiger und den Kreisläufer wechseln.

4) EINLÄUFERANSPIEL ANDERE SEITE: 10 Min.

Die vorige Übung spiegelbildlich von der anderen Seite trainieren. Die Spieler sollen (jetzt auf RL) selber entscheiden, was von den drei Möglichkeiten (selber durchgehen, Einläufer oder Kreisläufer anspielen) je nach Verteidigerverhalten am besten ist.

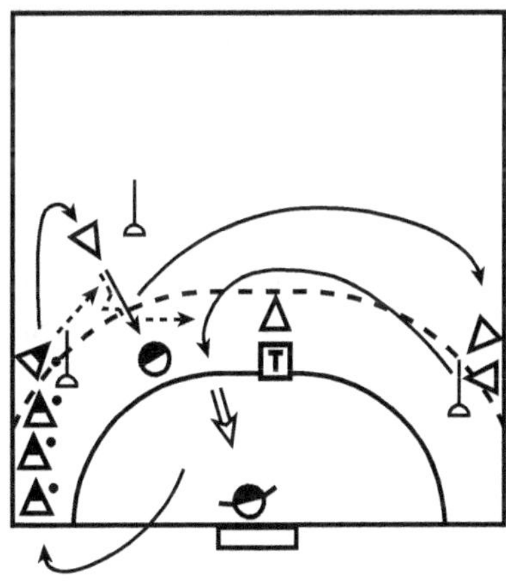

EINLÄUFERANSPIEL ANDERE SEITE:
Diszipliniert den Ball vom Tor holen und die nächste Position anlaufen.

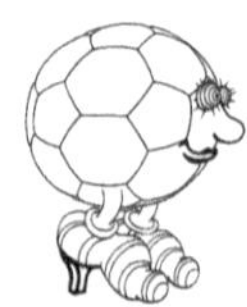

Trainingseinheit Nr. D 25: Positionsangriff I

Trainingseinheit D 25, Positionsangriff I: getestet mit 13 Teilnehmern / 90 Min. / D 2 / gr. Halle

In der D-Jugend sollte das chaotische „Dem-Ball-Nachrennen“ allmählich zum geordneten Positionsspiel im Angriff übergehen. Das Ausnutzen der ganzen Breite des Spielfeldes ist auch nicht selbstverständlich.

Benötigte Materialien: Handbälle für jeden Spieler, Überziehhemdchen, ein Fußball, fünf Hütchen.

I. Auftakt:

1) WARMLAUFEN: 7 Min.

Zu zweit einen Ball. Sich im ganzen Spielfeld bewegen und auf verschiedene Arten sich den Ball zuspielen (linker, rechter Arm, nahe, weit, Ballon, durch Beine, Aufsetzer, zweimal Aufsetzen, mit dem Fuß zuspielen, mit Sidesteps, Hopserlauf etc.).

2) FUSSBALL VERSCHÄRFT: 20 Min.

Zwei Mannschaften bilden lassen (Hemdchen). Bandenspiel ist überall erlaubt. Bei vielen Spielern festen Torwart verlangen, der nur im Torraum den Ball mit der Hand aufnehmen darf. Deckenberührung gibt Freistoß. Tore zählen nur, wenn ALLE Spieler der eigenen Mannschaft in der gegnerischen Hälfte sind.

FUSSBALL VERSCHÄRFT:
Konsequent vermeintliche Tore annullieren, wenn nicht alle über der Mittellinie sind! Trainer steht als Schiedsrichter an der Mittellinie.

3) TRINKPAUSE: 3 Min.

II. Hauptteil:

1) POSITIONSSPIEL THEORIE: 5 Min.

Theorie: Die Raumaufteilung erklären, bitte die ganze Spielfeldbreite ausnutzen. Vorteile des Stoßens: Blick zum Tor, mehr Schwung, Anspiel zum Kreisläufer möglich, schnell wieder anspielbar, Ball kann gut durchgespielt werden. Also immer mit Gesicht zum Tor stehen, die Außenspieler müssen geduldig sein und der Ball muss durchgespielt werden, um das Spiel breit zu machen.

POSITIONSSPIEL THEORIE:
Alle sitzen ohne Ball auf dem Boden oder auf zwei Langbänken. Evtl. Kreide oder Taktiktafel einsetzen.

2) PASSEN UND STOSSEN 1: 5 Min.

Zu dritt im Dreieck aufstellen, Abstand ca. fünf bis sieben Meter. Deutliche Stoßbewegung drei bis vier Schritte vor und zurück.

➪ Rechtsherum / linksherum passen.
➪ Abspieltempo erhöhen.
➪ Größerer Abstand.

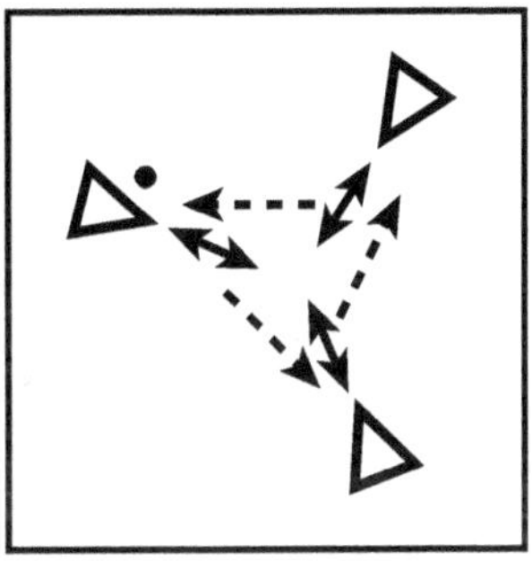

PASSEN UND STOSSEN 1:
Kann entsprechend der Spielerzahl auch zu zweit oder zu viert (mit zwei Bällen) geübt werden.

3) PASSEN UND STOSSEN 2: 10 Min.

Die Spieler in Dreiergruppen nebeneinander mit einem Ball pro Gruppe aufstellen, Abstand ca. sechs bis acht Meter. Im Stoßen den Ball seitlich hin- und herpassen. Damit der Mittelmann zurückstoßen kann, prellen die Außen anfangs kurz mit dem Ball.

➪ Positionen durchwechseln.
➪ Ohne Prellen der Außen.
➪ Umdrehen und zum anderen Tor schauen.

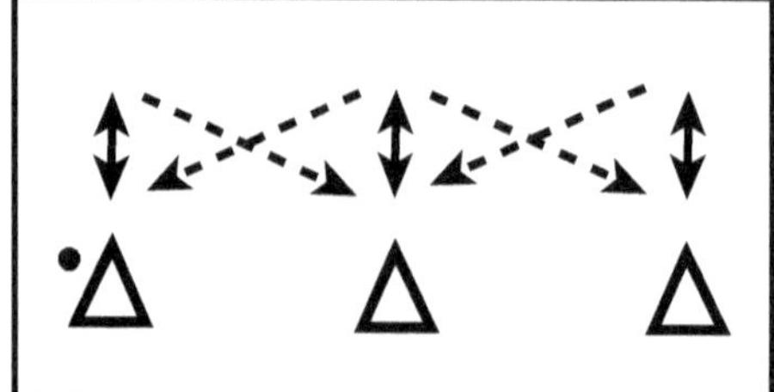

PASSEN UND STOSSEN 2: Kann auch zu viert geübt werden.

4) PASSEN UND STOSSEN 3: 10 Min.

Positionsangriff mit fünf Spielern aufstellen. Mit Hütchen (Abstand!) Positionen markieren. Im Stoßen von LA nach RA durchpassen. Der Rechtsaußen spielt zum Torwart im Torraum, dieser zum anderen Außen. Bei vielen Spielern können die Positionen doppelt besetzt werden (zweite Gruppe benötigt Hemdchen), evtl. zwei bis drei Spieler im Torraum aufstellen.

⇨ Mit zwei (drei) Bällen.

⇨ Andersherum.

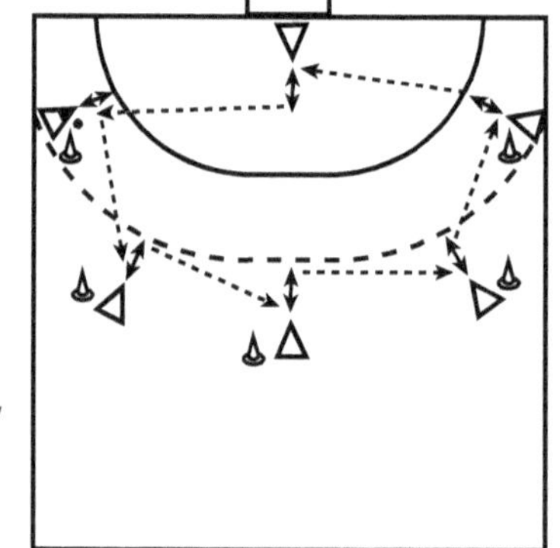

PASSEN UND STOSSEN 3: Die Präzision beim Stoßen lässt schnell nach.

III. Schlussteil:

1) POSITIONSSPIEL: 10 Min.

Es sollten je nach Spielerzahl immer zwei Angreifer mehr als Verteidiger vorhanden sein. Möglich wären Formationen wie 4:2, 5:2, 5:3, wobei zwei Angreifergruppen optimal sind. Der Ball muss mit Stoßen durchgepasst werden, um das Spiel breit zu machen.

⇨ Zweimal durchpassen, dann freier Abschluss mit Torwurf.

⇨ Positionen durchwechseln (oder auch nicht).

➪ Wenn der Trainer den Arm hebt, darf auf das Tor geworfen werden.
➪ Der Pass vom Anspiel soll bei den ersten zwei Angriffen nach rechts, dann nach links erfolgen.

POSITIONSSPIEL:
Auf sauberes Stoßen achten. Das Anspiel anpfeifen.

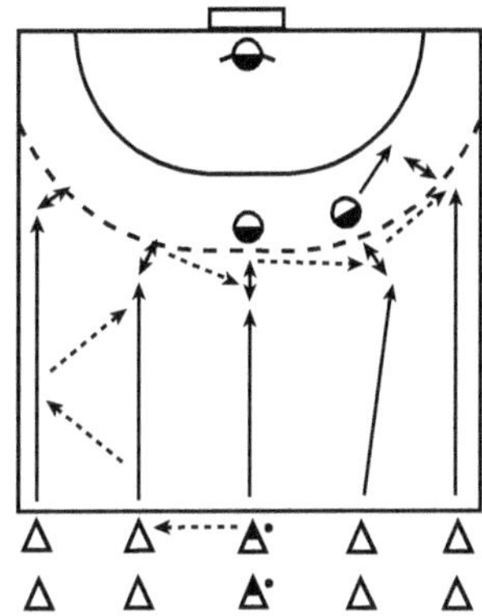

2) ZIELSPIEL ALS POSITIONSSPIEL: <u>20 Min.</u>

Handballspiel mit zwei Mannschaften. Es wird grundsätzlich nach jedem Ballverlust ein Anspiel an der Mittellinie durchgeführt. Dadurch werden Tempogegenstöße weitgehend unterbunden. Eventuell auch abpfeifen und durch Zuruf Anspiel anordnen.
➪ Ball muss nach dem Anspiel beim Linksaußen und Rechtsaußen gewesen sein, bevor abgeschlossen werden darf.
➪ Dann freies Spiel ohne Vorgaben.

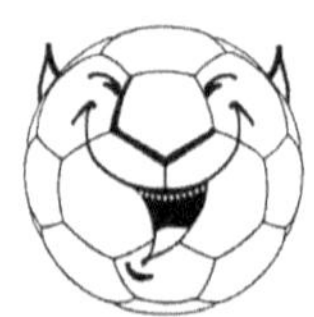

Trainingseinheit Nr. D 26: Positionsangriff II

Trainingseinheit D 26, Positionsangriff II: getestet mit 12 Teilnehmern / 90 Min. / D 2 / gr. Halle

Besonders gegen starke Gegner mit guter Abwehrarbeit sollte das Spiel auseinandergezogen werden. Für das Ausnutzen der ganzen Breite des Spielfeldes mit effektivem Stoßen sollte ein Standardfeld (oder wenigstens eine Hälfte) zur Verfügung stehen.

Benötigte Materialien: Handbälle für jeden Spieler, Überziehhemdchen, ein Fußball, zwei Stangen.

I. Auftakt:

1) FUSSBALL: 27 Min.

Zwei Torhüter dürfen zwei Mannschaften wählen (Hemdchen). Wer beginnen darf, mit Schere-Stein-Papier ausspielen. Bandenspiel ist überall erlaubt, gefährliche Attacken sind verboten. Bei vielen Spielern festen Torwart verlangen, der nur im Torraum den Ball mit der Hand aufnehmen darf. Deckenberührung gibt Freistoß (Mauer: fünf Schritte Abstand). Möglichst weichen Hallenfußball oder Volleyball verwenden.

⇨ Alle fünf Minuten müssen die Torhüter gewechselt werden (oder nach jedem erhaltenen Tor).

⇨ Alle fünf Minuten müssen die Angriffsspieler mit den hinten stehenden Abwehrspielern die Positionen tauschen.

2) TRINKPAUSE: 3 Min.

II. Hauptteil:

1) VORBEREITUNG STOSSEN: 5 Min.

Paare bilden, ohne Ball, jeweils ca. drei Meter von der Torraumlinie entfernt, welche sich wurfarmseitig versetzt gegenüberstehen. Beide führen gleichzeitig eine Stoßbewegung aus und schlagen sich leicht mit der Hand ab.

⇨ Immer stoßen und sich mit rechter Hand abschlagen, dann eine Serie mit links, dann noch eine Serie mit rechter Hand.
⇨ Dann Partner wechseln. Die Spieler im Torraum rücken eine Position weiter, der herausfallende Spieler füllt hinten wieder auf.
⇨ Dann wieder mit rechter, linker und mit rechter Hand abschlagen usw.

VORBEREITUNG STOSSEN:
Es soll sanft abgeschlagen werden. Wichtig: Am Anfang die Spieler nur drei Schritte machen lassen. Nur vorwärts- und rückwärtslaufen, nicht umdrehen!

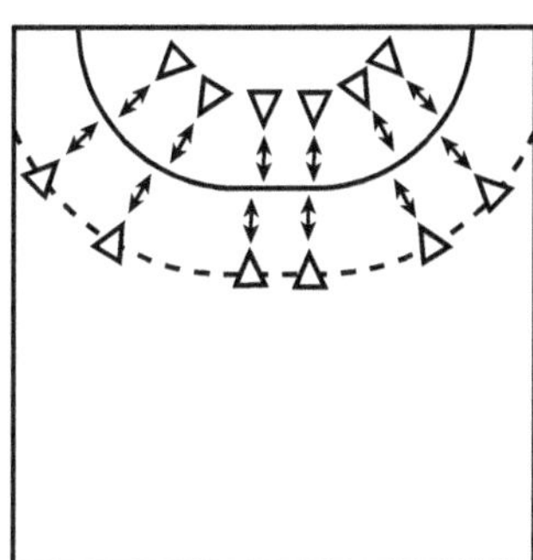

2) PASSEN UND STOSSEN 1: <u>12 Min.</u>

Paare bilden (jedes Paar einen Ball), sich an der Freiwurflinie gegenüber im Abstand von ca. fünf bis sieben Metern aufstellen. Deutliche Stoßbewegung: drei Schritte vor und zurück. In der Vorwärtsbewegung den Ball passen, in der Rückwärtsbewegung den Ball annehmen. Wenn der eine Spieler zurückweicht, stößt der andere vor und umgekehrt.
Wichtig: Einzelkorrektur bei manchen Spielern vornehmen, auf richtige Ausholbewegung und richtiges Fangen achten, evtl. als Trainer mit einzelnen Schützlingen stoßen und passen.
⇨ Bodenpass, Schlagwurfpass.
⇨ Nach einiger Zeit abpfeifen und die Spieler an der Torraumlinie um eine Position weiterrücken lassen, sodass sich neue Partner zupassen. Der herausfallende Spieler füllt hinten wieder auf.
⇨ Evtl. Abspieltempo erhöhen.
⇨ Evtl. größerer Abstand.

PASSEN UND STOSSEN 1:
Verlangt viel Disziplin von den Spielern. Ist die „Unlust" nach dieser Übung sehr groß, kann auch ein Spielchen oder Gymnastik eingeschoben werden.

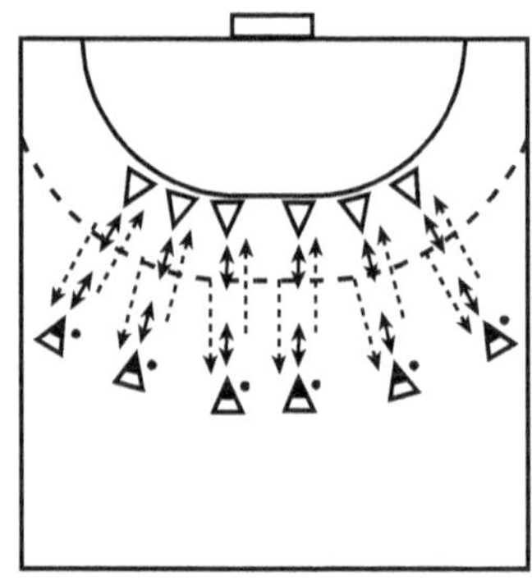

3) PASSEN UND STOSSEN 2: 8 Min.

Die Spieler in drei Vierergruppen nebeneinander mit einem Ball pro Gruppe an der Freiwurflinie aufstellen. Dreier- bzw. Fünfergruppen sind auch möglich (siehe Grafik). Sie werden durch Hütchen oder Stangen getrennt. Zwei Spieler sind Angreifer, zwei sind Abwehrspieler. Im Stoßen den Ball seitlich hin- und herpassen.

Die Abwehrspieler sollen langsam heraustreten und die Angreifer zum Ausweichen nach hinten zwingen. Allerdings dürfen die Passwege nicht blockiert und der Ball ausdrücklich nicht abgefangen werden. Die Abwehr kehrt immer wieder an den Torraum zurück und greift dann wieder langsam an. Jeder Übereifer der Abwehrspieler ist zu unterbinden!

⇨ Angreifer und Abwehrspieler wechseln miteinander.

⇨ Linke / rechte Position in der Gruppe tauschen.

⇨ Falls bereits positionsspezifische Zuordnungen getroffen wurden, den LA in der linken Gruppe, den RA in der rechten Gruppe usw. einsetzen.

PASSEN UND STOSSEN 2:
Die Angreifer sollen erstens die heranrückenden Verteidiger beachten und zweitens den Mitspieler noch kontrolliert anspielen können. Notfalls korrigieren sie ihren Standort Richtung Mittellinie. Immer Richtung Tormitte stoßen!

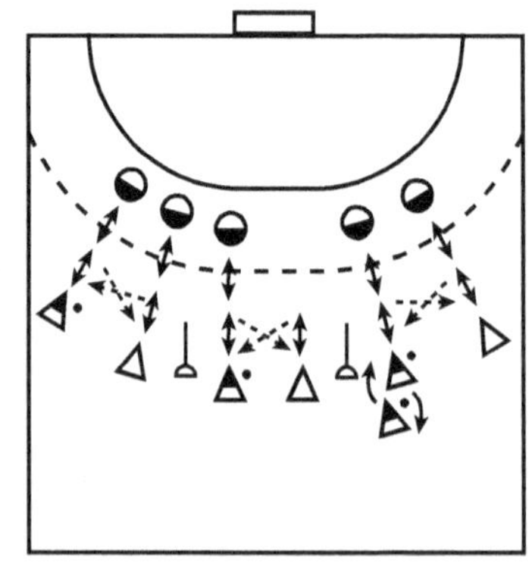

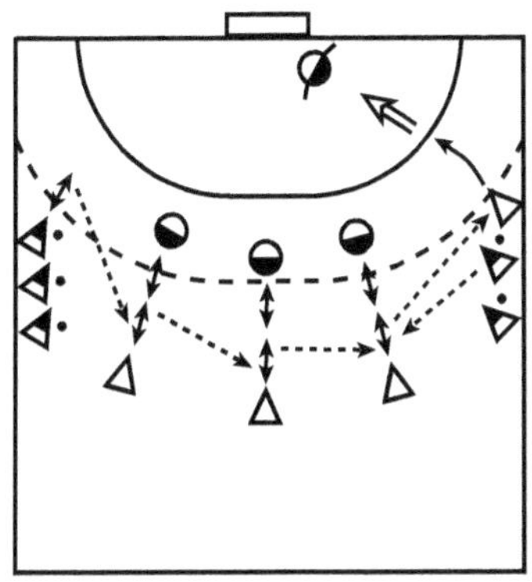

POSITIONSANGRIFF:
Das Durchspielen hat absolute Priorität. Nur der entsprechende Außen darf auf das Tor werfen. Überhaupt keine Durchbrüche oder Körpertäuschungen von den Rückraumspielern zulassen!

4) POSITIONSANGRIFF: 10 Min.

Drei Spieler besetzen RL, RM und RR, ihnen steht je ein Abwehrspieler gegenüber. Ein Torwart, der Rest der Spieler mit je einem Ball verteilt sich auf LA und RA. Achtung: Der erste Spieler auf RA braucht keinen Ball. Im Stoßen von LA nach RA durchpassen, der RA wirft auf das Tor. Dann dasselbe in die Gegenrichtung und der LA wirft. Der Torwart muss die Bälle aus dem Tor zum LA und RA herauswerfen, damit diese Positionen immer wieder mit wurfbereiten Spielern besetzt sind.

⇨ Angreifer und Abwehrspieler tauschen ab und zu die Positionen.
⇨ Die Verteidiger bleiben zuerst an der Freiwurflinie passiv stehen.
⇨ Die Verteidiger treten dann ab und zu weiter heraus.
⇨ Jetzt wird die Abwehr sehr aktiv, muss aber immer wieder hinter die Freiwurflinie zurück.
⇨ Evtl. Erweiterung: Der Trainer neben dem Tor hebt den Arm als Zeichen, dass die Passrichtung sofort umgekehrt wird.

III. Schlussteil:

1) ZIELSPIEL: 25 Min.

Handballspiel mit zwei Mannschaften. Nach den anstrengenden und doch etwas langweiligen Übungen zum Stoßen gibt es als Belohnung freies Handballspiel ohne Vorgaben.

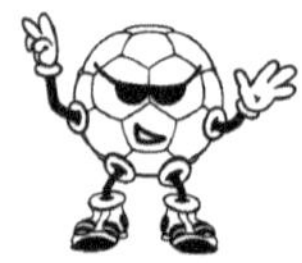

Trainingseinheit Nr. D 27: Viele Spieler

Trainingseinheit D 27, Viele Spieler: getestet mit 20 Teilnehmern / 90 Min. / D 1 + 2 / gr. Halle

Manchmal quillt die Halle über, so viele Spieler sind da. Hier habe ich Übungen aus der TrD 19 und TrD 24 kombiniert, um mit 20 Spielern der D1 und D2 ein praktikables Training durchzuführen.

Benötigte Materialien: Handbälle für jeden Spieler, zehn Stangen, vier Hütchen, fünf Schaumstoffbalken, zwei große Turnkästen.

I. Auftakt:

1) BESPRECHUNG: 10 Min.

Termine besprechen.

2) PRELLEN VON TORAUSLINIE: 13 Min.

Jeder hat einen Ball. In einer Linie nebeneinander auf der Torauslinie und im Tor aufstellen. Bis zur anderen Torauslinie und zurück prellen.

➪ Prellen mit der Wurfhand (jeweils zwei bis drei Bahnen).
➪ Mit der Nichtwurfhand.
➪ Wieder mit Wurfhand. Zusatzaufgaben: ein Pfiff = auf den Bauch legen (ohne Prellen), zwei Pfiffe = sich hinsetzen. Durch Zurufe unterstützen.
➪ Mit Seitstellschritten. Nach drei Schritten Seite wechseln.
➪ Abwechselnd zweimal links, dann zweimal rechts prellen.
➪ Zur Abwechslung ohne Prellen laufen und den Ball um den Körper wandern lassen (von einer Hand in die andere übergeben). Auch um den Kopf und die Knie herum.
➪ Noch einmal ohne Prellen laufen und den Ball mit einem ausgestreckten Arm nach vorne, seitwärts und oben / unten halten. Dabei immer die Hand wechseln.
➪ Wiederum prellen mit der Wurfhand.
➪ Abwechselnd dreimal links, dann dreimal rechts prellen.
➪ Sehr hoch prellen (Kopfhöhe).
➪ Abschließend im Sprint prellen.

PRELLEN VON TORAUSLINIE:

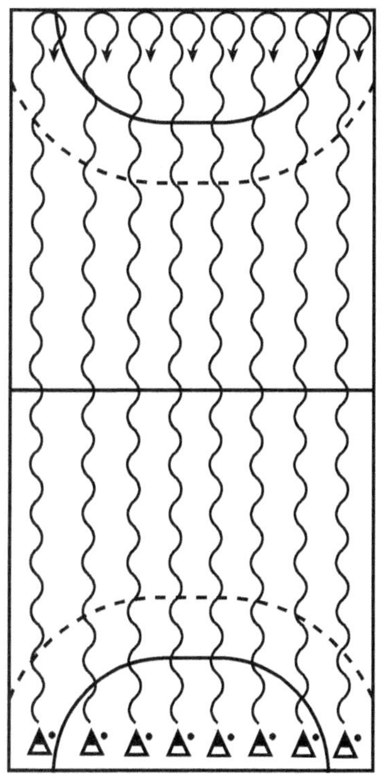

FANGSPIEL:

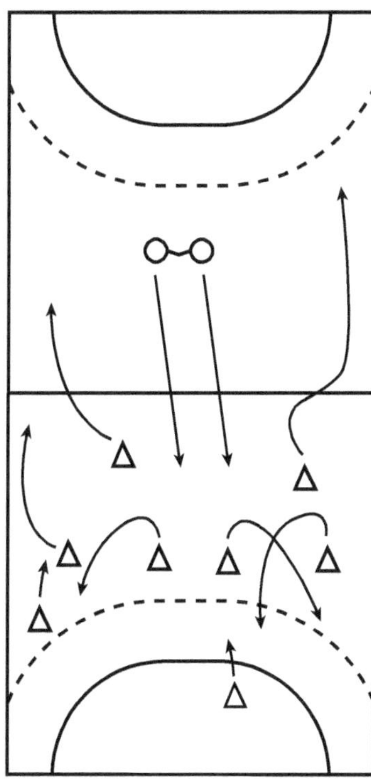

3) FANGSPIEL: <u>20 Min.</u>

Zwei Spieler werden als Fänger bestimmt. Sie halten sich an der Hand (Zweierkette). Aufstellung: Die Fänger befinden sich in einer Spielfeldhälfte an der Mittellinie, der Rest als „Hasen" in der anderen Hälfte im Torraum. Diese müssen gegenüber in den anderen Torraum gelangen. Wenn einer abgeschlagen wird, bilden die Spieler eine Dreierkette. Wird nochmals einer gefangen, gibt es zwei Zweierketten usw. Nach jedem Fangen Fänger und Hasen wieder an Mittellinie und im Torraum aufstellen und dann anpfeifen. Unbedingt auf das Handhalten bestehen. Eine Absprache bzw. Zusammenarbeit der Fänger ist notwendig und sollte vom Trainer gefordert werden.

4) TRINKPAUSE: <u>2 Min.</u>

II. Hauptteil:

1) TORWART: 3 Min.

Jeder mit einem Ball. In einer Reihe am Siebenmeter antreten und kurz den Torwart mit Wurfserien (schwach – mittel – stark, hoch – tief etc.) aufwärmen. Derweil daneben die nächste Übung aufbauen.

2) TORWART AUFWÄRMEN KOORDINATION: 10 Min.

Es werden etwa zwischen der Neun-Meter-Linie und der Mittellinie fünf Schaumstoffstreifen oder -balken im Abstand von ca. 80 Zentimetern ausgelegt. Jeder hat einen Ball, eine Reihe, Torhüter. Immer zwei bis drei Wurfserien gekoppelt mit Koordinationsaufgabe durchführen.

- ⇨ Schlusssprünge, mit Sprungwurf werfen.
- ⇨ Einbeinige Sprünge: immer links.
- ⇨ Einbeinige Sprünge: immer rechts.
- ⇨ Beim Start 90 Grad gedreht; mit seitlichen Schlusssprüngen.
- ⇨ Derweil nächste Übung (Parcours) aufbauen.

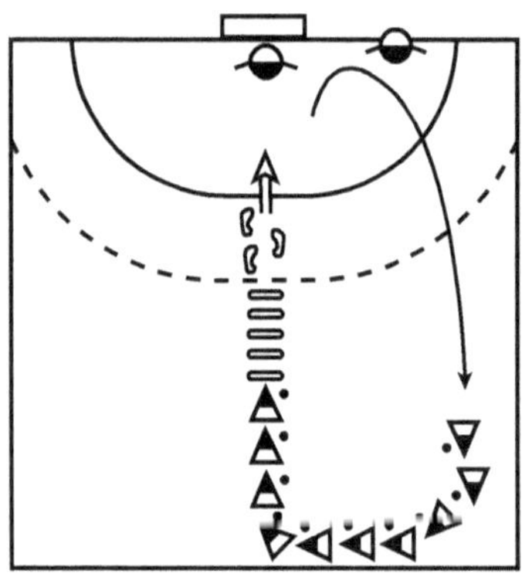

TORWART AUFWÄRMEN KOORDINATION:
Nicht warten, bis geworfen ist. Starten, wenn Vordermann beim dritten Balken ist.

3) PASSEN UND WERFEN: 12 Min.

Mit zehn Stangen, zwei Schaumstoffbalken und vier Hütchen auf beiden Spielfeldseiten denselben Parcours aufbauen. Entlang der Seitenlinie stehen je fünf Stangen, je ein Schaumstoffbalken befindet sich am Torraum. In jedes Tor einen Torhüter. Paarweise mit einem Ball passen, anfangs darf im Notfall auch einmal geprellt werden.

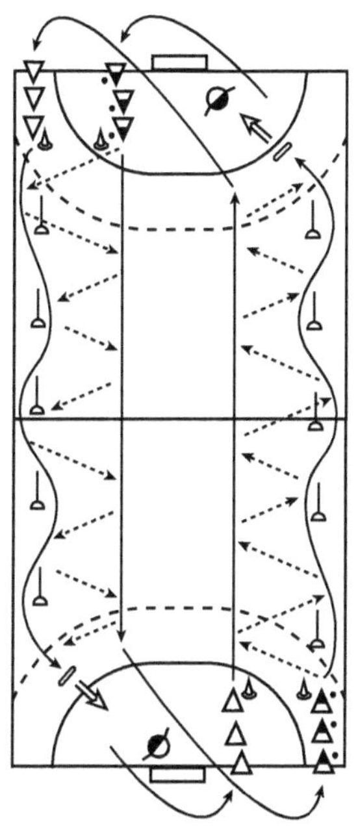

Der Außenspieler läuft Slalom, der Mitspieler nebendran läuft mit. Der Außen schließt mit Sprungwurf über den Schaumstoffbalken ab. Dann auf der anderen Seite dasselbe zum anderen Tor ausführen. Nach jeder Bahn werden die Positionen getauscht.

⇨ Die Partner wechseln.

⇨ Die Schaumstoffbalken verschieben.

⇨ Am Ende hilft die ganze Mannschaft beim Abräumen.

PASSEN UND WERFEN:

4) KREISLÄUFERANSPIEL: 20 Min.

Zwei Hütchen, zwei Kästen, zwei Balken: Die Spieler bilden drei Reihen, auf RR und RL hat jeder einen Ball, in der Mitte nicht. Ein bis zwei Torhüter. Zwei große Kästen werden links und rechts vom Siebenmeter aufgestellt. Je ein Kreisläufer steht verdeckt hinter jedem Kasten. Der erste auf RR prellt an, macht einen Sprungwurf über einen Schaumstoffbalken, spielt dabei aber den Ball im Sprung zum Kreisläufer. Dieser schließt mit Sprungwurf ab. Er holt den Ball wieder und stellt sich auf RR an. Der Passgeber stellt sich in der Mitte an. Dann das Ganze auf der anderen Seite durchführen.

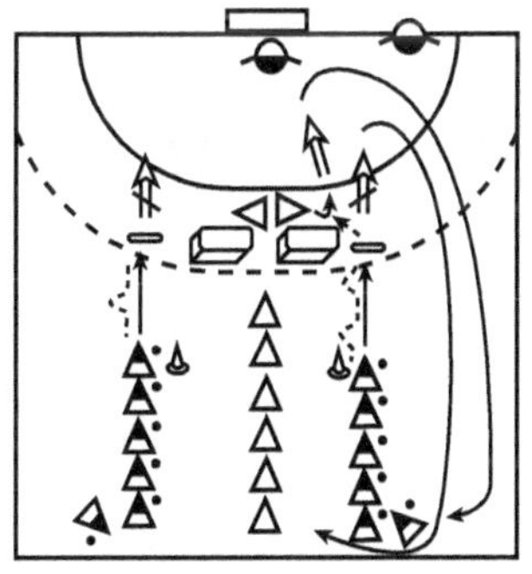

⇨ Evtl. Balken verschieben zum besseren Zuspielen.

⇨ Verteidiger oder Trainer versucht, Pass zu stören.

⇨ Trainer steht hinter dem Kreisläufer und schiebt ihn an, sodass der Pass in den Lauf des Kreisläufers gespielt wird.

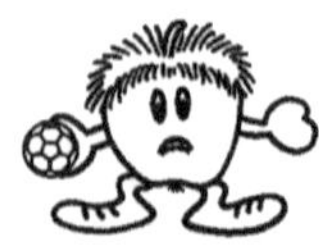

Trainingseinheit 1 Handball-AG Grundschule

Trainingseinheit 1 Handball-AG: getestet mit 12 Teilnehmern / 8 – 10 Jahre / 60 Min. / kl. Halle

Teilnehmer: gemischt, aus 3. und 4. Klasse (acht bis zehn Jahre)
Materialien: Handbälle für jeden Spieler, Überziehhemdchen, fünfzehn Hütchen / Stangen

I. Besprechung: 5 Min.

1) ALLGEMEINES:
- ⇨ Nächstes Mal fällt Handball-AG leider aus …
- ⇨ Bald Mini-WM-Turnier, demnächst nähere Informationen!

II. Aufwärmen und Technik:

1) PRELLEN: 8 Min.

Prellparcours aufbauen mit je vier Hütchen, andersfarbiges Hütchen als Startpunkt. Im Slalom durch die Hütchen prellen, dann außen herum zurück zum Start. Etwa zehn bis zwölf Durchgänge.

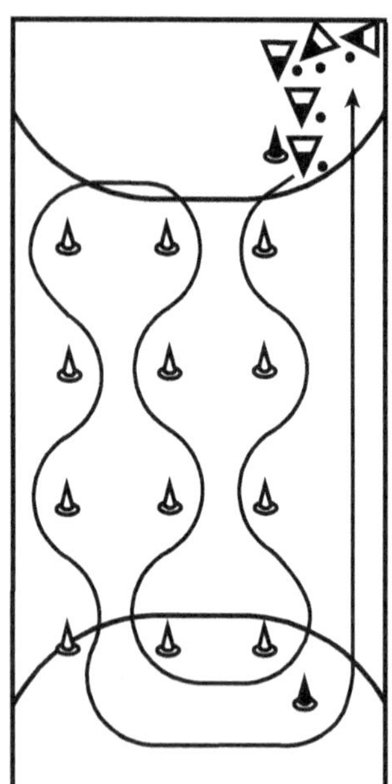

⇨ Ein Teilnehmer macht die Übung vor.
⇨ Nach dem ersten Durchgang korrigieren: Alle setzen bitte die linke und rechte Hand ein. Am Ende einer Reihe langsamer werden, damit man die Kurve kriegt. Mehr Abstand lassen (mindestens zwei Hütchen) und überhaupt: Dies ist kein Wettrennen!

2) PRELLSTAFFEL: 7 Min.

Hütchen wie vorherige Übung, zusätzlich noch zwei andersfarbige Starthütchen. Drei Mannschaften bilden (wenn die Teilnehmerzahl nicht aufgeht, muss einer zweimal laufen). Nach Durchprellen der Viererhütchenreihe (hin und zurück) den nächsten Teilnehmer beim letzten Hütchen mit Aufsetzerpass anspielen. Wichtig: Ball nicht verlieren, beim Umkehren langsamer werden. Prellfehler der schwächeren Spieler nicht ahnden. Probedurchgang und drei bis vier Wettrennen.

⇨ Nach Probedurchgang durch Spielertausch die Teams auf gleiche Stärke bringen.

PRELLSTAFFEL:

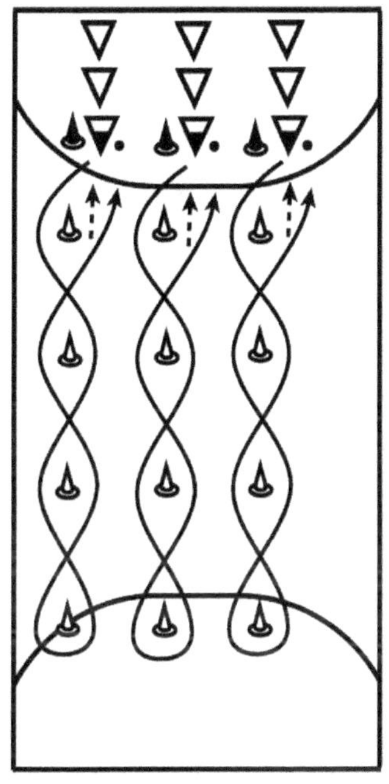

PASSEN:

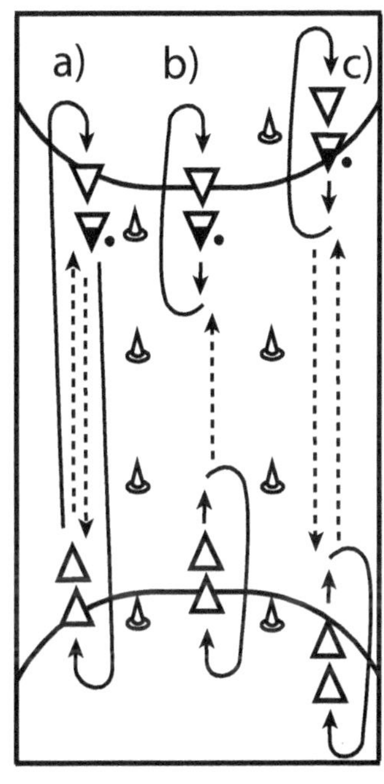

3) PASSEN: 15 Min.

Die drei Starthütchen sowie eine Hütchenreihe wegräumen, die Halle längs dritteln. Die drei Mannschaften neu einteilen (Fortgeschrittene zusammenfassen). Die Hälfte jeder Gruppe stellt sich jeweils neben dem ersten bzw. dem vierten Hütchen auf (pro Gruppe ein Ball).

⇨ Den Ball zum Gegenüber passen (Aufsetzer), dann hinterherlaufen (Grafik a) und sich drüben wieder hinten anstellen.
⇨ Dann Schlagwurf probieren.
⇨ Jetzt nach dem Pass einige Schritte zurückweichen und sich hinten wieder anstellen (Grafik b). Zuerst Aufsetzer, dann wieder Schlagwurf.
⇨ Für Fortgeschrittene die Entfernung vergrößern (Grafik c), für schwächere Teilnehmer verkleinern. Hütchen als Anhaltspunkte nehmen bzw. verschieben.

III. Schlussteil:

1) SPIEL: 25 Min.

Handballspiel (3+1 oder auch 4+1). Torhüter finden (möglichst gleichstark). Zuerst spielen die großen, fortgeschrittenen Kinder gegeneinander, dann die kleineren, schwächeren Kinder. Trainer pfeift, unterbricht aber immer wieder zum Erklären und Wiederholen der Regeln.

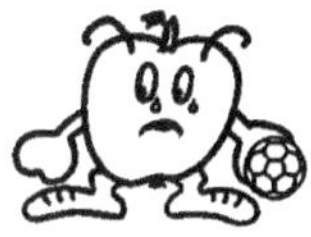

Trainingseinheit 2
Handball-AG Grundschule

Trainingseinheit 2 Handball-AG: getestet mit 10 Teilnehmern / 8 – 10 Jahre / 60 Min. / kl. Halle

Teilnehmer: gemischt, aus 3. und 4. Klasse (acht bis zehn Jahre)
Materialien: Handbälle für jeden Spieler, Überziehhemdchen, zehn Hütchen, drei Langbänke, ein Volleyball, ein Basketball, zwei große Schaumbälle o. ä..

I. Besprechung: 5 Min.

1) ALLGEMEINES:
Alle holen sich einen Ball und setzen sich auf die Bänke. Bald ist Schulturnier, Zettel kommt noch vor den Ferien.

II. Aufwärmen und Technik:

1) PRELLEN: 3 Min.
Freies Prellen in der ganze Halle.

2) KOORDINATION: 7 Min.
Trainer steht vor einem Tor (mit Ball), die Schüler verteilen sich in Zweier- und Dreierreihen mit viel Abstand in der Halle. Alle müssen den Trainer sehen, dieser macht die Übungen vor und erklärt sie.

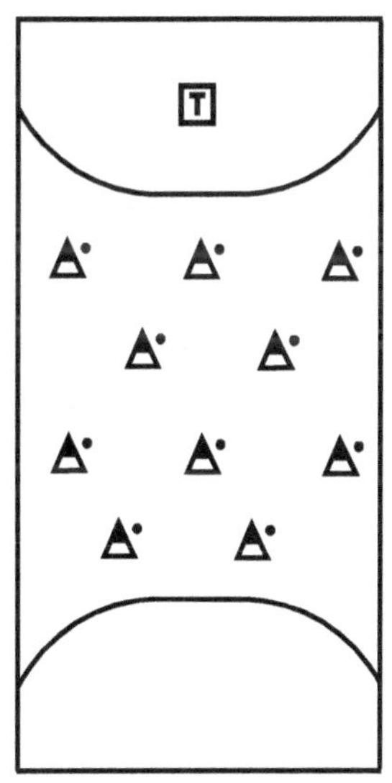

➪ Ball rechts hochwerfen, einhändig fangen. Dito links, dann von linker in rechte Hand werfen und zurück.
➪ Ball nach unten mit einer Hand halten, Arm nach rechts ausstrecken, dann nach links. Ball um Körpermitte kreisen lassen, um den Kopf, um die gespreizten Beine (Achter).
➪ Mit linker Hand im Stehen prellen, dann mit rechts. Mehrmals in Hocke gehen und prellen (links / rechts), kopfhoch prellen (links / rechts), auf der Stelle prellen und mit

Sidesteps einmal im Kreis steppen (linksherum / rechtsherum, mehrmals). Sich einmal auf der Stelle drehen und Ball im Kreis prellen (linke / rechte Hand, linksherum, rechtsherum). Nochmals Ball mit der rechten Hand halten und bis zehn zählen.

3) WERFEN: 15 Min.

Drei Langbänke längsseits etwa zwei Meter von der Hallenwand abrücken, dahinter je drei bis vier Schüler mit je einem Ball. Vor einem Tor steht der Trainer mit drei bis vier großen Bällen (Basket-, Volley-, Schaumball usw.) und rollt diese langsam an den Langbänken vorbei. Die Schüler sollen sie abwerfen. Dann dasselbe von der anderen Seite.

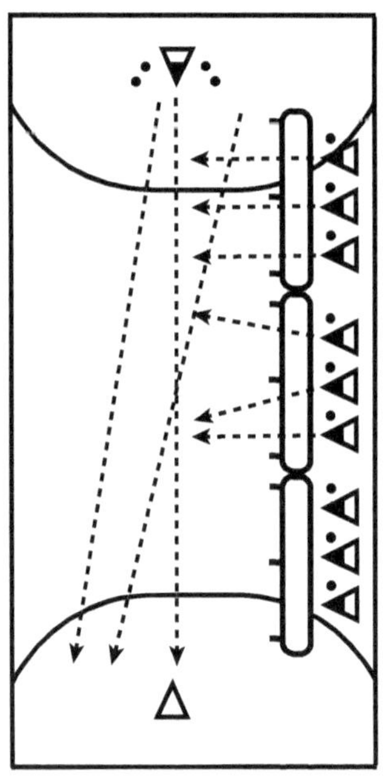

⇨ WICHTIG: immer variieren, zuerst nahe, dann weiter weg von den Bänken rollen; mal schneller, mal langsamer; mal gerade, dann schräg.

⇨ Nach einigen Probedurchgängen den Trainer durch je einen Schüler vor jedem Tor ersetzen und diese rollen lassen.

WERFEN:
Wird der Ball getroffen, sofort einen zweiten Ball ins Feld rollen. Wenn dann alle ihren Ball wiedergeholt haben, werden die nächsten zwei Bälle gerollt.

4) WERFEN WURFPARCOURS: 15 Min.

Mit 2 x 5 Hütchen spiegelverkehrt Wurfparcours aufbauen. Zwei Torhüter und zwei Zuspieler auswählen. Vom Start aus Doppelpass mit Zuspieler, dann eines der beiden Hütchentore wählen und auf das Tor werfen, den Ball holen und auf der anderen Seite wieder anstellen.

⇨ Es darf geprellt werden. Torhüter und Zuspieler ab und zu wechseln.

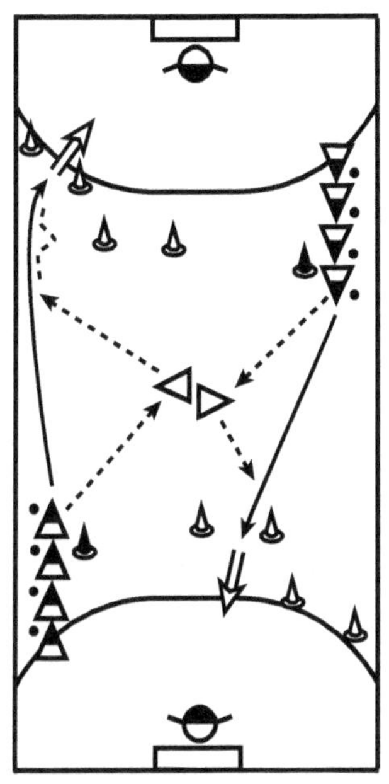

WERFEN WURFPARCOURS:
Genaue Pässe fordern. Es darf der Trainer auch einmal werfen oder eventuell ein Hütchentor versperren.

III. Schlussteil:

1) SPIEL: 15 Min.
Handballspiel (3+1 oder auch 4+1).

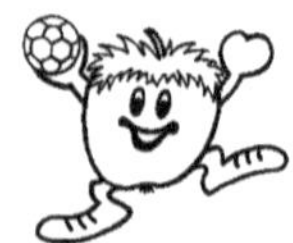

Trainingseinheit 3 Handball-AG Grundschule

Trainingseinheit 3 Handball-AG: getestet mit 17 Teilnehmern / 8 – 10 Jahre / 60 Min. / kl. Halle

Teilnehmer: gemischt, aus 3. und 4. Klasse (acht bis zehn Jahre)
Materialien: Handbälle für jeden Spieler, Überziehhemdchen für drei Teams.

I. Besprechung: 5 Min.

1) ALLGEMEINES:
Alle wollen einen Handball und versorgen ihn unter der Bank. Demnächst handballspezifischer Sporttag für alle 2. Klassen in Baden-Württemberg.

II. Aufwärmen und Technik:

1) WARMLAUFEN: 5 Min.
Alle rennen kreuz und quer durch die Halle. Nicht zusammenstoßen, aufpassen bitte! Jeder prellt mit seinem Ball.
➪ Immer Kurven laufen; den linken Arm hochstrecken; den rechten Arm hochstrecken; rückwärtslaufen (Vorsicht, bitte nach hinten schauen); seitlich laufen (Sidesteps).
➪ Wieder auf die Bänke setzen.

2) AUFWÄRMSPIEL: 5 Min.
„Feuer-Wasser-Sturm“ => kennen eigentlich alle. Feuer: in eine Ecke flüchten. Wasser: irgendwo hochklettern oder draufstellen. Sturm: auf den Boden legen. Alle laufen immer durcheinander.
➪ Ca. acht- bis zehnmal laut das jeweilige Signalwort rufen, bis alle es richtig machen.
➪ Dann mit Ausscheiden, der / die Letzte scheidet leider aus und muss sich auf die Bank setzen. Nur bis etwa die Hälfte ausgeschieden ist, dann abbrechen.
➪ Nochmals ohne Ausscheiden spielen, dazu kommt jetzt noch „Hamburger“: Ein Kind legt sich auf den Boden, das zweite quer darauf. Es gibt noch viele weitere Möglichkeiten ...

3) PRELLEN: 12 Min.

Alle sitzen auf der Bank. Vorsicht, kein Chaos entstehen lassen. Es werden Dreiergruppen gebildet. Jede Gruppe wird nacheinander aufgerufen, zwei mit einem Ball nach links geschickt, ein Kind nach rechts.

Bei ungeraden Zahlen: Entweder Zweiergruppe bilden, jedes Kind prellt dann nicht nur eine Bahn, sondern kehrt um und läuft noch eine weitere Bahn zurück. Oder eine Vierergruppe, dann stehen links und rechts je zwei Kinder.

➪ Den Ball immer eine Bahn durch die Halle prellen, Ball am Ende durch Aufsetzer (Bodenpass) zum Nächsten spielen.

➪ Mit einer Hand prellen. Mit rechts prellen. Mit links prellen. Abwechselnd links / rechts prellen. Zweimal links, dann zweimal rechts usw. prellen. Immer wieder korrigieren und auffordern.

PRELLEN:

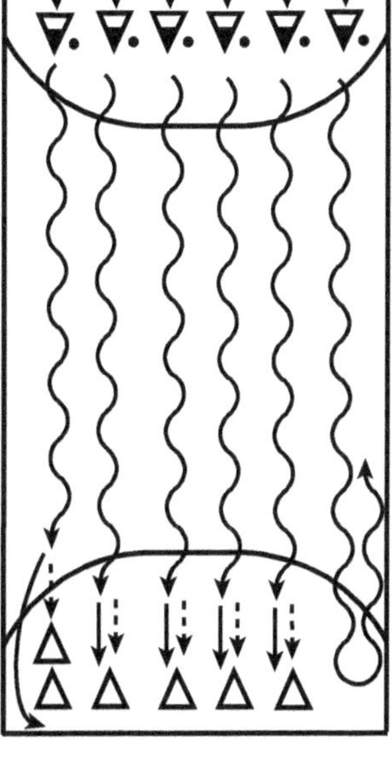

4) TRINKPAUSE: 3 Min.

Trinkpause, dann wieder auf die Bänke setzen. Zwei Kinder sammeln alle Handbälle ein.

III. Schlussteil:

1) SPIEL: 30 Min.

Handballspiel, zwei feste Torhüter finden. Drei Mannschaften (möglichst gleich stark) bilden, Hemdchen verteilen. Mit Weichschaumball spielen, weil ungefährlicher. Zwei Teams spielen. Nach fünf Minuten ein Team auswechseln. Auch Torhüter einmal austauschen.

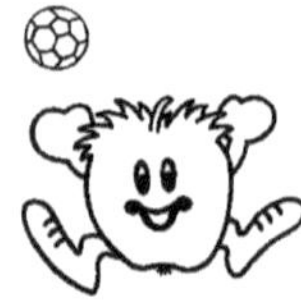

Trainingseinheit Handballtag Grundschule

Trainingseinheit Handballtag: getestet mit 21 Teiln. / 7- 8 Jahre / 80 + 10 Min. Umziehen / kl. Halle

Teilnehmer: 21 Kinder, gemischt, 2. Klasse (sieben bis acht Jahre), ein Vereinstrainer, ein Lehrer.
Materialien: Handbälle Gr. 0 oder Weichschaumbälle für jeden Spieler, vier Hütchen, Überziehhemdchen oder Bänder für vier Teams.

1) ALLGEMEINES: 10 Min.

Sitzkreis. Vorstellung des Trainers. Unterschied von Handball zu Fußball: Unterhalb des Knies geht nix. Wichtigste Dinge: Matten sind Tore. Auf die Torraumlinie schauen, da darf keiner rein außer dem Torwart. Torhüter darf auch mit Fuß abwehren. Mittellinie ist für das Anspiel wichtig. Bei den Seitenlinien gibt's Einwurf. Ganz wichtig: Spätestens nach drei Schritten muss mit einer Hand geprellt werden. Wenn der Ball mit zwei Händen gefasst wird, bitte nicht mehr prellen.

⇨ Jeder bekommt im Sitzkreis einen Handball (Weichschaumbälle mit Elefantenhaut, ansonsten Handbälle Größe 0).

2) AUFWÄRMEN MIT BALL: 5 Min.

Alle bewegen sich kreuz und quer durch die Halle. Jeder prellt mit seinem Ball. Nicht zusammenstoßen, bitte aufpassen!

⇨ Zuerst prellen lassen (ausprobieren und testen). Dann abwechselnd immer links / rechts prellen. Dann zweimal links, zweimal rechts.

⇨ Jeder sucht sich einen Platz ca. drei Meter vor einer Wand. Den Ball als Aufsetzer so stark an die Wand werfen, dass ich ihn wieder fangen kann. Dann direkt hoch an die Wand werfen und wieder fangen.

3) WERFEN AUF DAS TOR: 20 Min.

Aufteilen in 2 x 2 Gruppen (z.B. Mädchen / Jungen). In einer Hälfte coacht der Lehrer. Mit je einem Hütchen Anfangspunkt der Reihen markieren. Die zwei Reihen werfen abwechselnd. Zwei Torhüter aussuchen, nach jeder Wurfserie Torwarte wechseln (ist beliebt).

⇨ Aus dem Stand auf das Tor werfen, weit ausholen (jeweils zeigen).

⇨ Einen Schritt machen und werfen (Wurfarm / Sprungbein).

⇨ Versuchen, drei Schritte zu machen und zu werfen (schwierig).

⇨ Einmal prellen und sofort werfen (ist leichter).

WERFEN AUF DAS TOR:

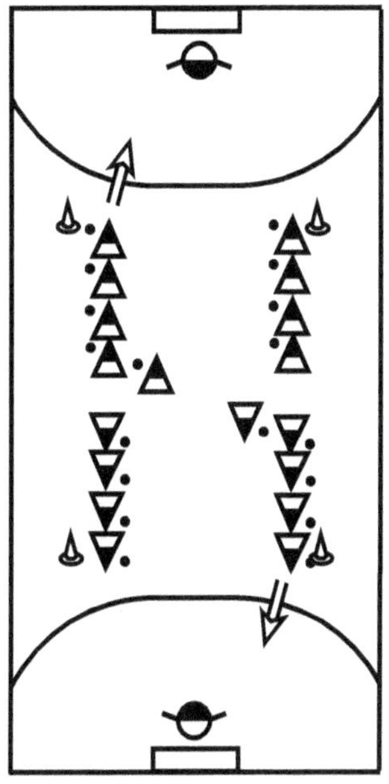

4) TRINKPAUSE: <u>5 Min.</u>

Bälle einsammeln, dann Trinkpause.

5) SPIEL „FEUER-WASSER-STURM“: <u>10 Min.</u>

Kennen eigentlich alle. Feuer: in eine Ecke flüchten. Wasser: irgendwo hochklettern oder draufstellen. Sturm: auf den Boden legen. Alle laufen immer durcheinander.

⇨ Vier- bis sechsmal ein Signalwort rufen, bis alle es richtig machen.

⇨ Dann mit Ausscheiden, der / die Letzte scheidet leider aus und muss sich auf die Bank setzen (Lehrer hilft mit). Nur bis etwa die Hälfte ausgeschieden ist, dann abbrechen.

⇨ Nochmals ohne Ausscheiden spielen, dazu „Hamburger“: Ein Kind legt sich auf den Boden, das zweite quer darauf usw.

6) HANDBALLSPIEL: 30 Min.

Vier Mannschaften (möglichst gleich stark) durch Lehrer bilden lassen, Hemdchen verteilen. Mit Weichschaumball spielen zwei Teams mit fünf Spielern (bei sechs Spielern immer durchwechseln). Nach fünf Minuten die Teams wechseln. Die Mannschaft bestimmt selbst, wer ins Tor geht (es darf jeder mal).

HINWEISE ZUM HANDBALLSPIEL:

Zuerst pfeift und erklärt der Trainer sehr viel. Am Anfang wird der Torraum sehr häufig betreten. Dann werden auch viel zu viele Schritte gemacht, also abpfeifen und zum Prellen bzw. Abspielen ermuntern. Am Anfang wird von ganz weit weg auf das Tor geworfen, es soll aber erst mal geprellt und gepasst werden (Trainer macht vor). Der Torwart soll bis zur Vier-Meter-Linie vorkommen und nur den freien Spieler (auch die Mädchen!) beim Abwurf anspielen. Natürlich die Fouls pfeifen, jedoch großzügig bei den Zweikämpfen sein. Nach dem zweiten Spiel sieht man schon deutliche Verbesserungen im technischen und taktischen Verhalten.

7) SCHLUSS:

Sitzkreis, Hemdchen einsammeln, Urkunden verteilen, Schnuppertraining im Verein empfehlen, Dank an alle.

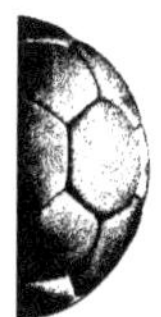

Sichtung bei der C-Jugend

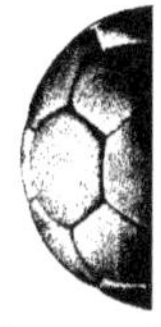

Getestet mit 19 Teiln., davon vier Torhüter; zwei Trainer / 180 Min. / MU 15 Jg. 1993/94 / gr. Halle

Die hier aufgeführten Übungen wurden bei der Sichtung der männlichen C-Jugend (MU 15 RAM) in der Schweiz für die Regionalauswahl von Gianni Keller (HRVOST) am 10.07.2007 durchgeführt.

Benötigte Materialien: jeder einen Handball, vier Hütchen, Hemdchen, zwei große Kästen, zwölf Reifen, vier Turnmatten.

1) AUFWÄRMSPIEL: 15 Min.

Im begrenzten Spielfeld von ca. 14 x 14 m (Hütchen) prellen alle mit ihrem Ball. Zwei Fänger versuchen prellend die Mitspieler mit je einem Hemdchen abzuschlagen (nur der Rücken gilt!). Der Abgeschlagene wird neuer Fänger und erhält das Hemdchen überreicht.

2) PARTEIBALL: 20 Min.

In einer Hälfte des Handballfeldes:

➪ Vier gegen vier (Hemdchen) Parteiball spielen lassen, ohne Foulspiel und ohne Prellen.

➪ Parteiball „verschärft", drei gegen drei mit Prellen, auf Zeit spielen (zwei Minuten), Anzahl Pässe notieren.

➪ Parteiball zwei gegen zwei mit Prellen, 30 Sekunden lang spielen, Ziel: Ball während der 30 Sekunden ununterbrochen passen (im richtigen Moment antreten und sich vom Verteidiger lösen, abgeschirmt prellen), Ballverluste notieren.

3) PASSEN MIT STOSSEN IM BOGEN:

Zu dritt in einer Linie, Gesicht zum Tor, RL-RM-RR.

➪ Der Mittelmann läuft nach links und stößt dann vorwärts, bekommt von RL den Ball, spielt dann langen Pass auf RR, stößt zurück, dann seitlich, dann wieder vor (rundes U) und bekommt Ball vom RR zurück, spielt langen Pass auf RL, wieder im Bogen ein U laufen usw.

➪ Dito, aber vor dem langen Pass macht RM jeweils noch eine Wurftäuschung.

⇨ Variante: ohne Wurftäuschung, immer noch U-Stoßen des RM. Jetzt spielen aber die Außen den langen Pass und der RM spielt den kurzen Pass als Handgelenkspass (siehe Grafik).

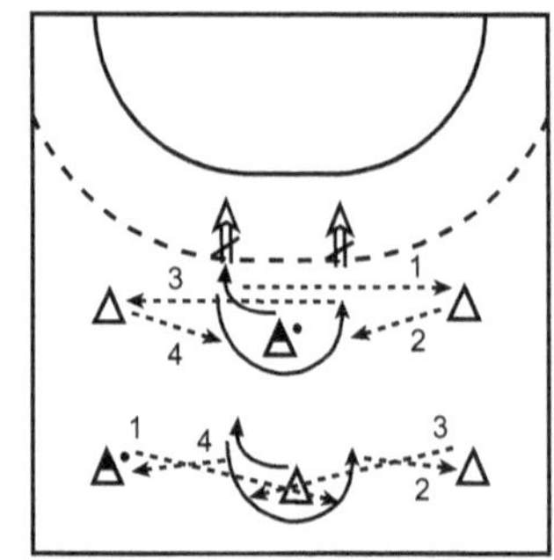

4) KÖRPERTÄUSCHUNG:

Torwart, ein großer Kasten zwischen Torraum und Freiwurflinie, davor ein Reifen. Ein Anspieler. Die anderen Spieler stehen mit je einem Ball auf RM. Pass zum Anspieler, Rückpass, mit Ball in Nullschritt einspringen (Schulter nach links neigen ist erlaubt, aber nicht zwingend), dann Schritt nach rechts und Schritt mit links nach vorne, dann mit Sprungwurf abschließen. Linkshänder zur anderen Seite.

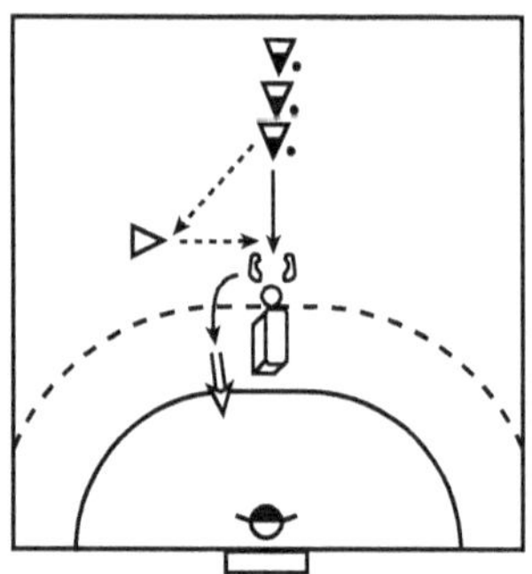

5) WURFTRAINING UND ÜBERGANG AN DEN KREIS:

Die Spieler stehen hintereinander mit je einem Ball als RM fast an der Mittellinie, ein Zuspieler steht auf RL. RM spielt Pass auf RL, läuft geradeaus zum Torraum, dort nach links, dreht sich links herum weg vom Tor, setzt sich wieder in die Mitte ab, erhält dabei den Ball und schließt mit Sprungwurf am Kreis ab.

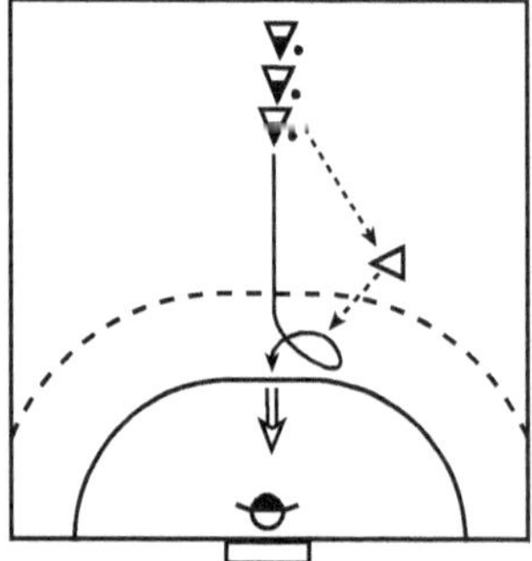

6) KOORDINATION:

Torwart. Zwölf Reifen. Jeder einen Ball. Hintereinander auf RM an Mittellinie aufstellen. Aktiv im Reifenparcours auf Fußspitze Sprünge machen, immer mit Kern- / Schlagwurf abschließen.

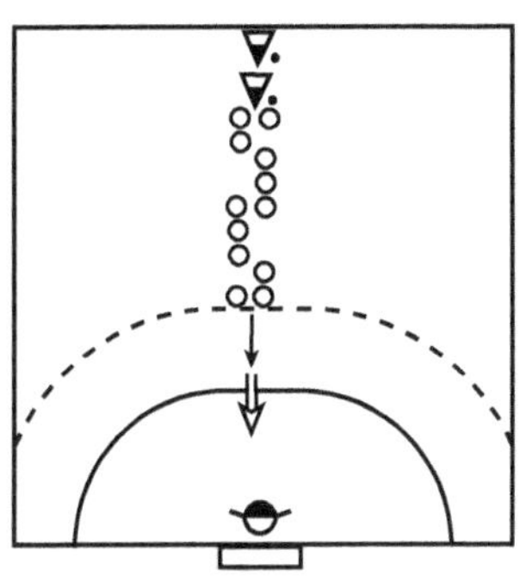

➪ Beidbeinig einspringen, dann rechts-links-links-beidbeinig, dann rechts-rechts-links-beidbeinig und mit zwei Schritten abschließen.

➪ Variante: beidbeinig einspringen, dann zuerst nach rechts drehen und bei jedem weiteren Sprung eine Vierteldrehung ausführen, ab der Mitte nach links drehen und Vierteldrehung.

➪ Variante (schwer): jetzt halbe Drehungen. Zuerst zwei nach rechts, dann zwei nach links; von Mitte aus zwei nach links, dann zwei nach rechts.

7) KÖRPERTÄUSCHUNG MIT WURFTÄUSCHUNG:

Zwei große Kästen auf halblinks und halbrechts aufstellen. Mit je einem Ball die Rechtshänder auf RL, die Linkshänder auf RR aufstellen. Zwei Anspieler. Torwart.

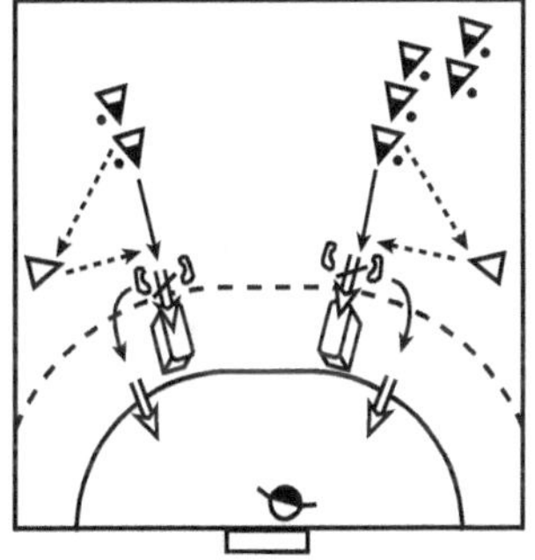

➪ Pass auf Anspieler, Anlauf, Rückpass, dann in den Nullschritt mit Wurftäuschung, dann links-rechts-links auf Gegenwurfarmseite am Kasten vorbei und mit Sprungwurf (ohne Prellen) abschließen.

8) KÖRPERTÄUSCHUNG MIT DREHUNG:

Ähnliche Aufstellung wie bei der vorhergehenden Übung. Zwei große Kästen auf halblinks und halbrechts aufstellen. Mit je einem Ball die Rechtshänder auf RL, die Linkshänder auf RR aufstellen.

➪ Zweimal prellen bis zum Kasten, dann drehen und mit dem Rücken zum Kasten einspringen, dann mit zwei Schritten (rechts-links) am Kasten vorbei und mit Sprungwurf (ohne Prellen) abschließen.

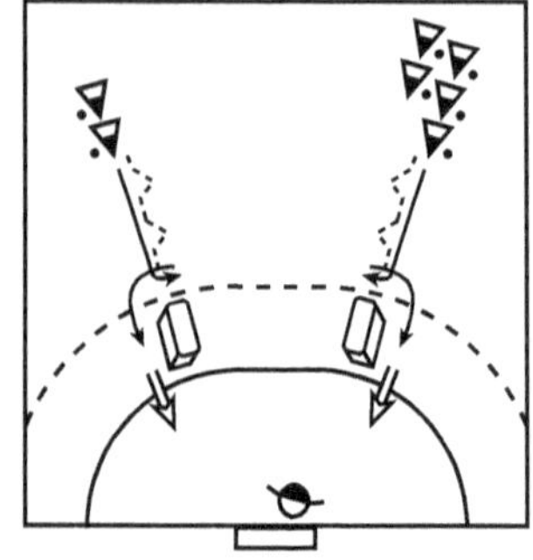

9) ABWEHRTRAINING:

2 x 2 blaue Turnmatten nebeneinander ca. 1,5 Meter vor der Seitenlinie hinlegen. Je zwei Abwehrspieler stehen mindestens zwei Meter vor den Matten. Die beiden Angreifer versuchen, sich mit Prellen, Kreuzen und Freilaufen durchzuspielen und den Ball auf den Matten von vorn oder seitlich abzulegen. Sehr stressig. Wird auf Zeit gespielt (eine Minute); dann Wechsel.

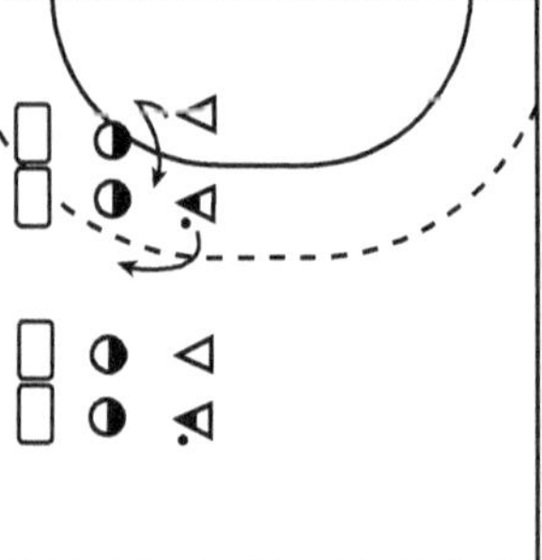

10) HANDBALLSPIEL: 3 x 15 Min.

Zwei feste Torhüter, drei Teams zu fünf Spielern. Es wird vier gegen vier gespielt (ein Auswechselspieler). Es gibt keinen vorgezogenen Abwehrspieler oder Kreisläufer und auch keine sonstigen taktischen Vorgaben. Das Anspiel erfolgt vom Torwart aus.

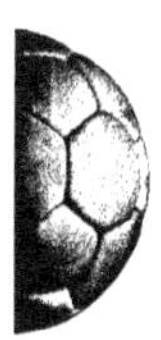

Taktische Hilfen bei 2 x 3 + 3

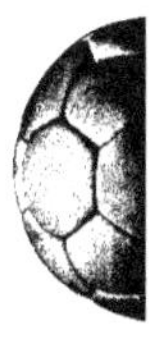

Verschiedentlich wird für dieses „halbierte" Handballspiel geworben oder es wird sogar vorgeschrieben (E- und D-Jugend). Es verhilft Anfängern zu vielen Toren und Erfolgserlebnissen, wird aber bei Fortgeschrittenen schwierig, weil keiner mehr in der Abwehr spielen will.

Es gilt im übrigen für alle Kapitel mit den taktischen Hilfen die alte Trainerweisheit: „Hast du schlechte Spieler, nützt die beste Taktik nichts!"

I. Überraschende Phänomene bei 2 x 3 + 3:

Normalerweise spielen immer drei Spieler gegen drei andere in Manndeckung (in einer Hälfte). Aber manchmal tauchen beim Experimentieren mit dieser Spielform verblüffende Effekte auf.

⇨ Man hebt die Manndeckung auf (einfach einen Spieler weniger spielen lassen) und verwirrt die Angreifer durch Unterzahl. Dann kann etwas zurückgezogen gespielt werden, ein Verteidiger attackiert den Ballbesitzer und der zweite Verteidiger konzentriert sich auf das Abfangen des Passes.

⇨ Die verschiedentlich angewandte Kompensationsregel, dass bei Unterlegenheit der einen Mannschaft zwei gegen vier gespielt werden darf, hebt die Defizite selten auf. Zwei ältere, große Spieler werden vier kleinen immer überlegen sein. Ich habe auch schon eins gegen drei spielen lassen, dies sollte man aber eigentlich nicht tun.

⇨ Körperliche Härte und Unfairness in der Abwehrarbeit, welche besonders ältere Spieler schon anwenden können (jüngere agieren rein ballbezogen), verschaffen leider schwerwiegende Vorteile. Überhaupt nimmt das unfaire Stoßen, Schubsen, Festhalten und Ziehen nach einigen Spielen stark zu. Da die Abwehrspieler dauernd überlaufen werden, greifen sie logischerweise zu unlauteren Mitteln.

SPIELFORM „Zweimal drei gegen drei" (Grundzüge):
Das Spielfeld wird für jede Mannschaft in eine Angriffs- und Abwehrhälfte unterteilt. In jeder Hälfte befinden sich je drei Spieler beider Mannschaften. Die Mittellinie darf von keinem Spieler überschritten werden (sonst Freiwurf). Beim Torerfolg bringt der Torhüter den Ball sofort wieder ins Spiel (Anspiel). Dabei darf auch direkt in die Angriffshälfte gespielt werden. Ansonsten versuchen die Verteidiger, ihre Mitspieler über die Mittellinie in der Angriffshälfte anzuspielen. Spielerwechsel dürfen nur über die Auswechselbank vorgenommen werden. Ansonsten gelten die üblichen Handballregeln.

II. Angriffstaktik:

Im Prinzip können alle Regeln, welche bei der Manndeckung zur Anwendung kommen, auch hier berücksichtigt werden. Allerdings müssen die Verhaltensweisen dem gesplitteten Spielfeld angepasst werden.

⇨ Abwehrhälfte: Die zwei Außenverteidiger setzen sich, wenn der Ball beim Torwart ist, mit schnellem Antritt Richtung Mittellinie sowie nach außen ab und können meistens schon mit einem langen Pass vom Torwart angespielt werden. Der Torhüter darf lange Pässe über die Mittellinie zu völlig freistehenden Mitspielern werfen. Ansonsten wird auf den Hinten-Mitte-Verteidiger gespielt, der sich zum Torwart hin anbietet. Gelingt dessen Freilaufen nicht, muss einer der Außenverteidiger zurückkommen, hinter dem Hinten-Mitte-Spieler kreuzen und den Ball übernehmen.

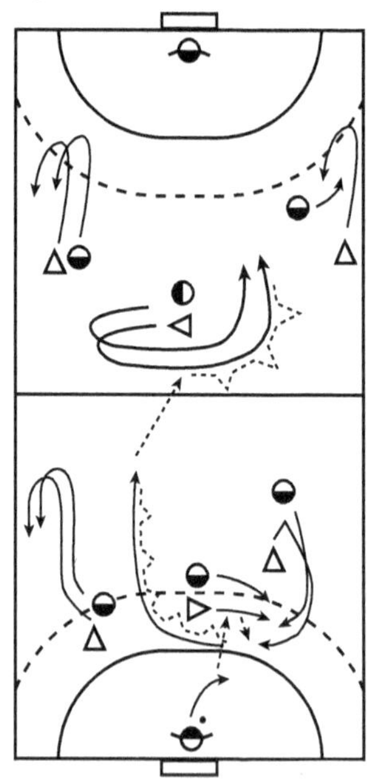

⇨ Angriffshälfte: Die drei Angriffsspieler sollten schon ihre Positionen bezogen haben, wenn ein Mitspieler mit dem Ball Richtung Mittellinie läuft. Es dürfen keineswegs alle drei an der Mittellinie warten, das schränkt den Raum zu sehr ein. Die beiden Außen stehen mit ihren Verteidigern links und rechts an der Freiwurflinie, nur der Mittespieler steht in der Mitte bereit. Er läuft zuerst nach links (siehe Grafik), um dann überraschend (Rechtshänder) zur Mittellinie abzubiegen, und bekommt dann den Ball zugespielt, den er auf seiner rechten Seite gut annehmen kann. Meist reicht ein schneller Antritt parallel zur Mittellinie, um wegzukommen und durchzubrechen. Da der Verteidiger auf der linken Seite läuft, kann er meistens nicht mehr entscheidend stören. Ansonsten muss mit den hinzukommenden Außen ein Doppelpass mit Lauftäuschung versucht werden.

⇨ Fortgeschrittene Spieler können auch mit scharfen Pässen über die Mittellinie versuchen, den Mitspieler in der Angriffshälfte schnell anzuspielen, um kleine Unaufmerksamkeiten auszunutzen.

⇨ Abstand: In der Hektik der Manndeckung übersieht der Schiedsrichter oft, dass der Gegenspieler drei Meter Abstand bei der Wurfausführung einhalten muss. Die eigenen Spieler sollen dies dann öfter mit lautem Rufen („Abstand!") einfordern. Die Gegenspieler sind in diesem Alter noch fair und weichen zurück.

⇨ Helfen: Bei Manndeckung kommt immer eine Grundregel zum Tragen, die gar nicht oft genug den Spielern klargemacht werden kann: Wird ein Mitspieler bedrängt, muss man zu ihm hinlaufen. In geringer Entfernung ist es dann für diesen viel besser möglich, ein kontrolliertes Abspiel hinzubekommen, und der Ball geht nicht verloren. Das gilt auch bei allen Freiwürfen, Einwürfen und Eckbällen.

III. Abwehrtaktik:

Grundsätzlich wird bei 2 x 3 + 3 immer Manndeckung gespielt (Ausnahme siehe unten). Die drei Verteidiger in der Abwehrhälfte sollten am Anfang eine Position seitlich neben ihrem Angreifer einnehmen, um mit schnellem Antritt den Pass abzufangen. Gelingt dies nicht, kann der Ball eventuell herausgeprellt oder der Spieler abgedrängt werden.

⇨ Umschalten: Es muss nach erfolgreichem bzw. erfolglosem Torwurf im Angriff sofort umgeschaltet und enge Manndeckung angewandt werden. Man sollte den Abwurf vom Torwart möglichst erwischen. Ein abgefangener Pass vom Torwart ist für die gegnerische Mannschaft absolut niederschmetternd. Nach der Orientierung zu den Gegenspielern darf man jedoch nicht vor ihnen stehen, da sonst ein schneller Antritt des Gegners Richtung Mittellinie genügt, um sich freizulaufen, sondern muss seitlich oder hinter ihnen stehen.

⇨ Foul: Ein Foul führt zur Überzahlsituation, denn ein Spieler muss ja den Freiwurf zu den anderen zwei Mitspielern ausführen. Diese können mit drei Spielern abgeschirmt und der Freiwurf somit oft abgefangen werden! Dasselbe gilt beim Einwurf.

⇨ Defensive 3:0-Abwehr: Auch wenn Manndeckung vorgeschrieben ist, probieren manche Trainer eine defensive 3:0-Abwehr aus. Der Abwehrspieler deckt dabei seinen Gegenspieler, verschiebt sich aber nur am Torraum entlang und operiert mit Übergeben / Übernehmen. Dies ist trotzdem nicht sehr erfolgreich, wenn die Angreifer mit genügend Abstand schnell passen und das Spiel in die Breite ziehen.

IV. Training:

Siehe Manndeckung.

Empfehlenswert sind Übungen zum Ballabfangen und In-den-Pass-Reinlaufen sowie Parteiball.

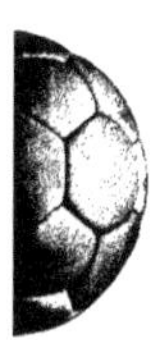

Taktische Hilfen zur Manndeckung

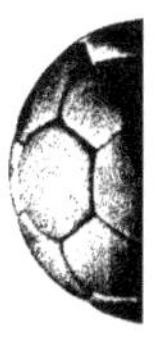

Wie spiele ich gegen einen Gegner, der Manndeckung gegen meine Mannschaft anwendet? Oder wie wende ich sie trickreich an? Hier einige Tipps und Konzepte, um erfolgreich zu bestehen. Den Skeptikern sei versichert, dass diese Taktikvorschläge alle in der Praxis erprobt und erfolgreich gespielt wurden.

I. Manndeckung als Abwehrtaktik erfolgreich spielen:

Als ich anfing, meinen kleinen Sohn als achtjährigen Knirps zu trainieren, war ich schon zehn Jahre lang Handballtrainer. Aber ich hatte noch nie so junge Spieler trainiert. Darum beschloss ich, erst einmal zu einem Turnier zu fahren und zu analysieren, was denn andere Trainer so alles zu bieten hatten. Obwohl ich eine gute Mannschaft coachte, verloren wir das entscheidende Spiel gegen einen schwächeren Gegner wegen dessen überraschender Taktik. Er spielte nämlich eine 3:3-Deckung, aber nicht in seiner Abwehrhälfte, sondern nach vorne verlagert auf der Angriffsseite. Nachdem unser Torwart einige Abwürfe direkt zum Gegner produziert hatte, lagen wir schnell im Rückstand. Klar, wenn wir den angreifenden Gegenspieler ausgetrickst hatten, war der lange Weg zum anderen Tor frei. Aber zu viele Pässe wurden abgefangen, das gewohnte Positionsspiel kam gar nicht zustande und viele Räume in unserer Abwehr waren offen, durch die die Gegenspieler nach Eroberung des Balles blitzschnell durchbrechen konnten. Konsequenterweise ließ ich in der E-Jugend sehr oft Manndeckung spielen, lange bevor die DHB-Rahmentrainingskonzeption dies vorschrieb. Ich probierte einige Varianten aus:

⇨ **Sofortige Manndeckung** nach Ballverlust für alle Spieler, auch sofort nach dem Anspiel ab der Mittellinie. Dies bewährte sich besonders bei schwächeren Gegnern. Oft wurde schon der Anspielpass abgefangen.

⇨ **Manndeckung mit Libero** kam dann zur Anwendung, wenn die gegnerische Mannschaft einen oder zwei starke Einzelspieler hatte, welche immer mal durchbrechen konnten. Dann wurde einfach ein Außenspieler (möglichst auf der ballfernen Seite) nicht gedeckt. Er konnte durch die große Entfernung meist überhaupt nicht angespielt werden oder aber den langen Pass nicht fangen.

➪ **Manndeckung mit Vorstopper und Libero** war eher eine „Verzweiflungstaktik“, wenn sich der Libero zu viele Zeitstrafen einfing oder ein überragender Gegenspieler nur in zwei Stufen zu stoppen war. Zuerst wurde der unmittelbare Gegenspieler überlaufen. Dann attackierte der Vorstopper den Angreifer, konnte ihn jedoch meist nur abdrängen oder ins Straucheln bringen. Erst der Libero vermochte den jetzt verunsicherten Angreifer entscheidend zu stoppen oder zum Abbrechen zu bewegen. Auch hier wurden die beiden Außenspieler freigelassen. War der Außen in Ballbesitz, lief er meistens bis zur Freiwurflinie, um dort vom Libero allmählich attackiert zu werden. Sein Abspiel wurde dann oft unsere Beute.

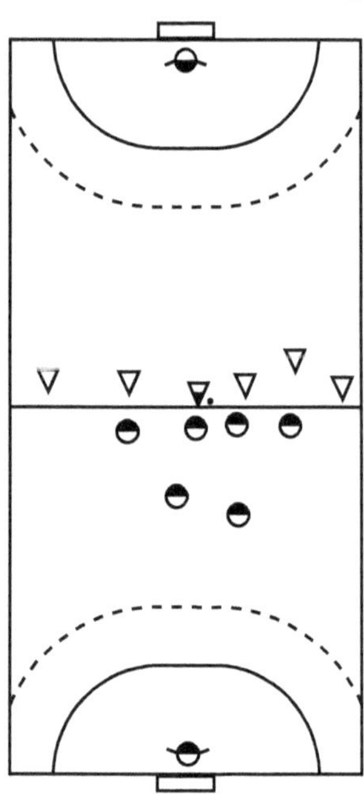

II. Training:

Zu trainieren sind vor allem Parteiballvarianten sowie Lauftäuschungen. Dazu kommen Doppelpässe oder Dreierstafetten sowie Prelltempogegenstöße. Zu empfehlen ist das Prellen mit beiden Armen. Spekulierer dürfen nicht am Pass vorbeispringen. Wichtig ist das Zurücklaufen und Aushelfen. Gute Kondition und große Laufstärke gehören dazu. Vier Hauptregeln sind zu beachten:

➪ schnell umschalten, den Gegenspieler finden und hinrennen;
➪ vor ihn kommen und auf meiner Torseite mich hinstellen;
➪ meinen Mann genau beobachten und sich nicht überlaufen lassen;
➪ nachsetzen und wieder decken oder aushelfen.

III. Manndeckung erfolgreich aushebeln (Angriffstaktik):

Wird neben das Tor geworfen oder nach einem Torerfolg vom Torwart wieder der Ball ins Spiel gebracht, kann eine offensive Manndeckung bereits in des Gegners Hälfte – besonders wenn sie ungewohnt ist – verheerende Unruhe stiften. Der Spielaufbau wird nachhaltig gestört. Es empfiehlt sich, über die verschiedenen Manndeckungsvarianten nachzudenken:

⇨ **Manndeckung von der Mittellinie** an kann recht leicht ausgespielt werden, wenn schnell nach vorne gepasst wird. Doppelpässe in Verbindung mit einer Lauftäuschung lassen fast immer einen Angreifer frei werden. Ansonsten muss versucht werden, durch Hintenherumkreuzen einem Mitspieler den Ball kontrolliert nach hinten zu übergeben, der dabei seinen Manndecker abschüttelt oder genügend Raum für eine Täuschung erhält. Beim Anspiel von der Mittellinie aus wird am besten zurück in Richtung eigenes Tor gespielt (mindestens zwei Spieler sind zurückgezogen, z. B. Vorstopper und Libero), um dann mit Kreuzen die Zuordnung der Manndecker auszutricksen.

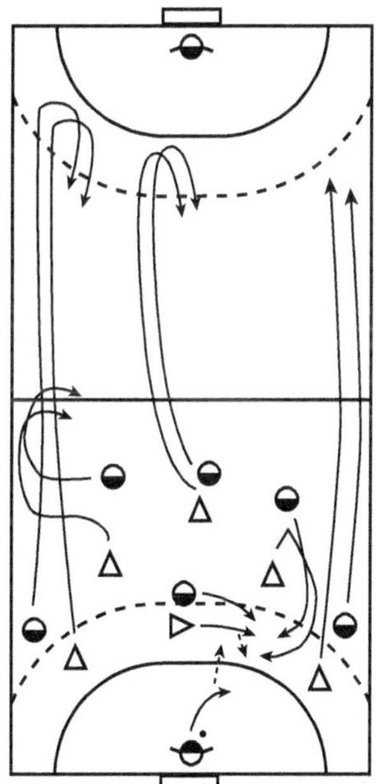

⇨ **Manndeckung sofort vom eigenen Torraum** an begegnet man mit einer klaren Positionierung der Feldspieler. Die beiden Außen und ein offensiv deckender, vorgezogener Spieler in der Mitte sprinten sofort zum Tempogegenstoß nach vorne und beschäftigen dann dort ihre Gegenspieler durch dauerndes Bewegen auf ihren Positionen. Die beiden Halbspieler setzen sich langsamer nach vorne ab und stoppen je nach Situation im Raum zwischen Freiwurf- und Mittellinie. Sie beobachten dort den Hinten-Mitte-Spieler, welcher in der Regel den Ball vom Torwart zugespielt bekommt. Ist es ein Rechtshänder, setzt er sich zur Ballannahme am besten nach rechts ab. Meist gelingt es ihm, sich durch einen schnellen Antritt oder eine Prelltäuschung zu lösen und dann bis zum gegnerischen Torraum durchzulaufen. Gelingt dies nicht, muss ein Halbspieler (oder beide) zu ihm zurücklaufen, hinter ihm kreuzen und den Ball direkt mitnehmen. Meist wird dadurch ein entscheidender Vorsprung erzielt. Die anderen Spieler binden derweil ihre Gegenspieler durch In-Bewegung-Bleiben auf ihren Positionen. Wird beim Gegner ausgeholfen, kommt das Abspiel auf den freien Spieler.

IV. Training:

Es empfiehlt sich, das entsprechende Verhalten im Training wettkampfgerecht zu üben. Lass die ersten Sieben die Positionen einnehmen und erkläre dann das notwendige Verhalten. Verlange aber nicht zu viel auf einmal.

Zu trainieren sind insbesonders Lauftäuschungen, das enge Ballübergeben, das Kreuzen hinter dem Mitspieler herum und schnelle Antritte. Eine hohe Laufbereitschaft und gute kämpferische Einstellung müssen vorhanden sein.

Die wichtigsten Hauptregeln sind:

⇨ immer zum Ballbesitzer hinlaufen (sehr wichtig);

⇨ dort den Ball eng übernehmen (evtl. direkt aus der Hand);

⇨ hinter dem Ballbesitzer durchlaufen (kreuzen) und dabei den Gegner abschütteln bzw. austricksen.

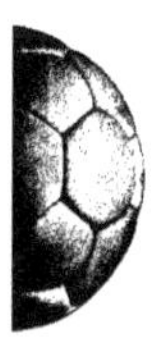

Taktische Hilfen zur 3:2:1-Abwehr

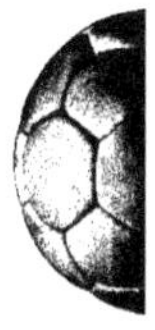

Bereits in der D-Jugend kannst du, wenn die Kinder schon zwei bis drei Jahre Handball gespielt haben, eine vereinfachte 3:2:1-Abwehr probieren. Das bedeutet leicht zu lernende positionsspezifische Anweisungen.

I. Angriffstaktik:

Im Prinzip reichen drei Dinge aus: einlaufen, Doppelpässe und Übergänge auf zwei Kreisläufer. Da diese nur geringe Anforderungen stellen, können sie als einfache gruppentaktische Mittel auch ohne stupiden stundenlangen Drill gelernt werden.

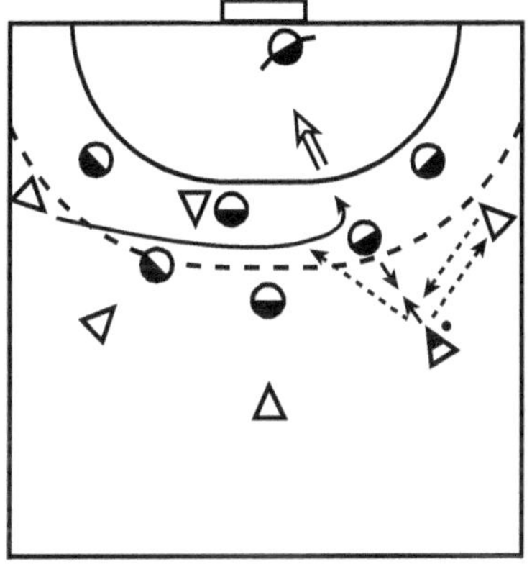

⇨ **Einlaufen von Außen:** Ein sehr wichtiges taktisches Mittel ist das Einlaufen des Außen. Bereits beim Angriffsaufbau kann ein Außen sofort am Torraum entlang fast bis zur anderen Seitenlinie durchsprinten und häufig auch angespielt werden. Wenn dann auch der andere Außen einläuft und der Kreisspieler sich noch seitlich weit absetzt, herrscht sofort in der Verteidigung herrliches Chaos. Das Einlaufen im Positionsspiel kann mit der oder gegen die Passrichtung geschehen. Am besten läuft z.B. der LA los, wenn der RA den Ball auf den RR spielt. Er sollte mindestens bis auf Höhe des RR durchlaufen, um dann wieder zu seiner Position zurückzukehren.

⇨ **Übergang des Halbspielers:** Spielt z.B. der RA auf den RR, kann der RL hinter dem verteidigenden VM schräg zum Torraum einlaufen. Oft schläft die Abwehr und ein direktes Anspiel ist möglich. Oder aber der RM setzt sich schnell nach links ab und stößt in die entstandene Lücke, wodurch sich automatisch weitere Möglichkeiten (die nicht unbedingt trainiert werden müssen) ergeben.

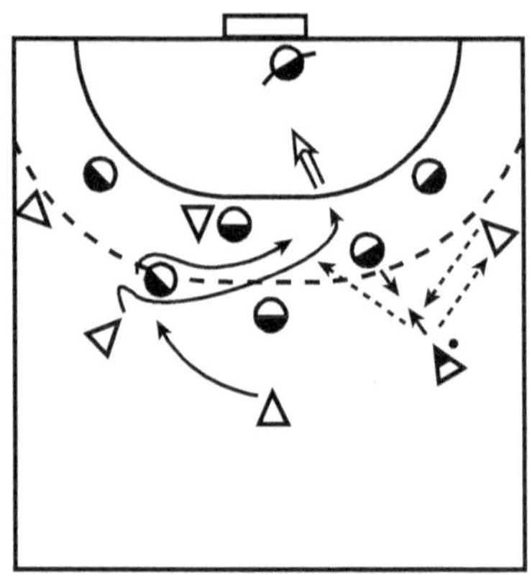

⇨ **Doppelpässe:** Erheblich anspruchsvoller und schwieriger sind Doppelpässe mit Parallelstoß. Sie sollten erst am Schluss der D-Jugend verlangt werden und fortgeschrittenen Mannschaften vorbehalten bleiben. Dabei kann der Halbspieler mit dem Kreisläufer oder mit dem Außen Doppelpässe anziehen. Am wirkungsvollsten sind Lauftäuschungen des Halbspielers und das Hinterlaufen seines Abwehrspielers. Das setzt natürlich voraus, dass Lauftäuschungen gekonnt werden. Außerdem tauchen jetzt Timing-Probleme auf, welche die Spieler oft überfordern.

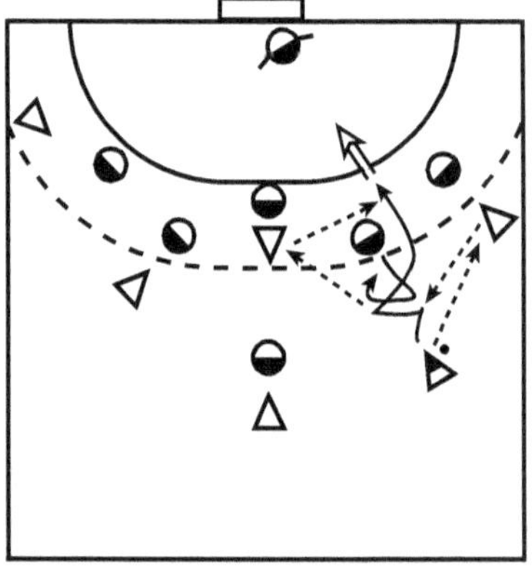

III. Abwehrtaktik:

Da diese Abwehrform eine positionsspezifische Spezialisierung mit sich bringt, sollte man jeden Spieler auf mindestens zwei Positionen einsetzen, um ihn breiter zu schulen und um Ausfälle kompensieren zu können. Da sich die spezielle Eignung für bestimmte Positionen des Angriffs (Außen, Kreis, Rückraum etc.) allmählich abzeichnet, kann dies auch für die Abwehr beginnen. Wichtig ist das Erklären des Verhaltens auf den einzelnen Positionen. So bewegt sich der VM nach links und rechts wie auch nach vorne und hinten. Er hilft dem Halbspieler aus. Der Halbverteidiger lässt sich zum Torraum zurückfallen, wenn der Ball auf die andere Seite wandert, und tritt wieder heraus, wenn der Ball zurückkommt. Überhaupt arbeiten die nebeneinander stehenden Spieler zusammen und machen einen Gegenspieler zu zweit fest. Der HM soll fest den Kreis übernehmen und nur bei Durchbrüchen evtl. aushelfen, ein freier Libero ist zu langsam und deswegen überfordert.

IV. Training:

Es können teilweise die einschlägigen Übungen aus der Literatur (siehe FEDDERN) geübt werden. Dabei sind neben den Abwehr-Grundlagen (Festmachen, Abdrängen) auch Einheiten im Verbund zu zweit, dritt und viert gegen die Angreifer zu schulen.

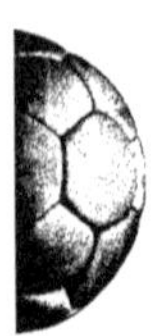

Taktische Hilfen zur 1:5-Abwehr

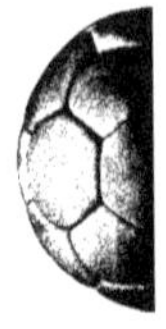

Die vom DHB verlangte offensive Manndeckung außerhalb des 9-Meter-Raumes geht stillschweigend davon aus, dass ein Kreisläufer beim Siebenmeter steht und dadurch die 1:5-Abwehr entsteht. Was passiert aber, wenn der KL sich wegbewegt?

I. Angriffstaktik:

Im Prinzip reichen die gleichen Mittel wie gegen eine 3:2:1-Abwehr aus: Einlaufen, Doppelpässe und Übergänge an den Kreis.

⇨ **Einlaufen von Außen:** Ein sehr wichtiges taktisches Mittel ist das Einlaufen des Außen. Bereits beim Angriffsaufbau kann ein Außen sofort am Torraum entlang fast bis zur anderen Seitenlinie durchsprinten und häufig auch angespielt werden. Wenn dann auch der andere Außen einläuft und der Kreisspieler sich noch seitlich weit absetzt, herrscht sofort in der Verteidigung herrliches Chaos.

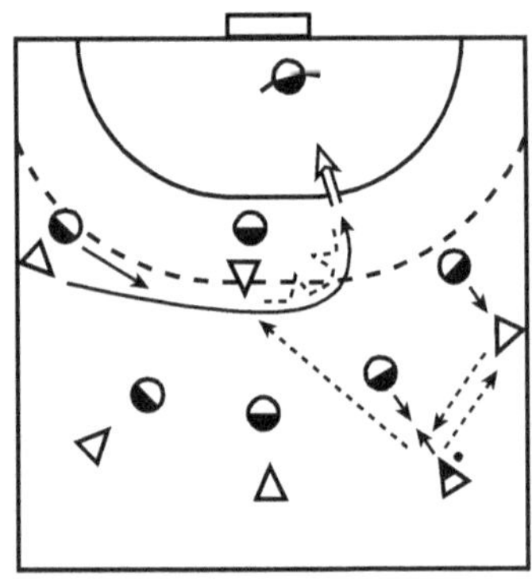

⇨ **Übergang eines Rückraumspielers:** Attackiert die Abwehr die 3 Rückraumspieler RL - RM - RR offensiv, ergeben sich kaum Antrittmöglichkeiten. Dann muss z.B. nach dem Abspiel der RL die beiden offensiven Abwehrspieler schräg hinterlaufen und wird durch die Lücke angespielt, um dann zum Tor zu ziehen.

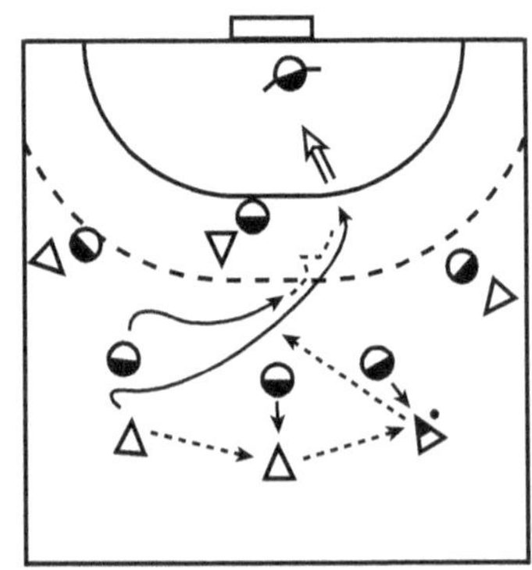

➪ **Wechsel Kreis – Außen**: Der Kreisläufer tauscht mit einem der eingelaufenen Außen die Position. Nach beiden Seiten möglich.

➪ **Kreuzen:** Gegen eine sture Manndeckung ist Kreuzen sehr wirkungsvoll. Voraussetzung ist ein fortgeschrittenes Spielverständnis.

II. Abwehrtaktik:

Die vorgeschriebene Manndeckung verhindert leider eine sinnvolle Zusammenarbeit in der Abwehr. Daher ist eine sinkende Manndeckung, welche einer 3:3-Abwehr gleicht, vorzuziehen. Dort können die auf Ballhöhe sich zurückziehenden Abwehrspieler eventuell noch aushelfen oder mit Übergeben - Übernehmen reagieren. Einläufer müssen mit leichtem Körperkontakt begleitet, Anspiele mit vorgestrecktem Arm abgeblockt werden. Beim Kreisläufer steht der Verteidiger immer vor ihm und begleitet ihn möglichst hautnah.

III. Training:

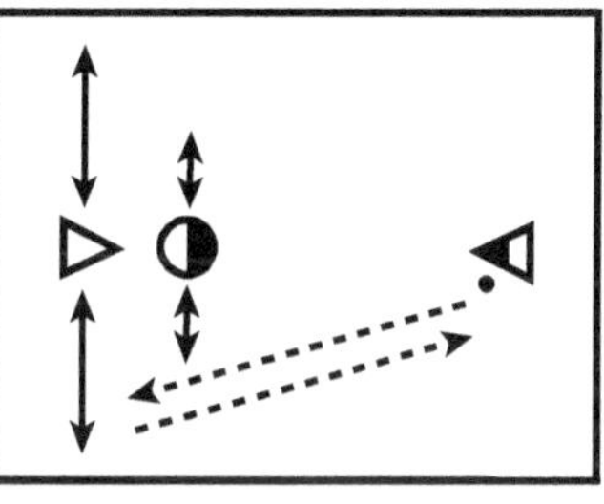

➪ Übung Freilaufen: Zu dritt, zwei Spieler passen sich den Ball laufend zu, der dritte Spieler ist Verteidiger und soll dauernd direkt vor einem Angreifer agieren. Dieser läuft sich immer seitlich frei (nach links und rechts, manchmal auch nach hinten). Evtl. Entfernung verringern. Der sich frei laufende Angreifer darf dann auch mit einmaligem oder mehrmaligem Antäuschen agieren.

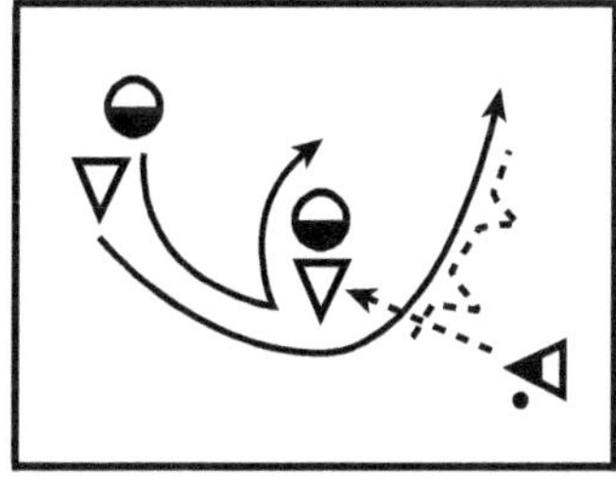

➪ Übung Ballübergabe: Grundsätzlich muss, wenn der Ballführer den Ball aufgenommen hat, auf ihn zugelaufen werden. Je näher man ihm ist, desto einfacher wird die Ballübergabe. Dazu eine Übung: Zwei Spieler (Verteidiger und Angreifer) stehen eng beieinander,

der Angreifer wird angespielt, ein weiteres Paar auf der Seite läuft zum Ballbesitzer, der zweite Angreifer übernimmt den Ball und versucht mit Prellen zum Tor durchzukommen. Antizipiert der Verteidiger, ist Gegenziehen erlaubt. Ebenso von der anderen Seite üben.

www.ingramcontent.com/pod-product-compliance
Lightning Source LLC
LaVergne TN
LVHW021940220826
846092LV00010B/1186